超竞争环境下企业并购定价与时机选择

郑湘明　关　健　吴承逊　著

中国财经出版传媒集团
经济科学出版社
Economic Science Press

图书在版编目（CIP）数据

超竞争环境下企业并购定价与时机选择/郑湘明，关健，吴承逊著.—北京：经济科学出版社，2018.12
ISBN 978-7-5218-0031-9

Ⅰ.①超… Ⅱ.①郑…②关…③吴… Ⅲ.①企业兼并-研究 Ⅳ.①F271.4

中国版本图书馆CIP数据核字（2018）第282688号

责任编辑：申先菊　王新宇
责任校对：李　伟
版式设计：齐　杰
责任印制：王世伟

超竞争环境下企业并购定价与时机选择
郑湘明　关　健　吴承逊　著
经济科学出版社出版、发行　新华书店经销
社址：北京市海淀区阜成路甲28号　邮编：100142
总编部电话：010-88191217　发行部电话：010-88191522
网址：www.esp.com.cn
电子邮件：esp@esp.com.cn
天猫网店：经济科学出版社旗舰店
网址：http://jjkxcbs.tmall.com
北京季蜂印刷有限公司印装
710×1000　16开　13.5印张　240000字
2019年2月第1版　2019年2月第1次印刷
ISBN 978-7-5218-0031-9　定价：68.00元
（图书出现印装问题，本社负责调换。电话：010-88191510）

前　言

随着经济社会的快速发展，企业之间的市场交易愈发频繁。同时，超竞争时代的来临使得企业原有的竞争优势呈现出短期性与临时性的特点。企业为了巩固自身的市场地位，提高自身的市场竞争水平，寻求扩大的企业必须面临内部扩张和通过企业并购这两种选择。然而内部扩张是一个漫长而艰难的过程，必须靠企业引进人才、技术、资源等不断进行自我发展。所以，企业并购已经成了各个企业进行业务和资本扩张、优化资源配置的重要手段。19世纪末西方就掀起了并购的热潮，至今已有百余年历史，其理论也较为成熟，研究人员也较多。我国企业并购与西方相比，起步较晚，但发展较快，其规模与交易金额发展迅猛，是企业并购活动非常活跃的国家。

超竞争环境下的企业并购呈现出不确定性、动态性、高价值、连续性、频度快、合作多但竞争激烈等特点，同时由于并购收益的不确定性、并购成本的不可逆性、并购时机的灵活性，且期权价值存在多重不确定性、期权执行价格不固定及期权间存在交互性，使得并购给企业经营带来巨大的风险。尽管企业并购在近年来无论在交易规模、模式创新还是在战略理念上都有了翻天覆地的变化，已经成了我国市场经济发展的必然要求，但是企业并购发展过程中仍存在着许多问题，如并购效果不明显、并购成功率不高等。

在并购活动中，并购定价与时机选择是决定并购成败最重要的两个问题，我们基于实物期权和期权博弈理论，利用随机微分方程、最优化、博弈论等数理工具，从跨国并购、并购财务困境企业、连续并购三个方面具体分析了这两问题。

本书可供高年级本科生、研究生、相关研究者及企业一线管理者参考。本书的撰写及审阅工作得到了徐自彬、吴鑫、闫研、吴婉的帮助，在此感谢！文中的具体分工如下：第一、第二章的内容由郑湘明、关健、吴承逊合著，第三章由徐自彬和关健合著，第四章由吴鑫和郑湘明合著，第五章由闫研和关健合著，第六章由吴婉和郑湘明合著，第七章由关健和吴承逊合著，全文的审核校对工作主要由关健和吴承逊负责。

虽然我们已经尽力，但本书难免会出现错误和不妥之处，恳请同仁和广大读者不吝指正。

郑湘明　关　健　吴承逊

2018 年 10 月于中南大学

目录/Contents

第 1 章

绪　论

1.1 研究背景

英特尔（Intel）创始人戈登摩尔曾提出过著名的摩尔定律，当价格保持不变时，每一美元所能买到的电脑性能将每隔 18 个月翻两倍以上。这一定律揭示了信息技术进步的速度，同时也带动了以芯片为首的 IT 产业白热化的竞争。这种竞争带来的直接结果是英特尔通过在市场上不断创新、不断更新产品，以 18 个月甚至更快的速度将技术推陈出新，从而保持住在市场上的领先地位。随着现代信息技术的发展和运用以及经济全球化的不断深入，企业所面对的经营环境已经变得越来越动荡。在这种环境中，越来越多的企业认识到没有哪一个企业能够建立持久的竞争优势。竞争对手之间采取的动态竞争行为具有高频度、大力度和极富攻击性的特点，从而促成了长期的不均衡和不断变化的状态。因此，戴维尼（D'Aveni）把这种使企业越来越多的处于一个高速运转的竞争循环环境称为超竞争（Hyper-competition）。在竞争循环进程比较缓慢的环境中，关注的主要问题是建立和保持竞争对手难以模仿的竞争优势；在超竞争环境下，组织需要认识到优势只是暂时的。竞争就是打破现状，任何竞争者都不能在任何市场上保持长期的竞争优势。所以说，长期的竞争优势是通过一系列短期的竞争行为积累起来的。

超竞争环境具有以下四个特点：第一，超竞争环境下，竞争是高度不确定的。主要是因为信息的高速传输、资金的快速流通，导致行业内的竞争者数量非常多，竞争方式比较复杂，竞争的强度难以预测。第二，超竞争环境下，竞争激烈程度更大。主要体现在企业之间的高对抗上，竞争更加赤裸裸和白热化。第三，超竞争环境下，竞争中掺杂着高频率的互动与合作。企业之间模仿速度更快，企业也会根据竞争对手的改变而调整竞争策略，同时在适合的环境下，竞争的对手也会走向统一，谋求相互合作。第四，超竞争环境下，任何企业的竞争优势都是暂时的，在很短的时间内，企业的竞争优势就会丧失，有的甚至在竞争中处于下风。

超竞争的环境导致在此环境下的企业将技术创新和产品更新换代成为主要的竞争手段。这种来自行业自身的残酷竞争使得任何一家企业难以在一定时期内拥有技术优势，必须通过强强联合，来不断保持和巩固竞争力。面对转瞬即逝的产业机遇，现代企业通过并购实现企业迅速发展成为一种现实选择。从 20 世纪开始，国际市场上的并购活动浪潮愈演愈烈，先后出现了五次全球性的并购浪潮。它们分别为：19 年纪中叶到 20 世纪 20 年代以横向并购为特征的并购浪潮；20 世纪 20 年代以纵向并购为特征的并购浪潮；20 世纪 50 年代至 70 年代以混合并购为特征的并购浪潮；20 世纪 80 年代以融资并购为主，以“战略驱动”为特征的并购浪潮；20 世纪 90 年代到 21 世纪初，以跨国并购为特征的并购浪潮。但不论何种形式的并购，最终都是企业通过整合外部资源获得自身竞争优势的手段。

因此，这种手段在以超竞争为特征的产业环境中得到了广泛运用。例如，最具超竞争特点的 IT 行业，属于新经济形态中的核心，2009 年前十大并购全都突破了 10 亿美元大关，涉及硬件供应、IT 服务、存储、无线基础设施和其他领域。2011 年 IT 业的并购更是盛况空前。根据安永（Ernst & Young）会计师事务所 2 月发布的最新全球科技并购报告，包括软件、半导体、互联网、IT 服务、通信设备及电子产品在内的全球 IT 并购总额在 2010 年的 1190 亿美元基础上大幅上涨 41%，达 1677 亿美元。全年并购交易 3006 笔，增长 13%，其中 10 亿美元以上的 IT 并购达 34 笔，1 亿美元以上的并购为 228 笔。平均单笔并购额为 1.67 亿美元，比 2010 增长 27%。

思科曾经一度被认为是 IT 行业最具大手笔的公司。过去 10 年，思科一共收购了 48 家风险投资支持的创业公司，高居榜首。这种与生俱来、可怕的吞噬能力，不仅显示出思科侵略性极强的市场策略和手段，同时展现出思科良好的财务环境和充盈的现金储备以及抗击未来竞争坚定无比的决心。互联网、移动互联网、物联网、云计算等概念从出现到应用普及，过渡的时间越来越短，而技术的研发是需要时间的，但市场并没有给 IT 企业希望的技术研发时间。随着这种技术从概念出现到全面应用时间的缩短，将迫使更多的 IT 企业走向并购大潮中。

在超竞争环境下，由于竞争非常激烈、时机稍纵即逝，即便是世界一流的企业，一旦科技创新跟不上或企业管理决策出现问题，也会使企业陷入困境甚至破产。从对企业和经济的发展研究可以看出，企业发生财务困境会带来巨大的负面影响，不仅会影响企业自身的生产运营，影响金融市场的稳定，甚至还会影响国家经济乃至世界经济的稳定发展。2008 年，美国许多知名的历史悠久的大企业也发生财务困境，如美国雷曼兄弟银行倒闭、通用汽车公司的破产等对美国经济甚至世界经济的发展都产生了巨大影响。在我国，市场经济的快速发展，民营企业的迅速兴起，使许多企业都发生了财务困境。2015 年，被誉为“世界工厂”的广东东莞市在一年内就有数千家企业发生破产。企业发生财务困境或破产会对企业经济和社会经济产生巨大影响，另外，还会导致大量人员失业，危及社会稳定。

由此我们可以看到，超竞争环境下的产业并购呈现以下特点：首先，并购的企业并非便宜货，而是代表行业上乘或顶尖技术、发展健康的企业。在以前的并购浪潮中，目标往往锁定陷于困境的企业，或是股价被低估的企业；而超竞争下的被收购方常常是相当健康的企业，股价也不便宜，但收购方仍不吝给出非常高的溢价。例如，2011 年的最大金额并购案，谷歌收购摩托罗拉移动，并购金额达 119 亿美元，溢价 70%。这场收购谷歌看重的是摩托罗拉移动的多项专利。可见超竞争下的收购带有更显著的战略性，从捞取便宜货变成攫取行业精华，目的是获得最有价值而不可复制的竞争资源。其次，超竞争环境下的并购往往比较迅速，并购参考时间短。并购往往短、平、快。一个重要的原因是超竞争环境下的技术日新月异，如果不能快速找好并购对象并实施行动，往往会造成并购对象价值快速减损。最后，超竞争下的并购在很多情况下体现了强强合作，并购方不是一对一，而是多对一，体现的是联盟合作，这种合作不但有同行业或跨行业竞争对手，更有金融资本的参与。金融业从资本的角度为行业并购提供了支持，呈现出一种“难分你我”的紧密合作关系。

正因为超竞争环境下的并购呈现出价值高、频度快、合作多，但同时竞争激烈等特点，使得并购给企业经营带来了巨大的风险。这种巨大风险除了由超竞争本身的竞争状况导致，更多的是由并购决策本身所具有的不确定性、回报难以预测性及并购的周期性等问题带来的。曾有 BCG 顾问公司对此做过相关的调查，结果显示企业之间并购初期失败的原因主要有以下三种情形，分别是企业之间并购战略不明、并购价格过高以及并购时机选择不当。特别是价格与时机因素对企业并购决策有着重要影响，这为企业并购决策问题的研究和发展指明了方向。

对目标公司进行价值评估是并购决策的基础。传统的评价方法，如资产法、市场法和收益法等，虽然方法较为成熟、实施比较方便，但存在贴现率不变、忽视环境动态性、竞争性等种种不足与缺陷，因而逐渐被新兴的实物期权方法所替代。实物期权方法较好地考虑了经营柔性和战略适应性问题，但同样忽视了竞争的存在，未能解决期权的共享性问题；而博弈论弥补了这个缺陷。在并购市场上，作为“商品”的目标公司具有特质性和不可分割性特点，战略并购的收益不确定性、可延迟性、可转变性及内、外部博弈性使并购决策具有明显的期权博弈特征。因此，基于期权理论和博弈论而发展起来的期权博弈理论是解决不确定环境下并购决策问题的较好方法。

1.2 研究意义

随着超竞争环境的到来，企业赖以生存的环境发生了翻天覆地的变化。科技更新的速度越来越快，外部环境中的竞争也越来越激烈，企业更多的处于一种不均衡的动态状态。在这种环境下，超竞争环境下的并购决策问题本质上与普通并购决策问题是一样的，同样包括定价决策（对目标企业的价值评估以及通过交易谈判进行定价选择）、并购时机选择决策等问题。但同时，超竞争环境下的并购在并购方选择、目标企业价值评估选择因素，以及交易谈判定价条件、并购时机灵活性等问题上与普通并购相比，要更为复杂，实施上也更困难。在此背景下，研究超竞争环境下的并购问题显得尤为重要。

1. 理论意义

企业并购定价与时机选择问题一直是战略管理领域学者们关注的重点，国外学者对并购定价与时机选择的影响因素展开了广泛研究，但研究都是单独展开并且没有考虑超竞争这一环境，很少有学者对超竞争环境下的连续性的并购组合效应进行研究，国内则很难见到相关的研究。本研究将采用实物期权理论与博弈论相结合的方法即期权博弈理论，针对超竞争条件下并购的特点和实施条件，对企业并购决策进行研究，从而为企业并购决策的理论研究提供一个更现实的应用领域，是对传统并购决策理论的有益补充；同时也可为中国企业更好地参与竞争环境下的并购提供行为决策依据，使之获得在高强度竞争下的生存和适应能力。

2. 现实意义

在复杂、动态、不确定的超竞争环境下，企业的外部竞争不断升级，科技更迭的速度不断提升，企业身陷剧烈变化的非均衡环境中，为了巩固已有的优势，越来越多的企业进行并购。因此，对本书的主题做进一步的研究，能够促使企业更高效地识别连续并购的相关影响因素，选择最有利的并购组合和并购时机，从而实现资源优化配置，这对于降低企业并购风险、提高并购整合效率、实现并购效益最大化甚至实现持续发展有着十分重要的意义。同时也可为企业更好地参与竞争环境下的并购提供行为决策依据，使之获得在高强度竞争下的生存和适应能力。

基于上述分析，本书研究的超竞争环境下的并购定价与时机选择等决策问题具有非常显著的现实意义及理论意义。本书不仅拓宽了企业并购的研究范畴，完善了现有并购的相关研究框架，也为我国企业并购研究提供了全新的方向与思路。

1.3 研究内容和技术路线

本书首先从研究背景入手，以实物期权、博弈论及期权博弈作为理论基础，阐述超竞争环境下企业并购的行为特征及并购定价与时机选择问题，进而进入超竞争环境下企业并购的定价与时机模型建立及数值模拟，最后得出结论。具体的研究内容与结构安排如下。

第1章，绪论。主要介绍本书的研究背景，明确研究意义与目的，厘清研究思路，提出研究内容，说明研究方法和研究框架，以及对行文结构进行简要介绍。

第2章，介绍超竞争环境及其相关理论。本章主要阐述超竞争环境形成的背景、超竞争环境下的企业并购行为特征、超竞争环境下的并购定价与时机选择问题、实物期权理论、期权博弈理论及其相应的国内外研究概况。

第3章，阐述本书的理论模型与框架。本章主要从存在竞争对手的并购和不存在竞争对手的并购两种情况构建本书的基础框架，本章所构建的模型与框架是后续第4、第5、第6章的基础。

第4章，超竞争环境下的跨国并购定价与时机研究。这一章首先对超竞争环境下跨国并购的显著特征做了具体分析。超竞争环境下跨国并购显著表现为期权价值更加不确定、主并企业不再拥有执行期权的独占权力，以及并购时机的有效期不固定。与国内并购相比，跨国并购逐渐趋向于采用多阶段支付方式，以降低信息不对称带来的并购风险。其次，本章引入代表超竞争环境特征的变量及代表跨国并购特征的变量，运用期权博弈方法对超竞争环境下的跨国并购定价与时机选择问题进行建模分析。

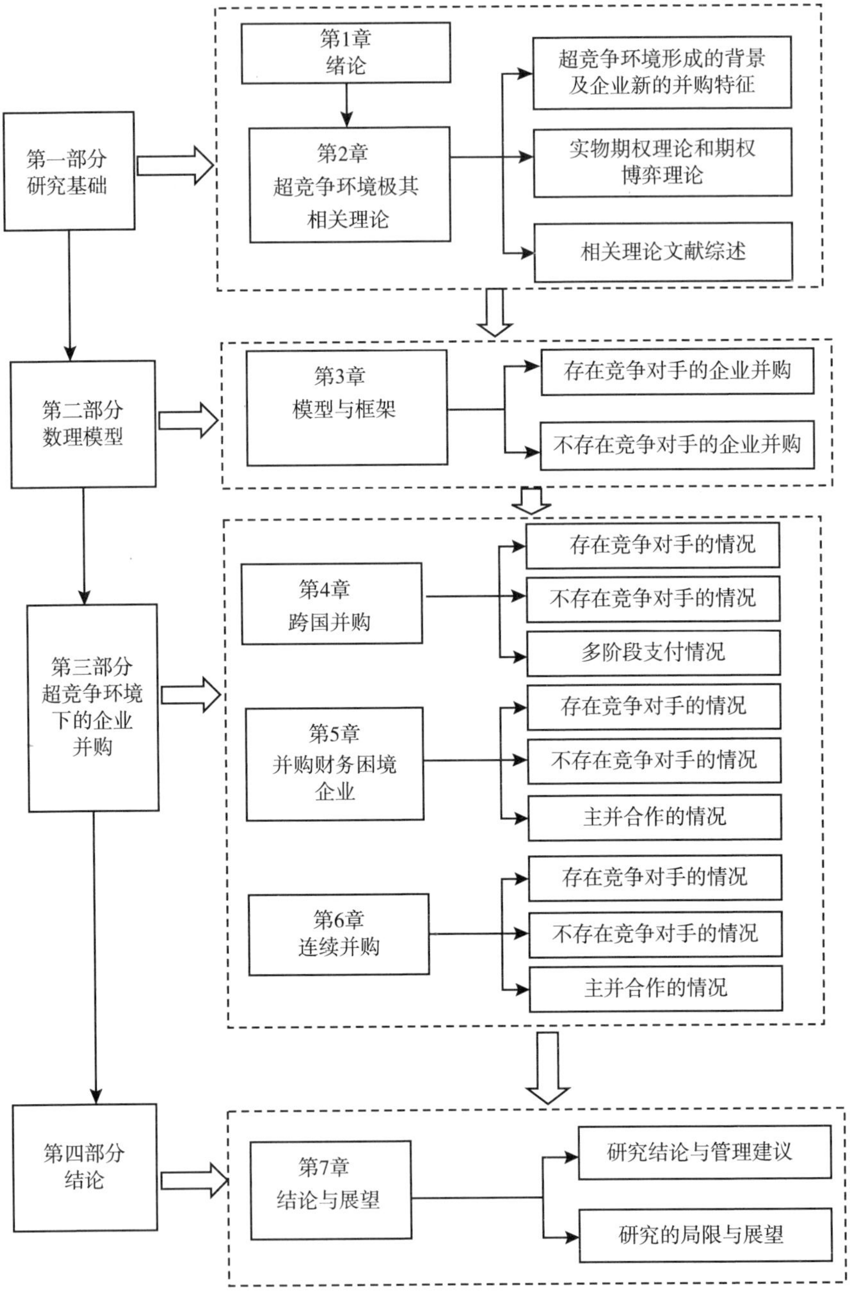

图 1-3-1　技术路线与框架

第5章，超竞争环境下并购财务困境企业的定价与时机研究。在已有研究的基础上，本章对超竞争环境下目标企业存在财务困境时的并购特征做了具体分析，引入代表超竞争环境特征的变量，同时引入代表企业财务困境的变量。本章运用期权博弈方法对超竞争环境下并购财务困境企业的定价与时机选择问题进行建模分析。

第6章，超竞争环境下的连续并购定价与时机研究。本章对连续并购定价与时机问题展开了较为详尽的研究。主要从单一目标企业和多个目标企业两种情形建立模型，使研究更加全面；已有研究很少考虑超竞争环境这一现实环境背景，本书引入了代表超竞争环境的三个变量，使之更符合现实环境；本章考虑了连续并购效应对定价与时机的影响，使结果更加准确。

第7章，结论与展望。对研究结论做进一步总结，同时提出相关的研究局限、创新点等。

本书的技术路线与框架如图1-3-1所示。

第 2 章

超竞争环境及其相关理论

2.1 超竞争环境形成的背景

竞争是伴随着企业产生而产生的，竞争可以给企业带来不同的企业利益，可以让企业更好地实现自己的价值。不过需要注意的是，当前环境中竞争的范畴已经不局限于企业内部或行业内部，竞争环境可以被看作一个不可拆分的整体。在这种情况下，市场上企业之间的竞争已经不仅仅表现为成本、价格或质量等方面战胜竞争对手，同时愈加表现为市场份额的抢占。在这种环境下，企业需要适应市场环境的不断变化，更好地整合企业能力及资源，更大程度地降低市场风险从而更加保证企业的持续性发展。此时竞争环境表现出显著的全新的变化，主要归纳为以下几个方面：竞争手段与时俱进、技术发展迅猛、信息化程度高以及经济全球化。

1. 竞争手段与时俱进

超竞争环境下竞争对手之间表现出更加显著的竞争互动，特别是随着通信行业、交通行业及电子信息技术行业的进一步迅猛发展，产品的整个生命周期大大缩短。与此同时，市场上表现出愈加多样化的竞争手段，这使得企业的竞争优势从传统的依赖于资本及劳动力逐步向依赖于知识、技术及人才等方面倾斜，而这一趋势反过来又大大加剧了环境的不确定性。

2. 技术发展迅猛

大数据、云计算、人工智能等技术的不断发展和经济全球化的不断推进，使企业原始的竞争环境发生了巨大变化，即竞争环境的动荡加剧，变化的速度也在不断加快，这主要表现在以下几个方面。一是技术的迅猛发展加大了环境的不确定性。最近一些年以来，技术的高速发展不仅大大影响着传统产业，也催生了很多新兴产业。这导致了更多新产品的产生，融合了新的产品工艺、产品流程，产品生命周期大大减短，企业要想保持竞争优势就必要确保企业创新及整合等方面的能力能够维持更快的速度。二是技术的多样性增强从而提高了环境带来的不可预测性。技术方面更多的选择使消费者对产品及服务的需求出现多样性及不确定性，企业面临的环境的动态性进一步加剧。此时，企业间的合作程度越来越高，技术的融合度也随之越来越高，可以说传统的产业边界已经逐渐变得模糊。部门间、企业间、行业间，甚至国与国之间，壁垒越来越小，全球化、协同、一体化、战略联盟等词慢慢成为热点，成为现实企业战略中的重点。

3. 信息化程度高

信息化程度的增高，使得企业的外部环境表现出更多的不确定性及动态复杂性。首先，信息化使得企业之间的竞争日益激烈，产品生命周期越来越短，促使企业进行全新的商业行为，同时也使企业对于供应链及并购有了全新的更为恰当的认识。其次，信息化不断地改变着环境与企业的关系。信息化不仅将产业的进入“壁垒”降低了，使产业变得更为开放，同时还加剧了各个企业对于资源等方面的抢夺。因此，在信息化程度极高的情况下，经济体系波动风险极大，经济增长速度加快，而虚拟程度也随之增加。另外，高信息化程度使超竞争环境下企业间的合作更为便捷，这不仅降低了合作成本及合作时间，同时也促进了市场中的企业在研发、人才培训及融资等重要方面的进一步合作与学习。

4. 经济全球化

当前，经济全球化的步伐进一步加快，程度也进一步加深，国与国之间、区域与区域之间的隔阂越来越小，整个世界的经济逐渐融为一体。在市场上，跨国公司的国籍差异越来越模糊。企业之间的竞争则不断地加剧，企业必须不断地寻求和满足消费者的不稳定性需求，从而适应环境的变化给其他方面带来的诸多影响。经济全球化给企业生存环境带来的影响主要可以归纳为以下几个方面。一是国籍差异越来越模糊，人才、资金及产品等方面的流动规模越来越大，企业面临的大环境动态性更强，不确定性更显著。因此，每一个国家具体的政策变化、经济变动、意外事件及创新技术等都要跟企业生存环境相匹配，因为某一国的这些变动都或多或少给别的国家带来影响。二是经济全球化使合作成为国际竞争中的一个常见词汇，企业愈加专业化及精细化，不同企业之间采用各种不同的方式来加强相互间的合作水平。此时，新兴产业内的竞争也变得格外激烈，各种不同背景的企业开始加入竞争行列，从而改变了原有的竞争模式，进一步加大了环境的不确定性。三是全球化程度的提高使市场上的竞争变得更加直接，竞争激烈程度大大提高。因此，在这种情况下，即便是那些业务在国内的本国企业也不得不把国际竞争作为一个重要因素进行考虑。

综上所述，超竞争环境是在竞争手段与时俱进、技术发展迅猛、信息化程度高及经济全球化等情况下形成的。

2.2 超竞争环境下的企业并购行为特征

1. 超竞争环境下企业并购的不确定性

随着科技发展速度的加快以及顾客需求的多样化，企业赖以生存的环境更加动荡，在动态变化的条件下，仅依靠自身的预见性无法适应生存环境。另外，企业适应环境变化的过程也是与竞争对手竞争的过程，因各企业自身条件的优劣差异和并购目标企业的不同，使得其对待环境变化的方式、方法大相径庭，在如此激烈的竞争环境下准确掌握竞争对手的决策行为也是不大可能的。

并购可以在一定程度上弥补企业自身短视行为，当使目标企业在某些方面走得比较远，则可以实施并购提高自身对市场环境的适应能力，是当前战略与未来战略状态之间的桥梁。这些并购行为并不是预先制定的，其发展方向往往也是充满不确定性。

2. 超竞争环境下企业并购的动态性

超竞争环境中，企业并购竞争者都在持续不断地模仿或进行新的并购战略规划，这一切都充满着不确定性。因此，企业应当加强关注外部环境的变化，在变化的环境中时刻进行企业并购战略的定位、跟进与转变；在动态的发展过程中，确立自身在并购浪潮中有竞争力的战略规划，同时也要谋求新的战略并购方向，确立可能的、可行的并购决策作为现有战略并购规划的补充。若现行的并购策略不再具有竞争优势，就需要转变思路，重新思考与定位，然后再次进入下一个动态循环过程。总而言之，超竞争环境下的企业并购过程就是一种动态的、不断发展的过程，企业并购战略规划就是一个不断修正、转换战略定位与双方博弈策略修订的过程。

3. 超竞争环境下企业并购的主动性

超竞争环境强调利用变化与创造新变化来提高企业竞争力，以此形成新的竞争优势，而不单是适应、顺从市场环境。环境的变化必然会引起企业并购战略的变化，这些变化主要包括：企业并购行为、并购方向、并购支付方式、并购竞争优势及企业并购协同作用等。大多数关于企业并购的研究，集中在提高企业并购后对环境的适应性上，忽视了现代竞争条件下企业环境变化的不可预测性，企业并购战略在制定与实施上对环境的变化是依赖的、被动的，企业所拥有的竞争优势只是暂时的。所以，超竞争环境下，企业并购不能消极观察竞争环境的变化，也不能坐视竞争对手在“抢滩登陆”中抢得先机。企业应该尽早对环境变化的趋势作出判断，并在可能的情况下主动引导变化，将变化视为机会，利用变化与制造变化，使变化向有利于自身并购行为的方向发展，并从中确立自己的竞争优势。

4. 超竞争环境下企业并购的系统性

企业并购战略的制定与实施是一个系统工程，它要求企业各部门各子系统的协调合作才能完成。企业并购的成功依赖于企业良好的组织系统，首先，企业并购的实施需要有一个鼓励企业并购行为的使命与战略管理思想，一成不变的企业蓝图难以激励引导企业大步向前。其次，成功的并购需要柔性的企业组织结构与柔性的企业管理控制与之配合，从而可以针对超竞争环境下的种种不确定性而制定行动方案并能迅速付诸实施，降低成本取得竞争优势。所以，成功的企业并购需要组织系统的协同支持。

同时，超竞争环境下的企业并购还是一个开放性系统。传统的企业并购理论偏重于一方将另一方吃掉，偏重于多方竞争而忽视合作，而超竞争环境的新特点就是要破坏现有的优势，持续不断地创造未来，避免两败俱伤，从而获取合作并存的双赢。在当今产业界限日趋融合的情况下，企业应把自己当作一个经济系统的成员。这个经济系统生产对顾客有价值的产品或服务，其成员主要包括供应商、主要生产者、竞争者和其他利益相关者。随着时间变化，它们常常倾向于围绕其中一个或多个企业所构成的集团所指引的方向，合作演绎各自的角色。这些大的集团中各企业的角色可能会随着时间的推移而发生变化，但其发挥的功能对整个共同体有重要价值，因为它使其成员朝着共同前景来配置投资并且相互支持。在该系统中，企业的投资与回报是建立在双方或多方互利与效益递增的基础之上的。

5. 超竞争环境下企业并购的连续性

由于企业并购是在不确定的环境下实施的，所以，企业必须不断改善与增强自身的能力以提高并购的成功性。超竞争环境下竞争的不确定性及竞争的强度性，又会促使企业去不断地并购来应对超强性和不确定性带来的威胁，从而为自己寻求更大的生存与发展空间，这在企业并购战略中得到充分的体现。超竞争环境下，竞争优势只是暂时的，所有的竞争优势都会受到侵蚀，这种侵蚀可能来自竞争对手的创新或模仿。战略制胜的关键是主动放弃自己原有的优势，通过创新及时创造新优势。企业要想在超强的不确定的环境中生存，重要的不是固守原有的优势，而是通过创新，主动放弃原有的优势去创造新的竞争规则、竞争领域，从而建立新的竞争优势，而并购就是一种实现这一目的的有效方法。并购在加剧了企业生存环境的超强性的同时，又进一步促使企业去不断地并购。

2.3 相关理论简介

2.3.1 实物期权理论

实物期权（real options）的概念最初是由斯特沃特·梅耶斯（Stewart Myers）于1977年在MIT时提出的，他指出一个投资方案产生的现金流量所创造的利润，来自目前所拥有资产的使用，再加上一个对未来投资机会的选择。也就是说企业可以取得一项权利，在未来以一定的价格取得或出售一项实物资产或投资计划，所以实物资产的投资可以应用类似评估一般期权的方式来进行评估。同时又因为其标的物为实物资产，故将此性质的期权称为实物期权。

在公司面临不确定的市场环境时，实物期权的价值来源于公司战略决策的相应调整。每一个公司都是通过不同的投资组合，确定自己的实物期权，并对其进行管理、运作，从而为股东创造价值。实物期权法应用金融期权理论，给出动态管理的定量价值，从而将不确定性转变成企业的优势。最初用金融期权理论来审视战略投资的想法源于摩西·鲁曼发表在哈佛商业评论上的两篇文章：《视投资机会为实物期权：从数字出发》（*Investment Opportunities as Real Options: Getting Started on the Numbers*）及《实物期权投资组合战略》（*Strategy as a Portfolio of Real Options*）。在后一篇文章中，摩西·鲁曼写道，“用金融观点来看，企业投资更似一系列的期权，而不是稳定的现金流”。

长期以来，投资者对投资项目或企业价值直接评估的最常用的、经典的方法是贴现现金流法（DCF），但是由于DCF法的缺陷，特别是由于其假设和现实情况的矛盾使得它在现实的投资决策中的应用具有很大的局限，其预测结果也有较大的偏差。由于DCF法的天然缺陷，往往会使投资者对项目价值的估计过低，或者使投资者在投资决策中，特别是在具有灵活性或战略成长性的投资项目中无法通过灵活地把握各种潜在的投资机会而带来灵活性增值，有时候甚至会导致决策错误，其造成的损失往往很大。因此，基于可以预测的未来现金流和确定的贴现率的DCF法对发掘投资者把握不确定环境下的各种投资机会而为投资者带来新增价值无能为力。正是在这种背景下，经济学家开始寻找能够更准确地评估投资项目真实价值的理论和方法。实物期权隐含在投资项目中，有的项目期权价值很小，有的项目期权价值很大。这要看项目不确定性的大小，不确定性越大则期权价值越大。

实物期权理论经过二十多年的发展与实践，已经形成了一个较为完善的理论体系。下面针对实物期权在房地产应用中的特点，对实物期权作一个简单的概述。(1) 延迟投资期权（option to delay investment)，也称等待期权。开发商拥有推迟投资的权利，可以根据市场的情况决定何时动工，这种选择权可以减少项目失败的风险，被称为延期投资期权。(2) 扩张期权（option to expand)。对于一个房地产价格波动比较大、产品供应结构不明朗的不成熟市场，开发商通常会先投入少量资金试探市场情况，这种为了进一步获得市场信息的投资行为而获得的选择机会被称为扩张期权。(3) 收缩期权（option to contract）和中止期权（option to stop)。指开发商在面临市场实际环境与预期相差较远的状况下，拥有缩减或撤出原有投资的权利，这样可以减少损失，这种期权相当于美式看跌期权。(4) 转换期权（option to switch use)。在项目的实施过程中，有能力的开发商可以根据外部环境的变化进行投入要素或产品的转换，如根据市场需求，产品可以在工业、商业、写字楼、住宅用途之间进行转换。显然这为企业的项目营运提供了机动性，为企业适应市场或竞争环境的变化提供了有利工具。(5) 企业增长期权（corporate growth option)。开发商接受某一个项目时，可能不仅要从项目本身的财务效益考虑，更多的可能考虑项目对企业未来发展的影响，更重要的是其对员工经验的积累、企业品牌支持、销售渠道开辟等具有的重要战略价值。

2.3.2 期权博弈理论

期权博弈理论是实物期权理论与博弈论相结合而形成的，因为其结合了二者的优点，因而更具有实际价值。期权博弈理论被广泛用于解决不确定条件下的投资决策问题，可以很好地解决信息不确定情况下项目的投资决策问题，如项目投资的价值、时机及参与者之间的策略互动问题。

期权博弈理论由斯梅茨（Smets，1991）开创，并由 Smit 和 Ankum（1993）、Dixit 和 Pindyck（1994）、Grenadier（1996）、Smit 和 Trigeorgis（1997）、Huisman 和 Kort（1998）等发展并完善，是实物期权理论和博弈论融合的结晶。从项目评价的角度来看，这些期权博弈模型尽管在时间变化、信息分布、项目特性和主体数量上存在差异，但都可以看成特定环境的项目价值和主体策略分析模型。由于同时考虑了不确定性期权价值和策略互动博弈价值，基于期权博弈模型的项目评价具有更强的逻辑合理性；也借助于博弈和期权思维的交互融合，期权博弈评价既可以得出项目价值的分析判断，也可以同时表现这种价值分析所对应的博弈均衡特征与主体策略选择。

期权博弈评价的理论内涵可以从时间维度、信息维度、项目维度，以及主体和项目的结合维度来分析和理解。

1. 时间维度

当投资项目的实物期权价值通过特定变量值的随机过程来模拟，同时再考虑投资主体博弈的策略互动均衡，这样的期权博弈评价模型就是采用了连续时间形式。另外，如果这种实物期权价值的模拟为一般借助于二项式定价公式表示的离散时间形式，那么，这就是所谓离散时间的期权博弈评价。当然，试图结合随机偏微分定价和二项式离散时间定价的期权博弈模型，可以看成离散时间和连续时间的某种结合形式。

（1）期权博弈评价的离散时间模型。离散时间期权博弈模型主要是通过简明的数量化分析框架来显示项目的期权博弈机制。在 Smit 和 Ankum（1993）的分析中，首先指出了项目投资的时机选择不仅要考虑项目的不确定性，也要考虑主体的相互作用，即需要同时考虑实物期权和博弈对项目价值的影响。

（2）期权博弈评价的连续时间模型。Smets（1991）率先建立了连续时间期权博弈的标准模型，由于该模型假设两个竞争企业已经存在于市场中，从而被称为原市场模型（existing market model），讨论了企业在进行投资前并不在市场上活动的情况，而这一模型就被称为新市场模型（new market model）。从项目评价角度来看，连续时间期权博弈模型的开拓性研究成果给出了特定时间项目价值的数学表达式，从而可以根据该表达式计算出最佳投资时点，明确特定项目的最大化价值。这一方法满足了投资决策者的现实需求。然而，由于随机过程模型分析的复杂性与项目评价的简洁要求相违背，这种模型在项目评价中的实际应用受到了很大限制。

（3）期权博弈评价的二项式组合模型。鉴于离散时间和连续时间两类模型的不同优点，Imai 和 Watanabe（2004，2006）提出了一种结合离散性和连续性分析的二项式组合型期权博弈模型。该模型通过两阶段模型向多阶段模型的不断扩展，将离散型期权博弈模型放入一个动态的过程，并最后使离散型模型逐步趋同于连续型模型。在他们的模型中，两个企业的项目价值被视为触发期权的特别例子，而这些价值可以用一个扩展的触发期权模型来评价。他们认为，尽管格子模型（1attice model）是间断的，但如果格子模型的参数值被仔细选择且交易时期数目趋向于无穷的话，这种离散时间过程可以有效收敛于连续时间过程。进一步，时间随机过程，建立了可以近似表达连续时间随机过程的一种间断时间式期权博弈分析模型。该模型也可以分析竞争企业的均衡策略，并反映每个时间点企业的边界需求。

2. 信息维度

从博弈论角度来看，信息分布特征直接决定了投资项目的主体均衡及其策略选择。按照信息分布特征的不同，期权博弈评价可以划分为完全信息、不完全信息和非对称信息三种类型，而这三种期权博弈评价模型也分别对应完全信息的纳什均衡、不完全信息的贝叶斯均衡和非对称信息的委托代理均衡三种均衡形式。

（1）期权博弈评价的完全信息模型。如同完全信息博弈分析是博弈论分析的基础，不论是 Smets（1991）建立的第一个连续时间期权博弈模型，还是 Smit 和 Ankum（1993）建立的第一个离散时间期权博弈模型，又或是 Dixit 和 Pindyck（1994，1996）、Grenadier（1996）、Huisman 和 Kort（1998，1999）的模型，都是在完全信息的博弈假设下推导出不确定性项目定价方程。基于同样的完全信息假设，后来的学者，如 Smit 和 Trigeorgis（1997）、Zhu 和 Weyant（2003），以及 Smit（2003）等，还把这种分析从一次性的静态期权博弈扩展到多时期的动态期权博弈。由于假定主体具有的信息是完全且对称的，所以这种期权博弈分析难以分析信息溢出的情况。按照博弈论的均衡分析思想，寻找不同形式的纳什均衡，是进行完全信息条件下期权博弈评价的基本工作。因此可以说，完全信息下的期权博弈评价是评价古诺均衡（即主体同时行动）时的项目价值。

（2）期权博弈评价的不完全信息模型。然而，在现实环境中，企业不可能得到所有的信息，并且竞争企业之间的信息也不会是对称的。在完全信息的假设条件放松后，通常假定企业之间存在成本的不完全信息，如此就要求一种不完全信息的期权博弈分析框架。这时，不完全信息假设也就意味着投资主体会不断且不对称地获得信息，并存在主体之间的信息溢出。

（3）期权博弈评价的非对称信息模型。从非对称信息角度来思考不确定策略互动行为，主要的分析思想是在信息经济学（委托代理理论）框架中探讨不同形式的期权博弈均衡。从项目评价思维角度来看，非对称信息意味着基于相同项目的不同主体（委托者和代理者）具有完全不同的市场竞争力量，只有在激励兼容约束条件下才能实现项目价值的最大化。非对称信息下期权博弈分析的重点是基于特定项目的委托者和代理者的均衡分析与策略选择，以及这种均衡策略组合下的项目价值。

3. 项目维度

在同时考虑主体和项目的项目评价思维中，项目性质的差异必然是影响项目价值的重要因素。如果项目具有完全排他性，即如果一个主体获得（或投资）项目，就意味着另一个主体（或其他主体）项目价值的完全丧失，那么，这时的期权博弈评价就只对于唯一能得到项目的那个主体才有意义，因为对于没有得到该项目的其他主体来说，其项目价值为零。从现实意义来看，投标或收购的项目对象具有排他性项目的全部特征，也是一种基于项目维度的期权博弈评价类型。最后，考虑期权博弈主体的基本策略选择，我们在项目维度上界定的第三种类型是主体先行与追随项目的期权博弈评价。

（1）排他性与非排他性项目的期权博弈评价。不同于金融证券的增长期权，实物期权可以根据所有者是否有排他的执行期权来区分。按照这种权利排他性的不同，实物期权可以被分为独占型和分享型。排他性期权提供执行的排他性权利，这可以来自技术专利或企业具有其竞争者不能仿制的独特的知识资本。相反，分享性实物期权是产业的非排他性的“选择性”机会，如引入一种有很多替代的新产品或建设一个服务于特定市场的新工厂的机会。排他性项目意味着期权博弈主体所处的项目环境是：当一个企业投资一个排他性项目时，另一个企业的投资机会就会完全丧失。在这方面，Lambrecht（1999）建立了在第一阶段有专利投资并将给定排他权延续到第二阶段的情况下的序列两阶段投资期权博弈模型。该模型假定企业对于各自利润参数有不完全信息，并研究了睡眠专利的条件，即不直接延续到第二阶段的专利投资的贝叶斯均衡如何产生。

鉴于竞争性企业行为常常相互影响其投资机会的现实，Murto 和 Keppo（2002）开发了多个企业竞争一个投资机会的期权博弈模型。他们指出，当一个企业触发投资时，其他企业的投资机会就会完全丧失。其研究表明，在完全信息和对称性假设下，租金被完全消散，但每个企业的均衡投资策略处于垄断和租金消散情形之间。Lambrecht 和 Perraudin（2003）模型化了企业对于各自投资成本有不完全信息的双头情况，也同样发现了贝叶斯均衡投资时机处于完全租金消散和垄断情形之间。

（2）期权博弈评价的投标或收购项目模型。如果把期权博弈评价模型置于不同项目类型的差异之上，那么，不同项目主体的不同投标或竞购策略决定了特定投标或收购项目的价值内涵。在这个领域，Smit（2001）开发了一种反映收购（acquisition）策略的似期权（option like）特点和竞争性特点的项目价值评价框架。在竞争反应或变化的市场条件下，收购策略处理为一种特定形式的实物期权博弈。Lambrecht（2001）提供了当企业产出价格是随机的及企业有完全信息时的并购（merger）、股份收购（stock offers）、现金流收购（cash offers）的一种动态模型。在其研究中，并购被模型化为两个公司自动决定重建时间和事项的一种纳什均衡结果，但股票和现金收购是一种斯坦克伯格式的先行追随均衡结果。

（3）主体先行与追随的期权博弈评价模型。在现实世界，当期权为非排他性时，一个企业与其竞争者对于相同资产都有选择权，而无论谁首先执行，就可以得到相应的基础资产。如此一来，执行决策的时机对于期权价值的实现就具有了根本性的影响。即是说，非排他性项目期权博弈模型常常导致一种序列投资或领先一方被追随模型。尽管扩展到寡头有时会具有更直接的含义，但这类文献的研究常常被限制在双头情况，而且领先者和追随者的作用被内生决定。例如，Dixit 和 Pindyck（1994）提供了随机演进需求市场中存在两个潜在进入者的简单模型。在均衡时，其中一个企业进入，而在进入时称成本假设，Joaquin 和 Butler（1999）得出了低成本企业首先进入的研究结论。Huisman 和 Kort（1999）的研究表明，关联投资的等待策略性期权价值与垄断环境中的等待期权价值相同，但抢先均衡更低。在后一种情况，投资的最优点可能产生在净现值为负的时候。

4. 主体和项目结合维度

以项目评价思维来解释，只有结合主体数量和项目特征的期权博弈分析，才能正确说明特定投资项目的不确定性策略互动价值。因此，作为一种项目评价方法，期权博弈评价必须在结合（投资）主体和（待评估）项目的二元思维中展示，或者说，只有同时考虑主体数量和项目特性，才能构建有应用价值的项目评价模式。

（1）期权博弈评价的两主体单项目模型。从主体和项目结合的角度来审视期权博弈，两主体竞争单项目的期权博弈评价模型可以考虑两种情况：两主体竞争一个排他性项目与两主体竞争一个非排他性项目。然而，如果我们把关注点置于特定投资环境中特定项目价值的定价与分析上，那么，上述主体先行与延迟的期权博弈评价模型并不能意味着项目价值的单一性，因为对于相同竞争环境中的先行者和追随者而言，不同的策略选择（先行或追随）导致了不同的项目期权博弈价值。因此，只有两主体竞争一个排他性项目的情况适用于这里所说的两主体单项目模型。更具体来说，两主体单项目模型主要表现为排他性项目的期权博弈模型，以及投标或收购项目的期权博弈模型。

（2）期权博弈评价的两主体两项目模型。以 Smets（1991）为代表的第一个真正意义上的期权博弈模型就属于两主体两项目模型。在项目不确定性和竞争性的假设环境中，选择抢先进入和同时进入的两类企业导致了两种不同策略下的两种项目价值内涵。同样，Dixit 和 Pindyck（1994，1996）模型也是一种两主体两项目期权博弈评价模型。而且，前面所述的抢先与追随模型，以及许多连续时间或离散时间模型（包括前述的 Grenadier、Huisman、Smit 和 Trigeorgis 等开发的期权博弈模型），都是特定形式的两主体两项目期权博弈评价模型。

由于在这种两主体两项目期权博弈模型中，均衡特征的改变主要与主体抢先或追随策略选择相联系，所以这类模型的分析重点是在不确定条件下两个企业的策略互动究竟是导致抢先进入，还是同时进入或追随进入，以及判断外部性溢出环境中两主体期权博弈的均衡特征、策略选择及其变化。

从项目评价思维角度来理解，由于两主体两项目期权博弈评价模型可以通过相对简明的博弈策略式来表现，所以一般性的多主体多项目期权博弈评价模型可以特征化为一种特定形式的两主体两项目模型。这种简明性可以理解为：在两主体两项目的期权博弈评价体系中，一个主体的行为和判断直接影响了另一个主体的行为和判断，也构成了特定的期权博弈策略均衡组合，并最终决定了特定项目对于特定主体的期权博弈价值。

（3）期权博弈评价的多主体多项目模型。如果我们继续放松主体和项目的假设，考虑多主体竞争多项目的市场状况，这时的期权博弈分析，实际上就演变成了特定的产业均衡或宏观均衡特征的描述。需要明确的是，这里所谈的多项目，在具体的经济环境中可以表现为两个或两个以上企业（主体）各自开发自己的项目，也可以表现为不同（主体）企业面对专利或技术的（两个或两个以上的）不同选择，因为从实质意义来看，这些项目、专利或技术都可以理解为具有非排他性的投资机会。

2.4 相关文献综述

2.4.1 实物期权综述

以往多是用现金流贴现（DCF）方法来对投资标的进行估值的，但是由于传统的 DCF 分析方法的前提假设与实际投资情况存在太大出入，因而存在致命的本质缺陷。DCF 的主要假设包括：第一，贴现率固定，能够准确估计整个项目周期的现金流；第二，项目是相互独立存在的，除与贴现率有关，不与其他因素有相互作用；第三，项目周期内，整个项目完全按照预期发生变化；第四，决策者只能做投资或不投资的永久性选择；第五，不考虑无形资产的价值。以上的基本假设使得整个决策过程是一个被动的、机械化的过程，忽视了风险的存在，大大降低了投资预测的准确性。而实物期权方法考虑到未来的不确定性，能够很好地解决项目投资中不确定性带来的影响。

迈尔斯（Myers）于 1977 年最早提出实物期权这一概念，并预期把金融期权理论应用到实物资产上，并将实物期权应用于战略决策领域。实物期权被看作“未来根据可能有利的条款获得实物资产的机会”。布莱克和斯科尔斯（Black & Schole）于 1973 年提出著名的 B－S 期权定价模型，为实物期权的研究奠定了基础。Cox 和 Ross（1979）提出了用于研究离散型期权定价问题的二项树法。McDonald（1985）等发现用期权定价方法进行估值比用 DFC 方法进行估值更加贴近现实。Trigeorgis（1996）对实物期权方法的种类做了具体的分类。Bowman 和 Hurry（1993）对实物期权生命周期的基本阶段特征做了进一步的研究。Ghemawa 和 del Sol（1998）、Sadanand 和 Sadanand（1996）、Smit 和 Trigeorgis（2004）将实物期权理论运用到企业公司承诺和灵活性权衡的研究之中。Cuyper 和 Martin（2010）提出通过进行模拟可以进一步帮助解决多种不确定性或交互投资组合期权，以及可能以更复杂的方式影响嵌入期权决策的行为或管理因素。Dapena 和 Fidalgo（2003）认为并购是一个期权识别过程。首先，在并购前，表现为投资者拥有对项目进行投资的等待期权；其次，通过购买企业股权可以获得长期的独占的增长期权。Lambrecht（2004）首次提出运用实物期权方法来解决企业并购问题，并对善意并购和敌意并购两种不同并购方式的价值分配和并购时机做了研究，结果显示：善意并购的临界值高于敌意并购。Raff 和 Stähler（2009）通过实物期权方法对三种主要的国外市场进入方式（企业并购、绿地投资、建立合资企业）做了详细的对比研究。Barraclough（2013）运用实物期权，从并购溢价和并购协同效应两个方面展开了具体研究。Blonigen（2014）以实物期权理论为基石，进一步展开了并购时机选择问题的研究。Sakhartovb 和 Folta（2015）通过对 1984—1997 年的美国银行机构的人口进行了测量，对集体的退出延迟期权做了进一步的研究。Trigeorgis 和 Reder（2017）对实物期权理论在战略管理领域的应用做了回顾与梳理，指出了一系列实物期权理论未来发展的重要挑战和机会。

国内的研究虽兴起得比较晚，但众多学术工作者都致力于将实物期权方法的研究运用到项目投资当中，为我国企业投资提供了指导。齐安甜和张维（2001，2003，2004）是国内最早对实物期权定价展开探索的学者。他们通过将实物期权理论与我国实际项目投资结合起来，提出实物期权方法能够弥补传统 DCF 的固有缺陷，同时提出了较完善的实物期权理论体系。扈文秀、边璐等（2010）考虑并购溢价存在的情况下，对不完全信息情况下的并购阈值进行了研究。牛静、扈文秀等（2012）将实物期权方法运用到担保评估模型中，并进行了求解与分析。何沐文、刘金兰等（2013）以已有的实物期权定价模型为基础，把投资时的延迟投资和生产时的管理柔性纳入了考虑范畴，对不确定条件下的自然资源开发项目投资评价问题进行了研究。葛翔宇、唐春霞等（2014）根据期权定价理论，认为产品发明专利池的价值由其产生的收益和成本共同决定，并对其价值进行了模拟与分析。赵国强、徐晓辉等（2015）以实物期权理论为基础，对 2010—2013 年中国 A 股上市公司的资产质量得分及特征进行了评估，并进一步研究了它们对企业价值的影响。唐国平、郭俊等（2015）运用实物期权方法，对授权决策的核心问题（时机和对象的选择）做了具体研究。陈丹梅和李仲飞（2016）基于委托代理理论视角，研究了投资中的最优实物期权合同设计问题。周艳丽、吴洋等（2016）把经典的 B－S 期权定价模型的两种改进模型（带跳扩散过程的和具随机波动率的）结合起来对高新技术企业项目投资的专利权价值做了实物期权定价评估的研究。

2.4.2 期权博弈综述

期权博弈理论是实物期权与博弈相结合的产物，该理论能够很好地弥补传统估价方法的固有缺陷，充分考虑了可项目投资决策和并购活动的不确定性与动态性。期权博弈理论被广泛应用于不确定条件下的动态投资问题的研究中。

国外对于期权博弈的研究起步较早，20 世纪 60 年代兴起至今，经过 50 多年的延续与发展，目前该研究方法已相对完善，研究成果十分丰富，研究的情景设定也更加贴合实际。

早期学者关于期权博弈的研究主要集中在对垄断或完全竞争两种极端条件下的企业投资活动上。Fudenberg 和 Tirole（1985）首次将实物期权思想应用到企业间的策略互动研究当中，并建立了博弈模型对确定条件下的企业最优技术升级策略的相关问题进行了具体的分析。McDonald 和 Siegel（1986）、Pindyck（1987）对垄断或完全竞争环境下单个企业的投资活动进行了探讨，他们认为企业的投资项目组合可以看作期权组合的一种类型，企业可以通过充分利用其选择权（期权）来获得更多的收益或减少损失。Dixit（1989）对垄断和完全信息条件下的企业进入新市场或退出旧市场的战略决策做了具体分析与研究。Grenadier（1996）对房地产业进行了具体的研究，对 Trigeorgis 提出的期权博弈模型做了进一步的拓展。Grenadier（2002）又运用期权博弈理论对寡头垄断下的时机选择问题做了研究，为多人期权博弈问题的研究开辟了一条新的途径。Williams（1993）把博弈论和期权共同运用到企业实物资产的研究中。Lambrecht 和 Perraudin（1994）第一次正式提出了“期权博弈”这一概念。Trigeorgis（1996）基于期权，研究了抢滩博弈。Huisman 和 Kort（1999）运用完全信息条件下的静态博弈双寡头垄断模型，对投资时机与产品需求的不确定性间的关系展开了研究。Weeds（2000）构建了连续时间背景下的期权博弈模型，对境外直接投资进行了分析。Smit（2001）提出了能够应用于战略决策和项目评估的期权博弈框架，并认为该框架在对并购进行评估的同时也是一种战略思维的塑造，适用于所有的战略并购情况。Thijssen（2006）构建了一个连续时间的实物期权并购模型，认为并购不仅能够提高公司收益，也是其多样化策略的表现；此外，若外部环境为完全竞争，那么并购交易所产生的的期权价值将不复存在。Thijssen（2008）对其 2006 年提出的模型做了进一步深入拓展，认为并购后主并公司决定了目标企业占合并企业的股权多少。

近些年来，期权博弈的重点逐渐向不完全信息转移，多用来研究企业的并购定价与时机问题。Smets（1991，1993）为连续时间条件下的期权博弈研究奠定了理论基础。Spatt 和 Sterbenz（1985）研究了不完全信息条件下的产业投资决策相关主题。Pawlina 和 Kort（2001）从投资成本差异的角度对企业投资决策进行了研究。Martzoukos 和 ZAchaias（2002）对两阶段投资相关问题进行了研究。

Lambrecht 和 Perraudin（2003）建立了不完全信息期权博弈模型，是完全信息下期权博弈模型的丰富与拓展。此外，运用期权博弈对并购协同效应、是否存在竞争对手的并购活动、代理问题等方面的研究也有了一定的推进。Shleifer 和 Vishny（2003）提出的期权博弈模型充分考虑了相对估值和并购协同效应，研究认为合并企业的价值受并购支付方式的影响。Lambrecht（2004）运用规模经济理论对并购时机与定价问题进行了探讨。Morelleca 和 Zhdanov（2005）对 Lambrecht 的模型进行了拓展，对存在竞争的不完全信息条件下的并购时机和定价问题进行了研究，并构建了双因素模型。Morellec 和 Zhdanov（2005）运用基于股票市场估值的并购动态模型、主被并双方的期权博弈模型研究了不完全信息下的竞争并购的决策和定价机制，把收益与主并双方的股票收益的漂移、波动性和相关系数，以及关于并购益处的离散型信念联系了起来。Smit 和 Trigeorgis（2006）运用实物期权定价模型和博弈理论概念分析了不确定条件下特定的投资机会（重要的竞争性/战略性的创新、联盟以及并购决策）。Lambrecht 和 Myers（2007）建立了了并购与剥离的实物期权模型，对衰退产业问题进行了探讨。Smit 和 Trigeorgis（2007）用实物期权方法进行投资估值，并用博弈理论来对投资机会进行分析。Yu 和 Xu（2009）分别运用 NVP 方法和期权博弈的方法来评估被并企业的价值，从而引入协同效应系数，通过著名的鲁宾斯坦讨价还价定理来计算目标企业的价格，从而实现对改进的模糊信息环境的适应。Mason 和 Weeds（2010）对具有不确定性回报且不可逆的投资进行了研究，提出了先发制人在不确定环境中的重要性。Smit（2010）在战略选择问题上融入实物期权的思想，认为并购是一种“投机取巧”的战略，可以根据外界因素的变化来对投资进行调整，为不确定环境下的投融资战略及收购战略问题的研究提供了框架。Yu 和 Xu（2011）将实物期权与博弈论结合起来，构建了随机条件下的目标企业定价动态分析模型，并考虑并购整合过程中的协同作用，引入从鲁宾斯坦讨价还价定理提取的均衡价格公式，使得模型与随机环境更加符合。进一步讨论了在经营成本高于或低于现金流时的价格公式，并认为其遵守几何布朗运动过程。参数模拟显示本书提取的公式能够更好地解释现实环境中的并购。Lukas 和 Welling（2012）运用动态实物期权方法进行研究，结果显示管理的灵活性通过抑制后进者的议价能力加强了 M&A 中议价的先动优势。Lukas 和 Welling（2014）运用实物期权博弈模型研究了不确定环境下的投资时机问题。Azevedoa 和 Paxsonb（2014）通过对近 20 年实物期权博弈的归纳总结，发现其他公司的行动会影响公司的决策，竞争市场的投资决策可以看作两个公司的博弈。Trigeorgis 和 Baldi（2014）运用期权博弈来解释随机需求和战略竞争的不确定性，并提出实物期权与博弈论的整合基本上是通过将实物期权二叉树叠加到来自博弈理论的 2×2 支付矩阵上来实现的，允许量化在不确定性下的承诺和灵活性之间的重要权衡，并且还分析性地提出了协作策略的潜在益处。

国内关于期权博弈理论的研究起步较晚，始于 21 世纪初，并且以借鉴国外学者的成果并将其应用到我国实际当中为主。安瑛晖和张维（2001）对期权博弈的一般研究框架进行了归纳，并提出了未来可能的研究方向。齐安甜和张维（2001）通过对外国研究成果进行研究综述，指出了传统研究投资评估方法的不足，并对期权博弈方法进行了分析和探讨，提出了相应的理论分析框架和未来的研究方向。齐安甜和张维（2003）基于增长期权的视角，运用期权博弈方法对并购拍卖机制与竞标定价等问题进行了研究。雷星晖、李来俊（2004）利用期权博弈理论模型研究了存在竞争情况下的项目投资相关问题。夏新平等（2004）从是否有竞争对手出发，研究了并购交易中各方的期权博弈。杨李华（2006）基于期权博弈理论，对混合并购、负债企业并购及随机并购有害企业的相关问题进行了研究。Lin 等（2007）运用期权博弈理论构建了国际并购与战略联盟模型，进一步拓展了战略并购。张运生、曾德明等（2008）在存在延迟期权的情况下，进行了实物期权分析，同时对投资过程运用了两阶段博弈进行动态分析，对投资成本、投资回报率、环境波动率等变量对投资时机的影响进行了检验。扈文秀等（2010）基于不完全信息情境，运用期权博弈模型、最优停时方法，研究了并购溢价与并购阈值。段世霞等（2010）研究了两个相关企业的最优并购时机，并对并购各参数间的相关关系做了进一步分析。徐斌和俞静（2011）认为并购定价包括两个方面：一是目标企业期权价值的确定；二是双方谈判的博弈价格的确定。徐自彬（2012）基于期权博弈理论，研究了超竞争条件下企业并购的定价与时机问题。关健和吴鑫（2016）运用期权博弈方法，对超竞争条件下的跨国并购多阶段支付问题展开了研究。

第 3 章

模型与框架

3.1 不存在竞争对手的企业并购情形

3.1.1 引言与价值说明

1. 引言

本小节作为第 3 章的研究基础，在超竞争环境下讨论市场上只存在一个主并企业与一个被并企业的情况，且被并企业持不同态度（默许、积极讨价还价）下的企业并购模型，研究、确定最佳并购时机与主并企业等待期权的价值，并进行数值模拟与仿真。

在建立超竞争环境下的企业并购模型之前，首先提出几个前提条件：

（1）主被并企业以企业内在价值最大化为目标，且都是理性经济活动者；

（2）所产生的协同效应在主并企业成功兼并被并企业时立即生效，不考虑协同效果的滞后性，并且本书所研究情况都认为兼并产生正的协同效应；

（3）本书所研究的兼并是一次性完成的，不考虑分阶段的情况。被并企业在被兼并后不再存在，主并企业完全将被并企业吸收合并；

（4）本书提及的折现率被视为无风险利率。

2. 企业价值说明

本书中主被并企业及兼并所产生的新企业的价值函数用 $\pi_t^i = X_{it}D_i$ 表示，其中 $i \in \{1, 2, m\}$，指在将来某时刻 t 时企业的市场价值，后文也是如此。

企业累积市场价值折现是指未来所有时刻企业价值折现的总和，这是因为本书中 $\pi_t^i = X_{it}D_i$ 不代表企业的利润流或现金流，所以不是所有利润流或现金流的折现总和，同时本书也没有采用账面价值、公允价值与清算价值等形式。原因如下：

（1）不采取利润流或现金流表述是因为对于利润流或现金流模型来讲，每个时间段或每时刻影响利润流的因素不一定完全相同。许多关于企业兼并的期权价值计算模型都采用了利润流或现金流代表企业价值。另外，还有研究者用价格与企业产量之积表示企业的价值，在其他因素给定的情况下，价格服从几何布朗运动。这些模型的缺点在于，首先，影响企业利润流的因素绝非只有价格（或需求），即使只有价格（或需求），现今企业的生产经营更加趋于多样化，不同产品或劳务有不同的价格（或需求），一个价格（或需求）变量不足以真实反映企业的价值。同时，利润流函数的确定还只停留在理论和模型阶段（如简单的反需求函数模型和较为复杂的 Cobb - Douglas 生产函数模型），我们不可能创造出一个适合所有企业的利润流模型。而且，通过模型得到的企业价值永远是虚拟的企业理论价值，在并购时机决策中企业决策者并不关心可能无从得到的虚拟的企业理论价值，真正需要考虑的是企业实际的市场价值，因为主并企业对目标企业的评价主要以市场为基础，同时根据有效市场理论，市场价值可能比理论模型更接近其实际理论价值。最后，根据多恩布施（Dombusch）的粘性价格模型（stick-price models），当经济对外部扰动作出反应时，由于商品市场价格粘性，即产出价格或需求冲击对经济波动的反应具有滞后性，这使得我们在使用利润流折现模型进行分析时，最佳兼并时机可能早已过去。以上问题均限制了利润流折现模型在本书中的应用。

（2）不采用账面价值这一表述的原因为：第一，企业的资产在现实中会面临通货膨胀或过时贬值的问题，从而导致企业资产的账面价值偏离其真实价值；第二，从投资者的角度来说，企业资产负债表的最大缺点在于不从企业资产可能产生的未来收益考虑资产的价值。

（3）不采用公允价值这一表述的原因如下。国际会计准则对公允价值的定义为“信息完全、资源交易的双方在正常交易的情况下达成交易时资产的价值”。显然，公允市场价值的定义是建立在一系列严格的假设基础之上的，但是实际中的市场显然不符合理想化的模式，市场环境是多变的、不确定的。

（4）不采用清算价值这一表述是因为清算价值是指企业出现财务危机而破产或停业清算时，把企业中的实物资产逐个分离并单独出售的价格。估算所得的价格是目标企业可能的变现价格，构成并购价格的底线，可用于收购陷于困境的企业。本书采用通过对企业市场价值折现求和的方法来进行研究是由于：

首先，现实的企业并购案例更多的是在证券市场上通过股权买卖的方式发生的，且更多的将并购看作企业的一种投资与资本运作行为。

其次，根据半强有效市场理论，股票价格已经反映了所有公开的信息，所以我们可以通过分析企业的股票价格达到间接分析企业利润流的目的；即使有人质疑有效市场理论，那么通过将各年的企业市场价值折现求和，可将市场高估时造成的价值偏差与市场低估时造成的价值偏差部分抵消掉，从而从长期看，更接近其各个阶段实际价值折现之和。

最后，本书的研究初衷是在满足主被并企业价值最大化条件下的最佳企业并购定价与时机问题，并不关心企业的理论价值到底是多少，由于企业理论价值的确定涉及利润流函数及折现率因素，而这两个因素在使用现有利润流模型中都不好确定。因此，本书直接分析企业在股票市场上的市场价值，这样将探讨企业价值最大化条件下的问题转化为探讨企业累积期望折现市场价值最大化条件下的问题，虽然这时最大化条件的现实意义不大，但通过将对影响利润流的变量（如产出价格）的分析转换为企业的股价，便于实证，更重要的是在完善的金融市场中，可以使用无风险利率作为我们的折现率，这样比外生给定的经风险调整的折现率更加简便准确。在本书中，如没有特别说明，累积期望折现值均代表企业在各个时刻市场价值现值的总和，而不是企业的理论价值。在不产生混淆的情况下，为表达方便，就用累积期望折现值表示企业累积价值，即本书提到的企业累积价值均代表企业在各个时刻市场价值现值的总和。

3.1.2 超竞争环境下不存在竞争对手的并购模型建立与求解

3.1.2.1 并购目标企业持默许态度的情形

被并企业持默许态度是指当主并企业出价达到某一值时，被并企业可以接受就不再进行讨价还价，该值一般是指企业对自身价值评估的折现值。本小节重点讨论此种情况下，是否存在一个让主被并企业都满意的分配比例，以及最佳并购时机。

1. 模型假设

存在两个企业，用 $i \in \{1, 2\}$ 表示。$\Lambda = (\Omega, F, P)$ 是经筛选过的概率空间。企业在时刻 $t \in [0, \infty)$ 的价值为 π_t^i，它由两部分构成，一部分为固定部分，用 D_i 表示（可代表股票数）；另一部分为随机部分，用 X_{it} 表示（可代表股价）。企业的市场价值表示如下：

$$\pi_t^i = X_{it} D_i \tag{3-1-1}$$

并购后所形成的新公司用 m 表示，其在时刻 $t \in [0, \infty)$ 的企业价值为 π_t^m，固定部分用 D_m 表示，且 $D_m = (1 + \bar{\omega}\alpha)(D_1 + D_2)$；随机部分用 Y_{mt} 表示，Y_{mt} 由 X_{it} 所决定，且 $Y_{mt} = X_{1t}^{\gamma} X_{2t}^{1-\gamma} e^{-\lambda}$。其中，$\gamma$ 代表主并企业对并购后新公司价值的贡献（可用企业规模表示），$e^{-\lambda} \in [0, 1]$ 表示由超竞争环境下竞争所引起的对企业价值所造成的损失因子。λ 代表超竞争环境下导致两方谈判破裂事件发生的次数；α 代表直接协同系数，$(1 - \bar{\omega})$ 代表竞争强度，考虑到超竞争环境的竞争强度非常高，这里取值 $[0.5, 1]$，$\bar{\omega}$ 越小代表竞争强度越大，$\bar{\omega}$，α 表示间接协同效应。

X_{it} 遵循标准的几何布朗运动，即

$$\mathrm{d}X_{it} = \mu_i X_{it} \mathrm{d}t + \sigma_i X_{it} \mathrm{d}W_{it} \tag{3-1-2}$$

其中，μ_i 为企业 i 价值的期望增长率，σ_i 为瞬时波动率，$\mathrm{d}W_{it}$ 为维纳过程。可以证明得到 Y_{mt} 也遵循这一运动。

市场上的折现率为 $r > 0$，为保证问题解的存在性，$\mu_i < r$，$i \in \{1, 2, y\}$；并购可以抵消或补偿市场风险，即

$$\mu_Y < \gamma\mu_1 + (1 - \gamma)\mu_2, \quad \sigma_Y < [\gamma\sigma_1 + (1 - \gamma)\sigma_2]^2$$

其中，γ 为主并公司所占权重。

超竞争环境中，竞争的不确定性非常高，竞争强度也非常大，对于主并公司来说，假设在时刻 t 目标企业的价值为：

$$F = (1 + \xi) X_2^t D_2 \tag{3-1-3}$$

其中，$\xi \in [-1, 1]$，指因竞争的不确定性而导致目标企业价值的增加或损失系数。

为简化模型与计算，不考虑并购成本，且主并企业的规模都大于被并企业的规模。

2. 被并企业价值函数说明

存在维纳过程 $(W_t^Y)_{0 \leqslant t < \infty}$ 和 $(W_t^Z)_{0 \leqslant t < \infty}$，其中 $Z_{mt} = \dfrac{X_{1t}}{X_{2t}}$，$Y_{mt} = X_{1t}^{\gamma} X_{2t}^{1-\gamma} e^{-\lambda}$，

即 $(Y_t)_{0\leqslant t<\infty}$ 与 $(Z_t)_{0\leqslant t<\infty}$ 服从几何布朗运动①。即

$$\mathrm{d}Y_t=\mu_Y Y_t\mathrm{d}t+\sigma_Y Y_t\mathrm{d}W_t^Y$$
$$\mathrm{d}Z_t=\mu_Z Z_t\mathrm{d}t+\sigma_Z Z_t\mathrm{d}W_t^Z \tag{3-1-4}$$

且满足

$$\begin{cases}\mu_Y=\gamma\mu_1+(1-\gamma)\mu_2-\dfrac{1}{2}\gamma(1-\gamma)[(\sigma_1-\sigma_2)^2+2\sigma_1\sigma_2(1-\rho)]\\ \sigma_Y^2=[\gamma\sigma_1+(1-\gamma)\sigma_2]^2-2\gamma(1-\gamma)\sigma_1\sigma_2(1-\rho)\\ \mu_Z=\mu_1-\mu_2+\sigma_2(\sigma_2-\sigma_1\rho)\\ \sigma_Z^2=(\sigma_1+\sigma_2)^2-2\sigma_1\sigma_2(1+\rho)\end{cases} \tag{3-1-5}$$

其中，$\rho\in(-1,1)$ 为维纳过程 W_i 的相关系数。

考虑当主并公司在时刻 $\tau\geqslant 0$ 时实施兼并，主并企业需要对被并企业给予补偿，补偿价值即被并公司所得用 $V_{被}(X_{1t},X_{2t})$ 表示。兼并发生所满足的条件为：

$$V_{被}(X_{1t},X_{2t})=E\left(\int_\tau^\infty s_\tau e^{-rt}Y_{mt}D_m\mathrm{d}t\right) \tag{3-1-6}$$

其中，s_τ 为主并企业在兼并发生后给予被并企业的价值补偿比例。

且 $V_{被}(X_{1t},X_{2t})\geqslant E\left(\int_\tau^\infty(1+\xi)e^{-rt}X_{2t}D_2\mathrm{d}t\right)$，即当 $V_{被}(X_{1t},X_{2t})=E\left(\int_\tau^\infty s_\tau e^{-rt}Y_{mt}D_m\mathrm{d}t\right)=E\left(\int_\tau^\infty(1+\xi)e^{-rt}X_{2t}D_2\mathrm{d}t\right)$ 时，被并企业才有可能接受主并购企业的报价。

由 Huisman（2001）的 $E\left(\int_\tau^\infty e^{-rs}Y_s\mathrm{d}s\right)=\dfrac{Y_t}{r-\mu_Y}$ 得到：

$$s_\tau=(1+\xi)\frac{D_2}{D_m}\frac{r-\mu_m}{r-\mu_2}\frac{X_{2\tau}}{Y_{m\tau}}=(1+\xi)\frac{\dfrac{X_{2\tau}D_2}{r-\mu_2}}{\dfrac{Y_{m\tau}D_m}{r-\mu_m}}$$
$$=e^{\lambda}(1+\xi)\frac{D_2}{D_m}\frac{r-\mu_m}{r-\mu_2}\frac{X_{2\tau}^{\gamma}}{X_{1\tau}^{\gamma}} \tag{3-1-7}$$

---

① 对于该等式的理解可以从定性的情况加以思考。若有 $\sigma_1=\sigma_2=0$，则存在 $X_{it}=e^{\mu_i t}$，即企业 i 的期望增长率为 μ_i。由于兼并会产生协同效益，使得兼并后企业的期望增长率大于兼并前两企业的增长率的加权平均值，记 $Y_{mt}=e^{-\lambda+\mu_1\gamma+(1-\gamma)\mu_2}=X_{1t}^{\gamma}X_{2t}^{1-\gamma}e^{-\lambda}$

结论1：由此可见，此种情况下，主并企业在兼并后给予被并企业的价值补偿比例 s_τ 等于被并企业不参与并购继续经营至 τ 时刻的企业价值的折现值与企业发生兼并后所形成的新公司经营至 τ 时刻的企业价值的折现值之比。

$$\frac{\mathrm{d}s_\tau^*(\lambda)}{\mathrm{d}\lambda}=e^{\lambda}(1+\xi)\frac{D_2}{D_m}\frac{r-\mu_m}{r-\mu_2}\frac{X_{2\tau}^{\gamma}}{X_{1\tau}^{\gamma}}>0 \quad (3-1-8)$$

结论2：由3.1.1的分析可知，企业并购环境的不确定性增强，随着谈判时间的推移，可能导致双方谈判破裂因素、事件发生的次数也随之增加，对于积极寻求战略变化的主被并企业来讲，尤其是对于主并企业来说，其并购行为的主动性、动态性更强，希望并购成功的意愿也更强烈，所以随着 λ 的增大，主并企业给予被并企业的补偿比例增大。

$$\frac{\mathrm{d}s_\tau^*(\overline{\omega}\alpha)}{\mathrm{d}\overline{\omega}\alpha}=-e^{-\lambda}\frac{1+\xi}{(1+\overline{\omega}\alpha)^2}\frac{D_2}{D_1+D_2}\frac{r-\mu_m}{r-\mu_2}\frac{X_{2\tau}^{\gamma}}{X_{1\tau}^{\gamma}}<0 \quad (3-1-9)$$

结论3：补偿比例是兼并间接协同效益的减函数。即随着兼并协同效益的增加，被并企业在新公司形成后所得补偿比例减少。此观点不难理解，随着间接协同效益的增加，兼并带来的总价值随之增多，因为被并企业持默许态度只需要得到与自己在不参与兼并而继续持有企业到 τ 时刻的企业价值折现值同等大小的利益。可理解为被并企业需要的补偿是定值，则在兼并总价值增加的情况下，补偿比例 s_τ^* 相应的减小了。

$$\frac{\mathrm{d}s_\tau^*(\xi)}{\mathrm{d}\xi}=e^{\lambda}\frac{D_2}{D_m}\frac{r-\mu_m}{r-\mu_2}\frac{X_{1\tau}^{\gamma}}{X_{2\tau}^{\gamma}}>0 \quad (3-1-10)$$

结论4：随着竞争的不确性变大，补偿比例也随之增加。这是因为主并企业在并购过程中所承担的风险增大，并购成功与否涉及企业的方方面面，是一个系统工程，为确保并购成功，主并企业当然愿意提高补偿比例。

当主并企业决定在 τ 时兼并被并公司时，此时主并公司的企业价值记作 $V_{主}(X_{1\tau}, X_{2\tau})$。则该时刻主并企业的企业价值期望折现为：

$$V_{主}(X_{1\tau}, X_{2\tau})=E\left(\int_\tau^\infty(1-s_\tau^*)e^{-rt}Y_{mt}D_m\mathrm{d}t\right)=(1-s_\tau^*)\frac{Y_{mt}D_m}{r-\mu_m}$$

$$=\frac{Y_{m\tau}D_m}{r-\mu_m}-(1+\xi)\frac{X_{2\tau}D_2}{r-\mu_2}=X_{2\tau}\left[e^{-\lambda}Z_\tau^{\gamma}\frac{D_m}{r-\mu_m}-(1+\xi)\frac{D_2}{r-\mu_2}\right] \quad (3-1-11)$$

结论5：主并公司的价值等于兼并后所形成的新公司经营至 τ 时刻的企业价值折现值与被并企业不发生兼并经营至 τ 时刻的企业价值的折现值之差。

令：

$$\psi(Z_\tau)=e^{-\lambda}Z_\tau^\gamma\frac{D_m}{r-\mu_m}-(1+\xi)\frac{D_2}{r-\mu_2} \tag{3-1-12}$$

假设在 τ^* 时为最优并购时机，则令：

$$G^*(x_1,\ x_2)=\sup_{\tau\in T}E\left[\int_0^T e^{-rt}X_{1t}D_1\mathrm{d}t+e^{-rt}V_{主}(X_{1\tau},\ X_{2\tau})\right]$$
$$=E\left[\int_0^{\tau^*} e^{-rt}X_{1t}D_1\mathrm{d}t+e^{-r\tau^*}V_{主}(X_{1\tau^*},\ X_{2\tau^*})\right] \tag{3-1-13}$$

3. 并购阈值的确定

本书下面将采用随机微分方程，求得主并企业的最佳兼并时机，并计算出期权价值。依据 Φksendal（2000，chapter 10），方程（3－1－13）为非时齐（time-homogeneous）的最优停时问题，考虑随机过程 $H_t=(s+t,\ X_{1t},\ X_{2t},\ P_t)$ 符合

$$\mathrm{d}H_t=\begin{bmatrix}1\\ \mu_1X_{1t}\\ \mu_2X_{2t}\\ e^{-rt}D_1X_{1t}\end{bmatrix}\mathrm{d}t+\begin{bmatrix}0\\ \sigma_1X_{1t}\\ \sigma_2X_{2t}\\ 0\end{bmatrix}\mathrm{d}W_t$$

其中，W_t 是四维布朗运动。

令：

$$G^*(x_1,\ x_2)=\sup_{\tau\in T}E\left[\int_0^T e^{-rt}X_{1t}D_1\mathrm{d}t+e^{-rt}V_{主}(X_{1\tau},\ X_{2\tau})\right]$$
$$=\sup_{\tau\in T}E\left[P_\tau+e^{-r\tau}V_{主}(X_{1\tau},\ X_{2\tau})\right]=\sup_{\tau\in T}E\left[G(H_\tau)\right] \tag{3-1-14}$$

其中，

$$G(h)=e^{-rs}V_{主}(x_1,\ x_2)+p \tag{3-1-15}$$

式（3－1－14）是非时齐（time-homogeneous）最优停时问题，其与（3－1－13）等价。运用 Φksendal（2000，chapter 10.4.1）求解式（3－1－14）。

∂D 为李普希茨曲面（Lipschitz surface），满足 $\tau_D=\inf\{t\geqslant0\mid H_t\notin D\}$，本书定义 $F(s,\ x_1,\ x_2,\ p)=E[G(H_{\tau D})]$，此问题的解与我们所求问题（3－1－14）是等价的。借助 Φksendal（2000，theorem 9.2.14）求解上面的狄里克莱（Dirichlet）问题。满足：

$$\begin{cases}\Omega_XF=0\\ \lim\limits_{\frac{x_1}{x_2}\to Z^*\frac{x_1}{x_2}\in D}F(s,\ x_1,\ x_2)=g(s,\ Z^*),\ Z^*\in\partial D\end{cases} \tag{3-1-16}$$

其中，Ω_X 是偏微分算子：

$$\Omega_{(x_1,x_2)}F=\frac{\partial F}{\partial s}+\mu_1 x_1\frac{\partial F}{\partial x_1}+\mu_2 x_2\frac{\partial F}{\partial x_2}+e^{-rs}x_1 D_1\frac{\partial F}{\partial p}+\frac{1}{2}\sigma_1^2 x_1^2\frac{\partial^2 F}{\partial x_1^2}$$
$$+\frac{1}{2}\sigma_2^2 x_2^2\frac{\partial^2 F}{\partial x_2^2}+\sigma_1\sigma_2\rho x_1 x_2\frac{\partial^2 F}{\partial x_1 x_2}=0 \qquad (3-1-17)$$

若我们将 $F(\cdot)$ 表示成以下形式：

$F(s,\ x_1,\ x_2,\ p)=e^{-rs}x_2\varphi(z)+p$，其中 $z=\dfrac{x_1}{x_2}$，则偏导数 $F(\cdot)$ 满足：

$$\frac{\partial F}{\partial s}=-re^{-rs}x_2\varphi(z),\ \frac{\partial F}{\partial x_1}=e^{-rs}\varphi'(z),\ \frac{\partial F}{\partial x_2}=e^{-rs}[\varphi(z)-z\varphi'(z)],$$
$$\frac{\partial^2 F}{\partial x_1^2}=e^{-rs}\frac{\varphi''(z)}{x_2},\ \frac{\partial^2 F}{\partial x_2^2}=e^{-rs}z^2\frac{\varphi''(z)}{x_2},\ \frac{\partial^2 F}{\partial x_1 x_2}=-e^{-rs}z\frac{\varphi''(z)}{x_2},\ \frac{\partial F}{\partial p}=1$$

因此，式（3－1－17）可以写成：

$$\Omega_{(x_1,x_2)}F=e^{-rs}x_2[-r\varphi(z)+\mu_1 z\varphi'(z)+\mu_2(\varphi(z)+z\varphi'(z))+zD_1$$
$$+\frac{1}{2}\sigma_1^2 z^2\varphi''(z)+\frac{1}{2}\sigma_2^2 z^2\varphi''(z)-\sigma_1\sigma_2\rho z^2\varphi''(z)]=0$$

$$\Leftrightarrow\frac{1}{2}\sigma_z^2 z^2\varphi''(z)+(\mu_1-\mu_2)z\varphi'(z)-(r-\mu_2)\varphi(z)+zD_1=0 \qquad (3-1-18)$$

偏微分方程（3－1－18）解的一般形式如下：

$$\varphi(z)=A_1 z^{\beta_1}+A_2 z^{\beta_2}+\frac{D_1}{r-\mu_1}z \qquad (3-1-19)$$

其中，β_1、β_2 是方程 $Q(\beta)\equiv\frac{1}{2}\sigma_z^2\beta(\beta-1)+(\mu_1-\mu_2)\beta-(r-\mu_2)=0$ 的两根，A_1、A_2 为常数，边界条件满足 $\lim_{z\to 0}\varphi(z)=0$、$\lim_{z\to\infty}\varphi(z)=0$①。可以很容易看出：$\varphi(0)=\mu_2-r<0$，$\varphi(1)=\mu_1-r<0$；若 $\beta_1>\beta_2$，可以得出 $\beta_1>1$、$\beta_2<0$。由此可见，对于任意 $\{a,\ b\}\in 0<a<z^*<b<\infty$，有：$A_2=0$ 在 $[0,\ \bar{z})$，$A_1=0$ 在 $(\bar{z},\ \infty)$。

$$\varphi(z)=\begin{cases}A_1 z^{\beta_1}+\dfrac{D_1}{r-\mu_1}z, & z\in(0,\ \bar{z})\\ A_2 z^{\beta_2}+\dfrac{D_1}{r-\mu_1}z, & z\in(\bar{z},\ \infty)\end{cases} \qquad (3-1-20)$$

根据 Dixit 与 Pindyck（1994）提出的价值匹配条件（value-matching）和满足平滑粘贴条件（smooth-pasting），则可得到：

---

① 基于泡沫与投机性泡沫的介绍，见 Dixit 与 Pindyck（1996，Section 6. 1. C）。

$$\begin{cases}\psi(z_1)=\varphi(z_1)\\ \psi(z_2)=\varphi(z_2)\end{cases} 与 \begin{cases}\psi'(z_1)=\varphi'(z_1)\\ \psi'(z_2)=\varphi'(z_2)\end{cases} \tag{3-1-21}$$

有：

$$\begin{cases}A_1Z_1^{\beta_1}+\dfrac{D_1}{r-\mu_1}Z_1=e^{-\lambda}Z_1^{\gamma}\dfrac{D_m}{r-\mu_m}-(1+\xi)\dfrac{D_2}{r-\mu_2}\\ A_1\beta_1Z_1^{\beta_1-1}+\dfrac{D_1}{r-\mu_1}=e^{-\lambda}\gamma Z_1^{\gamma-1}\dfrac{D_m}{r-\mu_m}\\ A_2Z_2^{\beta_2}+\dfrac{D_1}{r-\mu_1}Z_2=e^{-\lambda}Z_2^{\gamma}\dfrac{D_m}{r-\mu_m}-(1+\xi)\dfrac{D_2}{r-\mu_2}\\ A_2\beta_2Z_2^{\beta_2-1}+\dfrac{D_1}{r-\mu_1}=e^{-\lambda}\gamma Z_2^{\gamma-1}\dfrac{D_m}{r-\mu_m}\end{cases} \tag{3-1-22}$$

求解以上方程组，得到：

$$A_1=e^{-\lambda}\frac{1-\gamma}{1-\beta_1}\frac{D_m}{r-\mu_m}Z_1^{\gamma-\beta_1}+\frac{(1+\xi)}{\beta_1-1}\frac{D_2}{r-\mu_2}Z_1^{-\beta_1} \tag{3-1-23}$$

将 A_1 代入方程组（3-1-22）中第二个方程式，可以得到 Z_1 所满足的方程式为：

$$\frac{D_1}{r-\mu_1}Z_1-e^{-\lambda}Z_1^{\gamma}\frac{\beta_1-\gamma}{\beta_1-1}\frac{D_m}{r-\mu_m}+(1+\xi)\frac{\beta_1}{\beta_1-1}\frac{D_2}{r-\mu_2}=0 \tag{3-1-24}$$

$$A_2=e^{-\lambda}\frac{1-\gamma}{1-\beta_2}\frac{D_m}{r-\mu_m}Z_2^{\gamma-\beta_2}+\frac{1+\xi}{\beta_2-1}\frac{D_2}{r-\mu_2}Z_2^{-\beta_2} \tag{3-1-25}$$

同理将 A_2 代入方程组（3-1-22）第四个方程式，可以得到 Z_2 所满足的方程式为：

$$\frac{D_1}{r-\mu_1}Z_2-e^{-\lambda}Z_2^{\gamma}\frac{\beta_2-\gamma}{\beta_2-1}\frac{D_m}{r-\mu_m}+(1+\xi)\frac{\beta_2}{\beta_2-1}\frac{D_2}{r-\mu_2}=0 \tag{3-1-26}$$

超竞争环境下，并购时机转瞬即逝，主并企业等待期权的价值为正才有意义，满足 $A_1>0$、$A_2>0$，若（A_1，Z_1）、（A_2，Z_2）满足边界条件（3-1-23）~（3-1-26），则原问题的解为：

$$F(t, x_1, x_2)=\begin{cases}e^{-rt}\left[A_1x_2\left(\dfrac{x_1}{x_2}\right)^{\beta_1}+x_1\dfrac{D_1}{r-\mu_1}\right], & 0<\dfrac{x_1}{x_2}<z_1\\ e^{-rt}\left[e^{-\lambda}\dfrac{D_m}{r-\mu_m}x_1^{\gamma}x_2^{1-\gamma}-(1+\xi)x_2\dfrac{D_2}{r-\mu_2}\right], & z_1\leqslant\dfrac{x_1}{x_2}\leqslant z_2\\ e^{-rt}\left[A_2x_2\left(\dfrac{x_1}{x_2}\right)^{\beta_2}+x_1\dfrac{D_1}{r-\mu_1}\right], & \dfrac{x_1}{x_2}>z_2\end{cases} \tag{3-1-27}$$

主并企业的最佳并购时机为：

$$\tau^* = \inf\{t \geqslant 0 \mid Z_t \in [Z_1, Z_2]\} \tag{3-1-28}$$

结论6：超竞争环境下主并企业的最优兼并时机与企业的相对价值 Z 有关，与参与并购双方企业价值的固定部分无关。

4. 战略并购博弈分析

本节在以上模型分析的基础之上，引用 Fudenberg 与 Tirole（1991，Section 4.5）解析步骤对双方博弈过程进行分析与研究。

t 时刻主被并企业的策略集都为：

$$S_i(t) = \{同意，不同意\}，i \in \{1, 2\}$$

前面所述模型在于当主被并企业双方都同意并购执行时，并购才真的发生。支付矩阵如表 3－1－1 所示。

表 3－1－1　　主被并企业支付博弈矩阵

主并企业 \ 被并企业	同意	不同意
同意	$(M_1(X_{1t}, X_{2t}), M_2(X_{1t}, X_{2t}))$	$(L_1(X_{1t}, X_{2t}), F_2(X_{1t}, X_{2t}))$
不同意	$(F_1(X_{1t}, X_{2t}), L_2(X_{1t}, X_{2t}))$	$(F_1(X_{1t}, X_{2t}), F_2(X_{1t}, X_{2t}))$

我们规定每一轮报价中，先报价者称为领导者（leader），其收益函数用 $L_i(X_{1t}, X_{2t})$，$i \in \{1, 2\}$ 表示；后报价者称为跟随者（follower），其收益函数用 $F_i(X_{1t}, X_{2t})$，$i \in \{1, 2\}$ 表示。若在时刻 t，主并公司提出报价，被并公司不同意，则其收益函数分别为：

$$L_1(X_{1t}, X_{2t}) = X_{2t}\left[\frac{e^{-\lambda}D_m}{r-\mu_m}Z_t^{\gamma} - (1+\xi)\frac{D_2}{r-\mu_2}\right]$$

$$F_2(X_{1t}, X_{2t}) = X_{1t}\left[(1+\xi)\frac{D_2}{r-\mu_2}\frac{1}{Z_t}\right]$$

相应地，若被并企业首先报价，主并企业不同意，此时，他们各自的收益函数为：

$$L_2(X_{1t}, X_{2t}) = X_{1t}\left[e^{-\lambda}\frac{D_m}{r-\mu_m}\left(\frac{1}{Z_t}\right)^{1-\gamma} - \frac{D_1}{r-\mu_1}\right]$$

$$F_1(X_{1t}, X_{2t}) = X_{2t}\left[\frac{D_1}{r-\mu_1}Z_t\right]$$

若两公司同时提出报价，其讨价还价能力用 γ 表示，则其收益函数分别为：

$$M_1(X_{1t}, X_{2t}) = \frac{D_m Y_{mt}}{r-\mu_m} + \frac{1}{2}\left[\frac{D_1}{r-\mu_1}X_{1t} - (1+\xi)\frac{D_2}{r-\mu_2}X_{2t}\right] = \gamma L_1(X_{1t}, X_{2t}) + (1-\gamma)F_1(X_{1t}, X_{2t})$$

$$M_2(X_{1t}, X_{2t}) = \frac{D_m Y_{mt}}{r-\mu_m} + \frac{1}{2}\left[(1+\xi)\frac{D_2}{r-\mu_2}X_{2t} - \frac{D_1}{r-\mu_1}X_{1t}\right] = (1-\gamma)L_2(X_{1t}, X_{2t}) + \gamma F_2(X_{1t}, X_{2t})$$

若 $\gamma\frac{D_m}{r-\mu_m} > \left(\frac{D_1}{r-\mu_1}\right)^{\gamma}\left(\frac{\gamma}{1-\gamma}\frac{D_2}{r-\mu_2}\right)^{1-\gamma}$，在曲面 D 上存在区间 $D_p = [\tilde{Z}_1, \tilde{Z}_2]$，即有：

$$Z \in D_p \Leftrightarrow L_1(Z) \geqslant F_1(Z), \ L_2(Z) \geqslant F_2(Z)$$

结论7：在超竞争环境下，每一轮报价中，主被并企业都更愿意充当“领导者”，都愿意首先报价而与表现两方实力的参数 γ 无关。

以上都是在区域 $D_p = [\tilde{Z}_1, \tilde{Z}_2]$，纳什均衡为（同意，同意），此时主并企业所得兼并收益为：

$$F_1^*(x_1, x_2) = e^{-\lambda}x_1^{\gamma}x_2^{1-\gamma}\frac{D_m}{r-\mu_m} - (1+\xi)x_2\frac{D_2}{r-\mu_2}, \ \frac{x_1}{x_2} \in [z_1, z_2] \tag{3-1-29}$$

在连续区间 $D = \{(s, x_1, x_2) \mid 0 < z < z_1\} \cup \{(s, x_1, x_2) \mid z_2 < z < \infty\}$ 上，主并企业未实现企业价值最大化，故而最佳策略选择等待，即保留等待期权而不执行，主并企业的价值函数为：

$$F_1^*(x_1, x_2) = \begin{cases} e^{-\lambda}Z_1^{\gamma-\beta_1}\frac{1-\gamma}{1-\beta_1}\frac{D_m}{r-\mu_m}\frac{x_1^{\beta_1}}{x_2^{\beta_1-1}} + Z_1^{-\beta_1}\frac{1+\xi}{\beta_1-1}\frac{D_2}{r-\mu_2}\frac{x_1^{\beta_1}}{x_2^{\beta_1-1}}x_1\frac{D_1}{r-\mu_1}, & \frac{x_1}{x_2} \in (0, z_1) \\ e^{-\lambda}Z_2^{\gamma-\beta_2}\frac{1-\gamma}{1-\beta_1}\frac{D_m}{r-\mu_m}\frac{x_1^{\beta_2}}{x_2^{\beta_2-1}} + Z_2^{-\beta_2}\frac{1+\xi}{\beta_2-1}\frac{D_2}{r-\mu_2}\frac{x_1^{\beta_2}}{x_2^{\beta_2-1}}x_1\frac{D_1}{r-\mu_1}, & \frac{x_1}{x_2} \in (z_2, \infty) \end{cases} \tag{3-1-30}$$

由上面的式子可以得出，主并企业在区域 $(0, z_1) \cup (z_2, \infty)$ 上的期权价值为：

$$O_1^*(x_1, x_2) = \begin{cases} e^{-\lambda}Z_1^{\gamma-\beta_1}\frac{1-\gamma}{1-\beta_1}\frac{D_m}{r-\mu_m}\frac{x_1^{\beta_1}}{x_2^{\beta_1-1}} + Z_1^{-\beta_1}\frac{1+\xi}{\beta_1-1}\frac{D_2}{r-\mu_2}\frac{x_1^{\beta_1}}{x_2^{\beta_1-1}}, & \frac{x_1}{x_2} \in (0, z_1) \\ e^{-\lambda}Z_2^{\gamma-\beta_2}\frac{1-\gamma}{1-\beta_1}\frac{D_m}{r-\mu_m}\frac{x_1^{\beta_2}}{x_2^{\beta_2-1}} + Z_2^{-\beta_2}\frac{1+\xi}{\beta_2-1}\frac{D_2}{r-\mu_2}\frac{x_1^{\beta_2}}{x_2^{\beta_2-1}}, & \frac{x_1}{x_2} \in (z_2, \infty) \end{cases} \tag{3-1-31}$$

超竞争环境下，主并企业存在两个等待期权，为了便于理解，我们将作出以下解释。在（0，Z_1）范围内，$\left(\frac{ds_\tau}{dx_{2t}}\right)>0$，即随着被并企业价值的增加，主并企业给予被并企业的价值补偿比例也增加，主并企业给予被并企业的价值补偿增加速度大于主并企业并购所得的增加速度，所以主并企业应该暂缓并购计划，以期被并企业价值达到一个合理值时，使自己所得收益最优。在（0，Z_2）范围内，主并企业也应该推迟并购，这是因为被并企业的价值虽然较大，但是主并企业给予被并企业的补偿比例也较大，并未达到最佳并购时机，主并企业应当继续等待，直到被并企业的价值减少到使兼并达到自己所得价值最大时方可执行并购。

结论8：超竞争环境下，主并企业有两个并购等待期权分别存在于区间（0，Z_1）与（0，Z_2）。

3.1.2.2 与目标企业协议兼并的情形

协议兼并是指并购双方都积极投入兼并活动中，积极谈判，主要表现为被并企业管理层不再持默许的态度，而是积极主动地为自己公司争取更多的利益。本小节重点讨论此种情况下，是否存在一个让主被并企业都满意的分配比例，以及最佳并购时机是怎样，主并企业的等待期权价值与上节的有什么不同。

1. 模型建立

模型的基本假设与上节相同，不同之处在于，主并企业与被并企业就并购后所形成的新公司利益分配比例作出积极磋商，假定主并企业决定在时刻τ采取行动收购被并企业，主并企业给予被并企业的价值补偿比例$S_\tau\in(0,1)$是我们所要求的。

设：

$$s_\tau=\sup_{S_\tau\in(0,1)}\left[E\left(\int_\tau^\infty s_\tau e^{-rt}Q_mY_{mt}dt\right)-E\left(\int_\tau^\infty(1+\xi)e^{-rt}D_2X_{2t}dt\right)\right]^\theta$$
$$\left[E\left(\int_\tau^\infty(1-s_\tau)e^{-rt}Q_mY_{mt}dt-E\left(\int_\tau^\infty e^{-rt}D_1X_{1t}dt\right)\right]^{1-\theta}\qquad(3-1-32)$$

此处，区别于第一节中以企业价值固定部分的大小决定并购后所形成新企业的价值分配，引入参数$\theta\in[0,1]$表示被并企业讨价还价的能力，θ越大说明被并企业的讨价还价能力越强，则$(1-\theta)$代表主并企业的讨价还价能力。

将式（3-1-32）对s_τ求导，并将导数取零，可以得到以下内容：

$$s_{\tau}^{**}=\frac{\frac{(1+\xi)D_2X_{2t}}{r-\mu_2}+\theta\left[e^{-\lambda}\frac{D_mY_{mt}}{r-\mu_m}-\frac{D_1X_{1t}}{r-\mu_1}-(1+\xi)\frac{D_2X_{2t}}{r-\mu_2}\right]}{e^{-\lambda}\frac{D_mY_{mt}}{r-\mu_m}} \quad (3-1-33)$$

本书所研究内容的前提均为兼并产生正的协同效应，即满足：

$$E\left(\int_t^{\infty}e^{-r\tau}D_mY_{mt}\mathrm{d}\tau\right)\geqslant E\left(\int_t^{\infty}e^{-r\tau}D_1X_{1t}\mathrm{d}\tau\right)+E\left[\int_t^{\infty}e^{-r\tau}(1+\xi)D_2X_{2t}\mathrm{d}\tau\right] \quad (3-1-34)$$

化简可得：

$$\frac{e^{-\lambda}D_mY_{mt}}{r-\mu_m}\geqslant\frac{D_1X_{1t}}{r-\mu_1}+(1+\xi)\frac{D_2X_{2t}}{r-\mu_2} \quad (3-1-35)$$

即兼并所带来的总的价值：

$$\Delta V(X_{1t},\ X_{2t})=\frac{e^{-\lambda}D_mY_{mt}}{r-\mu_m}-\frac{D_1X_{1t}}{r-\mu_1}-(1+\xi)\frac{D_2X_{2t}}{r-\mu_2}>0 \quad (3-1-36)$$

结论9：将式（3－1－33）与上节中的式（3－1－7）相比较不难发现，$s_{\tau}^{**}\geqslant s_{\tau}^{*}$，也就是说被并企业在讨价还价的情况下所获得的利益要大于默许条件下所得；默许条件下是讨价还价条件下中的一个特例，即 $\theta=0$。

下面我们将对各参数进行讨论，在对每一个参数进行研究时，都假定其他参数给定。将式（3－1－33）对 θ 求导得：

$$\frac{\mathrm{d}s_{\tau}^{**}}{\mathrm{d}\theta}=\frac{e^{-\lambda}\frac{D_mY_{mt}}{r-\mu_m}-\frac{D_1X_{1t}}{r-\mu_1}-(1+\xi)\frac{D_2X_{2t}}{r-\mu_2}}{e^{-\lambda}\frac{D_mY_{mt}}{r-\mu_m}}=\frac{\Delta V}{e^{-\lambda}\frac{D_mY_{mt}}{r-\mu_m}}>0 \quad (3-1-37)$$

这说明被并企业的管理层讨价还价能力越强，其通过兼并所获得的补偿比例越大，其获得的利益也就越大。

结论10：被并企业所能得到的补偿比例与其管理层的讨价还价能力正相关，加强并购谈判中的讨价还价能力，可有效提高企业在并购中的兼并效益。

将式（3－1－33）对 λ 求导得：

$$\frac{\mathrm{d}s_{\tau}^{**}(\lambda)}{\mathrm{d}\lambda}=e^{\lambda}\frac{(1-\theta)(1+\xi)\frac{D_2X_{2t}}{r-\mu_2}-\theta\frac{D_1X_{1t}}{r-\mu_1}}{\frac{D_mY_{mt}}{r-\mu_m}} \quad (3-1-38)$$

由前提条件知：$\frac{D_1X_{1t}}{r-\mu_1}>(1+\xi)\frac{D_2X_{2t}}{r-\mu_2}$。

当 $\theta=\dfrac{(1+\xi)\dfrac{D_2X_{2t}}{r-\mu_2}}{\dfrac{D_1X_{1t}}{r-\mu_1}+(1+\xi)\dfrac{D_2X_{2t}}{r-\mu_2}}$时，此时$\dfrac{ds_\tau^{**}(\lambda)}{d\lambda}=0$，不做讨论。

当 $\theta>\dfrac{(1+\xi)\dfrac{D_2X_{2t}}{r-\mu_2}}{\dfrac{D_1X_{1t}}{r-\mu_1}+(1+\xi)\dfrac{D_2X_{2t}}{r-\mu_2}}$时，此时$\dfrac{ds_\tau^{**}(\lambda)}{d\lambda}<0$。

当 $\theta<\dfrac{(1+\xi)\dfrac{D_2X_{2t}}{r-\mu_2}}{\dfrac{D_1X_{1t}}{r-\mu_1}+(1+\xi)\dfrac{D_2X_{2t}}{r-\mu_2}}$时，此时$\dfrac{ds_\tau^{**}(\lambda)}{d\lambda}<0$。

结论11：可以看到，随着被并企业讨价还价能力的增强，主并企业给予被并企业的价值补偿比例随着可能导致双方谈判破裂因素、事件发生次数的增加先增后减。

由以上分析可得，对于被并企业而言，其谈判能力的大小应控制在区间 $\left[0,\ \dfrac{(1+\xi)\dfrac{D_2X_{2t}}{r-\mu_2}}{\dfrac{D_1X_{1t}}{r-\mu_1}+(1+\xi)\dfrac{D_2X_{2t}}{r-\mu_2}}\right]$内，一旦超过该区间，其并购补偿价值将不再增加，反而减少。原因可能在于主并企业对并购外部因素的关注随着被并企业的讨价还价能力的提高而逐步向内部转移，一旦超过了主并企业的预期，并购内部因素将取代外部因素的位置，并决定并购走向。这里的内部因素是指只涉及主被并企业内部或主被并企业间的相关因素，如主被并企业的讨价还价能力、外部因素是指影响主被并企业并购成败的外部事件等。

将式（3－1－33）对（$\bar{\omega}\alpha$）求导得：

$$\frac{ds_\tau^{**}(\bar{\omega}\alpha)}{d(\bar{\omega}\alpha)}=-\frac{1}{(1+\bar{\omega}\alpha)^2}\frac{(1-\theta)(1+\xi)\dfrac{D_2X_{2t}}{r-\mu_2}-\theta\dfrac{D_1X_{1t}}{r-\mu_1}}{\dfrac{(D_1+D_2)Y_{mt}}{r-\mu_m}e^{-\lambda}} \tag{3-1-39}$$

当 $\theta=\dfrac{(1+\xi)\dfrac{D_2X_{2t}}{r-\mu_2}}{\dfrac{D_1X_{1t}}{r-\mu_1}+(1+\xi)\dfrac{D_2X_{2t}}{r-\mu_2}}$时，此时$\dfrac{ds_\tau^{**}(\bar{\omega}\alpha)}{d(\bar{\omega}\alpha)}=0$，不做讨论。

当$\theta > \dfrac{(1+\xi)\dfrac{D_2X_{2t}}{r-\mu_2}}{\dfrac{D_1X_{1t}}{r-\mu_1}+(1+\xi)\dfrac{D_2X_{2t}}{r-\mu_2}}$时，此时$\dfrac{\mathrm{d}s_\tau^{**}(\bar{\omega}\alpha)}{\mathrm{d}(\bar{\omega}\alpha)}>0$。

结论12：当被并企业的讨价还价能力超过某一值时，主并企业给予被并企业的价值补偿比例随着间接协同效应的提高而增加，这表明在由兼并所带来的总收益中，被并企业因自己的积极协商所取得的比例越来越多。

当$\theta < \dfrac{(1+\xi)\dfrac{D_2X_{2t}}{r-\mu_2}}{\dfrac{D_1X_{1t}}{r-\mu_1}+(1+\xi)\dfrac{D_2X_{2t}}{r-\mu_2}}$时，此时$\dfrac{\mathrm{d}s_\tau^{**}(\bar{\omega}\alpha)}{\mathrm{d}(\bar{\omega}\alpha)}<0$。

结论13：当被并企业的讨价还价能力不超过某一值时，主并企业给予被并企业的价值补偿比例随着间接协同效应的提高而减少，这表明在由兼并所带来的总收益中，被并企业虽然积极协商，但其所取得的收益增加幅度小于因协同效应而带来的总兼并收益的增加幅度。

结论11告诉我们被并企业不应该将自己的讨价还价能力超过某一值，而结论12与结论13告诉我们被并企业应该超过该值才对自己更有利。在并购过程中，λ是由外界所确定的，对于主被并公司双方来讲都是不确定的，而$\bar{\omega}\alpha$是由主并公司所掌握的，由此看来并购博弈过程中，主并公司对于并购收益所得的信息更为全面且在谈判中处于主动。因此，对于被并公司来说更应该积极提高自身的讨价还价能力，在掌握尽可能多的信息条件下以谋求更多的兼并收益。

兼并后，主并企业的企业累积价值为：

$$V_{主}(X_{1t},\ X_{2t})=E\left[\int_\tau^\infty e^{-rt}(1-s_\tau^{**})D_mY_{mt}\mathrm{d}t\right]=(1-s_\tau^{**})\frac{e^{-\lambda}D_mY_{mt}}{r-\mu_m} \tag{3-1-40}$$

将式（3-1-33）代入式（3-1-38）整理可得：

$$V_{主}(X_{1t},\ X_{2t})=(1-\theta)\left[\frac{e^{-\lambda}D_mY_{m\tau}}{r-\mu_m}-(1+\xi)\frac{D_2X_{2\tau}}{r-\mu_2}-\frac{D_1X_{1\tau}}{r-\mu_1}\right]+\frac{D_1X_{1\tau}}{r-\mu_1} \tag{3-1-41}$$

说明主并企业通过兼并后，企业价值为其独立经营所得企业价值$\dfrac{D_1X_{1\tau}}{r-\mu_1}$和通过讨价还价所争取到的部分兼并所得收益（$(1-\theta)\Delta V(X_{1t},\ X_{2t})$）之和。

设T为停时集合，且$X_t=(X_{1t},\ X_{2t})$，主并企业所要解决的问题就是找到最

佳并购时机 $\tau^* \in T$，使得主并企业的企业价值的折现值 $F^*_{主}(x_1, x_2)$ 最大：

$$F^*_{主}(x_1, x_2) = \sup_{\tau \in T} E\left[\int_0^{\tau} e^{-rt} D_1 X_{1t} \mathrm{d}t + e^{-rt} V_{主}(X_{1t}, X_{2t})\right]$$
$$= E\left[\int_0^{\tau^*} e^{-rt} D_1 X_{1t} \mathrm{d}t + e^{-r\tau^*} V_{主}(X_{1\tau^*}, X_{2\tau^*})\right] \tag{3-1-42}$$

2. 模型求解

依据上节的求解方法，设

$$G(x_1, x_2) = \begin{cases} A_1 x_1^{\beta_1} x_2^{1-\beta_1} + \dfrac{D_1 x_1}{r-\mu_1}, & \dfrac{x_1}{x_2} \in (0, Z_1) \\ A_2 x_1^{\beta_2} x_2^{1-\beta_2} + \dfrac{D_1 x_1}{r-\mu_1}, & \dfrac{x_1}{x_2} \in (Z_2, \infty) \end{cases} \tag{3-1-43}$$

由价值匹配与平滑粘贴条件，设 $Z_1 = \dfrac{X_{11}}{X_{21}}$、$Z_2 = \dfrac{X_{12}}{X_{22}}$为兼并阈值，得到：

$$\begin{cases} A_1 Z_1^{\beta_1} + \dfrac{D_1}{r-\mu_1} Z_1 = (1-\theta)\left[\dfrac{e^{-\lambda} D_m Z_1^{\gamma}}{r-\mu_m} - (1+\xi)\dfrac{D_2}{r-\mu_2} - \dfrac{D_1 Z_1}{r-\mu_1}\right] + \dfrac{D_1 Z_1}{r-\mu_1} \\ A_1 \beta_1 Z_1^{\beta_1 - 1} = (1-\theta)\gamma \dfrac{e^{-\lambda} D_m Z_1^{\gamma-1}}{r-\mu_m} - (1-\theta)\dfrac{D_1}{r-\mu_1} \\ A_2 Z_2^{\beta_2} + \dfrac{D_1}{r-\mu_1} Z_2 = (1-\theta)\left[\dfrac{e^{-\lambda} D_m Z_2^{\gamma}}{r-\mu_m} - (1+\xi)\dfrac{D_2}{r-\mu_2} - \dfrac{D_1 Z_2}{r-\mu_1}\right] + \dfrac{D_1 Z_2}{r-\mu_1} \\ A_2 \beta_2 Z_2^{\beta_2 - 1} = (1-\theta)\gamma \dfrac{e^{-\lambda} D_m Z_2^{\gamma-1}}{r-\mu_m} - (1-\theta)\dfrac{D_1}{r-\mu_1} \end{cases} \tag{3-1-44}$$

解出：

$$A_1 = \frac{(1-\theta)(\gamma-1)}{\beta_1 - 1} \frac{e^{-\lambda} D_m Z_1^{\gamma-\beta_1}}{r-\mu_m} + \frac{1-\theta}{\beta_1 - 1}(1+\xi)\frac{D_2 Z_1^{-\beta_1}}{r-\mu_2} \tag{3-1-45}$$

Z_1 所满足的方程式为：

$$\frac{D_1}{r-\mu_1} Z_1 - \frac{\beta_1 - \gamma}{\beta_1 - 1} \frac{e^{-\lambda} D_m}{r-\mu_m} Z_1^{\gamma} + \frac{\beta_1}{\beta_1 - 1} \frac{(1+\xi) D_2}{r-\mu_2} = 0 \tag{3-1-46}$$

$$A_2 = \frac{(1-\theta)(\gamma-1)}{\beta_2 - 1} \frac{e^{-\lambda} D_m}{r-\mu_m} Z_2^{\gamma-\beta_2} + \frac{(1-\theta)}{\beta_2 - 1}(1+\xi)\frac{D_2}{r-\mu_2} Z_2^{-\beta_2} \tag{3-1-47}$$

Z_2 所满足的方程式为：

$$\frac{D_1}{r-\mu_1}Z_2-\frac{\beta_2-\gamma}{\beta_2-1}\frac{e^{-\lambda}D_m}{r-\mu_m}Z_2^{\gamma}+\frac{\beta_2}{\beta_2-1}(1+\xi)\frac{D_2}{r-\mu_2}=0 \qquad (3-1-48)$$

同样的，这里 A_1、A_2 要大于0，因为主并企业等待的期权价值不能为负，根据（3-1-45）式、（3-1-47）式，可以得到：

$$Z_1<\left[\frac{D_2(1+\xi)(r-\mu_m)}{(1-\gamma)e^{-\lambda}D_m(r-\mu_2)}\right]^{\frac{1}{\gamma}}<Z_2$$

结论14：由（3-1-46）式与（3-1-48）式可以得到主并企业的兼并阈值与其讨价还价能力（$1-\theta$）无关，与超竞争环境下双方谈判破裂因素发生的次数和竞争的不确定性有关，和上节所得到的结果一致。

根据（3-1-45）式与（3-1-47）式可以得到：

$\frac{dA_1}{d(1-\theta)}=\frac{\gamma-1}{\beta_1-1}\frac{e^{-\lambda}D_m}{r-\mu_m}Z_1^{\gamma}+\frac{1+\xi}{\beta_1-1}\frac{D_2}{r-\mu_2}$，因为兼并协同效益 $\Delta V>0$ 所以得到：$\frac{dA_1}{d\lambda}>0$；同理可以得到$\frac{dA_2}{d(1-\theta)}=\frac{(\gamma-1)}{\beta_2-1}\frac{e^{-\lambda}D_m}{r-\mu_m}Z_2^{\gamma}+\frac{1+\xi}{\beta_2-1}\frac{D_2}{r-\mu_2}$。由（3-1-41）式可以得到：

$$\frac{dV_1}{d(1-\theta)}=\frac{e^{-\lambda}D_mY_{mt}}{r-\mu_m}-\frac{(1+\xi)}{r-\mu_2}D_2X_{2\tau}-\frac{D_1X_{1\tau}}{r-\mu_1}>0 \qquad (3-1-49)$$

这说明主并企业的讨价还价能力越高，其持有的等待期权价值系数和由并购所带来的收益随之增加。但是兼并阈值并没有随讨价还价能力发生改变，这是因为主并企业的期权价值与实施并购的收益同时提高，等待期权价值增加将使主并企业推迟并购时机，而进行并购将给主并企业带来更多的收益使主并企业提早并购，共同作用下并购时机不变。

依据上节同样的方法，我们可以得出主并企业的最优并购时机：在连续的区域 ∂D 上，若存在（A_1，Z_1）、（A_2、Z_2）满足以上条件，则主并企业最优并购时机解的一般形式为：

$$F^*(x_1, x_2)=\begin{cases} e^{-rt}\left(A_1x_1^{\beta_1}x_2^{1-\beta_1}+\dfrac{D_1X_1}{r-\mu_1}\right), & \dfrac{x_1}{x_2}\in[0, Z_1] \\ e^{-rt}\left\{(1-\theta)\left[\dfrac{e^{-\lambda}D_mx_1^{\gamma}x_2^{1-\gamma}}{r-\mu_m}-(1+\xi)\dfrac{D_2x_2}{r-\mu_2}-\dfrac{D_1x_1}{r-\mu_1}\right]+\dfrac{D_1x_1}{r-\mu_1}\right\}, & \dfrac{x_1}{x_2}\in[Z_1, Z_2] \\ e^{-rt}\left(A_2x_1^{\beta_2}x_2^{1-\beta_2}+\dfrac{D_1x_1}{r-\mu_1}\right), & \dfrac{x_1}{x_2}\in[Z_2, \infty] \end{cases} \qquad (3-1-50)$$

主并企业的最佳兼并时机为：$\tau^* = \inf\{t \geqslant 0 \mid Z_t \in [Z_1, Z_2]\}$

主并企业的等待期权价值为：

$$O(x_1, x_2) = \begin{cases} A_1 x_1^{\beta_1} x_2^{1-\beta_1}, & \dfrac{x_1}{x_2} \in (0, Z_1) \\ A_2 x_1^{\beta_2} x_2^{1-\beta_2}, & \dfrac{x_1}{x_2} \in (Z_2, \infty) \end{cases} \tag{3-1-51}$$

结论15：这种情况下，主并企业同样存在两个并购期权，期权大小除了与超竞争环境下的各因素有关，还与主被并企业双方的讨价还价能力有关。

3.1.3　参数分析与数值模拟

1. 引言

本节将对前面的模型通过实例分析加以分析与说明，并进一步分析超竞争环境下的相关因素对并购时机与期权价值的影响。

2. 被并企业持默许态度下的实例分析

举例说明：

假设市场上存在两个企业，主并企业1与被并企业2。主并企业1的企业价值增值率$\mu_1 = 0.03$，波动率$\sigma_1 = 0.3$；被并企业2的企业价值增值率$\mu_2 = 0.02$，波动率$\sigma_2 = 0.25$，相关系数$\rho = 0.5$，以上这5个参数可以通过双方历史数据整理所得。主并企业1的企业价值的固定部分$D_1 = 1$，被并企业2的企业价值的固定部分$D_2 = 0.5$。无风险利率取同期银行存款利率$r = 0.05$。直接协同效应α可以根据市场相关数据加以评估，这里假设$\alpha = 0.4$。兼并后所形成的新公司中，主并企业所占权重采用$\gamma = \dfrac{D_1}{(D_1 + D_2)} = 2/3$，为研究简单，省去兼并所花成本及其他费用。另外假设超竞争环境下，竞争强度取$(1 - \bar{\omega}) = 0.8$；由双方谈判破裂因素发生的次数所引起的参数引子$e^{-\lambda} = 0.5$；竞争的不确定性取$\xi = 0.5$。

在以上给定的参数条件下，将以上参数代入方程组（3－1－5）可以得到：

$$\begin{cases} \mu_Y = 0.018 \\ \sigma_Y^2 = 0.064 \\ \mu_Z = 0.035 \\ \sigma_Z^2 = 0.0775 \end{cases}$$

因为 β_1、β_2 是方程 $Q(\beta)\equiv\frac{1}{2}\sigma_z^2\beta(\beta-1)+(\mu_1-\mu_2)\beta-(r-\mu_2)=0$ 的两根，可以解得 $\beta_1=1.25$，$\beta_2=-0.516$。

将以上参数代入（3－1－24）式可以得到主并企业的兼并阈值 Z_1 的值为：

$$Z_1=3.901$$

将以上参数代入（3－1－26）式可以得到主并企业的兼并阈值 Z_2 的值为：

$$Z_2=8.256$$

因为 $Z_1<Z_2$，所以以上结果符合要求。

进而将 Z_1 代入方程（3－1－23）中，可以求得 $A_1=1.17$；将 Z_2 代入方程（3－1－25）中，可以求得 $A_2=39.65$。进一步求得主并企业 1 的最佳兼并时机：$\tau^*=\inf\{t\geqslant0\mid Z_t\in[3.901,\ 8.256]\}$；兼并后所形成的新公司中主并企业对被并企业给予的补偿比例 $s_\tau^*=0.247Z_{\tau^*}^{-\frac{2}{3}}$，主并企业的所得最优企业价值为：

$$F^*(x_1,\ x_2)=\begin{cases}1.17x_1^{1.25}x_2^{-0.25}+50x_1, & \dfrac{x_1}{x_2}\in(0,\ 3.901)\\ 25.31x_1^{\frac{2}{3}}x_2^{\frac{1}{3}}-25x_2, & \dfrac{x_1}{x_2}\in[3.901,\ 8.256]\\ 39.65x_1^{-0.516}x_2^{1.516}+50x_1, & \dfrac{x_1}{x_2}\in(8.256,\ \infty)\end{cases}$$

依据前面的模型推理，可以看出主并企业两个等待期权的价值分别为：$1.17x_1^{1.25}x_2^{-0.25}$ 与 $39.65x_1^{-0.516}x_2^{1.156}$；实施兼并所带来的收益为：$25.31x_1^{\frac{2}{3}}x_2^{\frac{1}{3}}-25x_2$。若是在传统的 NPV 原则下，主并企业只需要满足 $V_{被}(X_{1t},\ X_{2t})>0$ 即可，这时可以得到并购时机为 $Z_3=0.58$，在超竞争环境下主并企业的最佳并购时机要晚于传统的 NPV 方法下计算得到的并购时机。这同时也体现了实物期权的核心思想：充分了解环境的不确定性与兼并时机的可推迟性。

参数分析：

本部分将重点讨论超竞争环境下，竞争强度（$1-\bar{\omega}$）、竞争的不确定性 ξ 及导致双方谈判破裂因素发生的次数（用因子 $e^{-\lambda}$ 表示）对并购时机的影响。其他参数不是本书所要研究的重点，在此不做讨论。为保证研究具有可比性，将一些参数取值如下，详见表 3－1－2。

表3-1-2　　主被并企业相关参数取值

企业角色	D_i	μ_i	σ_i	α	ρ	γ	r
主并企业	1	0.03	0.3	0.4	0.5	2/3	0.05
被并企业	0.5	0.02	0.25			1/3	0.05

（1）因子$e^{-\lambda}$对兼并时机的影响。结合现实中的情况及表3-1-2中的参数分析因子$e^{-\lambda}$对主并企业并购阈值的影响，详见表3-1-3。

表3-1-3　　因子$e^{-\lambda}$与并购阈值的关系

$e^{-\lambda}$	0	0.2	0.3	0.5	0.7	0.9	1
Z_1	-2.500	0.233	1.268	3.901	4.566	5.591	6.268
Z_2	-0.170	7.482	8.012	8.256	8.785	9.534	9.932

由表3-1-3可以看出在满足$Z_1 < Z_2$条件下，随着因子$e^{-\lambda}$的增加，并购区间的下限Z_1与上限Z_2都逐渐增大。反应在现实中即导致双方谈判破裂因素发生的次数越少，主并企业就会推迟并购时机，以等待被并企业的企业价值能够得到提升。

（2）竞争强度$(1-\bar{\omega})$对兼并时机的影响。超竞争环境下，竞争强度非常高，本文选取竞争强度均大于等于0.5的情况，以示竞争强度高，由表3-1-4的数据可以得到，竞争强度的改变对并购阈值的上下界有很明显的影响，且改变幅度都较大；随着竞争强度的增大，主并企业有提前并购的意向，而且用于决策的并购时间段趋于变窄，主并公司应抓住机遇，果断决策，在犹豫情况下，并购时机可能就会消失。

表3-1-4　　竞争强度$(1-\bar{\omega})$与并购阈值的关系

$(1-\bar{\omega})$	0.5	0.6	0.7	0.8	0.9	1
Z_1	19.366	9.587	5.591	3.901	1.033	0.012
Z_2	28.548	16.561	9.534	8.256	2.365	0.954

（3）竞争的不确定性ξ对兼并时机的影响。超竞争环境下，竞争的不确定性表现最突出的地方在于对被并企业价值的影响。由表3-1-5的第一列可以看

出，在被并企业的价值完全消失时，主并企业的并购阈值区间也不符合现实情况，此时主并企业应该根据市场的变化，当发现类似类型的被并企业，如较拥有先进专利的目标企业出现在市场上时，主并企业应该放弃原并购执行策略，以避免成本的损失和并购失败。随着竞争的不确性增加，主并企业的并购时机逐渐推迟，这是因为竞争的不确性增加将导致被并企业的企业价值变化非常大，由于信息的不完全性，主并企业不可能完全通过市场了解被并企业的全部，为此主并企业应持更加谨慎的态度。

表 3－1－5　　竞争的不确定性 ξ 与并购阈值的关系

ξ	－1	－0.5	0	0.5	0.7	0.9	1
Z_1	1.648	0.523	1.562	3.901	9.566	15.591	26.843
Z_2	0.061	1.875	5.012	8.256	16.785	29.654	50.262

3. 被并企业积极参与讨价还价下的实例分析

基本的实例分析同上节。由于被并企业对并购不再持默许的态度，而是就价值补偿比例同主并企业积极磋商，这里假设被并企业的讨价还价能力 $\theta=0.5$，该参数可以根据双方企业的综合评价得出。

依据（3－1－24）式可以得到主并企业的兼并阈值 Z_1 的值为：

$$Z_1=3.901$$

依据（3－1－26）式可以得到主并企业的兼并阈值 Z_2 的值为：

$$Z_2=8.256$$

将 $Z_1=3.901$ 与 $Z_2=8.256$ 分别代入方程（3－1－43）与方程（3－1－45）中可以求得 $A_1=1.489$，$A_2=9.304$。

将以上参数代入方程（3－1－48）中，可以得到主并企业的最优并购函数为：

$$F^*(x_1, x_2)=\begin{cases} e^{-rt}(1.489x_1^{1.25}x_2^{-0.25}+50x_1), & \dfrac{x_1}{x_2}\in(0, 3.901) \\ e^{-rt}(12.656x_1^{\frac{2}{3}}x_2^{\frac{1}{3}}+25x_1), & \dfrac{x_1}{x_2}\in[3.901, 8.256] \\ e^{-rt}(9.304x_1^{-0.516}x_2^{1.516}+50x_1), & \dfrac{x_1}{x_2}\in(8.256, \infty) \end{cases}$$

主并企业的最优并购时机为 $\tau^{*}=\inf\{t\geqslant 0 \mid Z_t\in[3.901,\ 8.256]\}$，

主并企业的等待期权价值为：

$$O(x_1,\ x_2)=\begin{cases}1.489x_1^{1.25}x_2^{-0.25}, & \dfrac{x_1}{x_2}\in(0,\ 3.901)\\ 9.304x_1^{-0.516}x_2^{1.516}, & \dfrac{x_1}{x_2}\in(8.256,\ \infty)\end{cases}$$

由上节中的分析可知讨价还价能力不能改变并购时机，在此不再对 θ 作参数分析。

3.2 存在竞争对手的企业并购情形

3.2.1 引言

本节在3.1节研究的基础之上，进一步扩展条件，以使研究更加符合现实情况、接近事实。并购市场上往往存在着一个或多个主并公司，本节假设市场上存在两个主并公司——主并公司 A 与主并公司 B，他们是竞争对手，同时对被并公司 C 展开并购活动。

3.2.2 超竞争环境下存在竞争对手的并购模型的建立与求解

1. 模型假设

模型假设与3.1节中的模型假设基本一样，主要区别在于：假设市场上存在两个主并公司，这样就会给目标企业价值带来溢价效果，对于主并公司 A 来讲，由于受到竞争对手 B 的影响，此时目标公司 C 的企业价值变为 $F_A=(1+\delta_B)(1+\xi)D_2X_2^t$，其中 δ_B 为由于公司 B 的存在而对目标企业产生的溢价水平；同样，对于主并公司 B 来讲，目标公司的企业价值由于受到 A 的影响，目标公司 C 的企业价值此时变为 $F_B=(1+\delta_A)(1+\xi)D_2X_2^t$，其中 δ_A 为由于公司 A 的存在而对目标企业产生的溢价水平。另外设 θ_A 为被并公司 C 相对于主并公司 A 的讨价还价能力，θ_B 为被并公司 C 相对于主并公司 B 的讨价还价能力，s_{τ_A} 代表主并公司 A 对被并企业 C 的价值补偿比例，s_{τ_B} 代表主并公司 B 对被并企业 C 的价值补偿比例。

则可以得出两主并公司的最优补偿比例如下：

$$s_{\tau_A}=\sup_{s_{\tau_A}}\{E(\int_{\tau}^{\infty}s_{\tau_A}e^{-rt}D_mY_{mt}\mathrm{d}t)-E[\int_{\tau}^{\infty}e^{-rt}(1+\xi)(1+\delta_B)D_cX_{ct}\mathrm{d}t]\}^{\theta_A}$$
$$\{E[\int_{\tau}^{\infty}(1-s_{\tau_A})e^{-rt}D_mY_{mt}\mathrm{d}t]\}-E[(\int_{\tau}^{\infty}e^{-rt}D_AX_{At}\mathrm{d}t)]^{1-\theta_A}\tag{3-2-1}$$

$$s_{\tau_B}=\sup_{s_{\tau_B}}\{E(\int_{\tau}^{\infty}s_{\tau_B}e^{-rt}D_mY_{mt}\mathrm{d}t)-E[\int_{\tau}^{\infty}e^{-rt}(1+\xi)(1+\delta_A)D_cX_{ct}\mathrm{d}t]\}^{\theta_B}\times$$
$$\{E[\int_{\tau}^{\infty}(1-s_{\tau_B})e^{-rt}D_mY_{mt}\mathrm{d}t]-E(\int_{\tau}^{\infty}e^{-rt}D_BX_{Bt}\mathrm{d}t)\}^{1-\theta_B}\tag{3-2-2}$$

利用3.1节的分析步骤，我们分别对式（3-2-1）与式（3-2-2）求导，并令导数等于零，可以得到：

$$s_{\tau_A}^*=\frac{\frac{(1+\xi)(1+\delta_B)}{r-\mu_c}D_cX_{c\tau}+\theta_A\left[e^{-\lambda}\frac{D_mX_{m\tau}}{r-\mu_m}-\frac{D_AX_{A\tau}}{r-\mu_A}-\frac{(1+\xi)(1+\delta_B)}{r-\mu_c}D_cX_{c\tau}\right]}{e^{-\lambda}\frac{D_mX_{m\tau}}{r-\mu_m}}\tag{3-2-3}$$

$$s_{\tau_B}^*=\frac{\frac{(1+\xi)(1+\delta_A)}{r-\mu_c}D_cX_{c\tau}+\theta_B\left[e^{-\lambda}\frac{D_mX_{m\tau}}{r-\mu_m}-\frac{D_BX_{B\tau}}{r-\mu_B}-\frac{(1+\xi)(1+\delta_A)}{r-\mu_c}D_cX_{c\tau}\right]}{e^{-\lambda}\frac{D_mX_{m\tau}}{r-\mu_m}}\tag{3-2-4}$$

对于主并企业 A 来讲，兼并带来协同效益才会执行并购，即满足：

$$E(\int_{t}^{\infty}e^{-r\tau_A}D_mY_{m\tau_A}\mathrm{d}\tau_A)\geqslant E(\int_{t}^{\infty}e^{-r\tau_A}D_AX_{A\tau_A}\mathrm{d}\tau_A)+E(\int_{t}^{\infty}e^{-r\tau_A}D_CX_{C\tau_A}\mathrm{d}\tau_A)\tag{3-2-5}$$

整理可得：

$$\frac{e^{-\lambda}D_mX_{mt}}{r-\mu_m}\geqslant\frac{D_AX_{At}}{r-\mu_A}+(1+\xi)(1+\delta_B)\frac{D_cX_{ct}}{r-\mu_c}\tag{3-2-6}$$

主并企业 A 并购所产生的协同效益为：

$$\Delta V_A(X_{At},X_{Ct})=\frac{e^{-\lambda}D_mY_{mt}}{r-\mu_m}-\frac{D_AX_{At}}{r-\mu_A}-(1+\xi)(1+\eta_B)\frac{D_CX_{Ct}}{r-\mu_C}>0\tag{3-2-7}$$

同理可以得到主并企业 B 所满足的条件：

$$E\left(\int_t^{\infty} e^{-r\tau_B} D_m Y_{m\tau_B} \mathrm{d}\tau_B\right) \geqslant E\left(\int_t^{\infty} e^{-r\tau_B} D_B X_{B\tau_B} \mathrm{d}\tau_B\right) + E\left(\int_t^{\infty} e^{-r\tau_B} D_C X_{C\tau_B} \mathrm{d}\tau_B\right) \tag{3-2-8}$$

化简可以得到：

$$\frac{e^{-\lambda} D_m X_{mt}}{r-\mu_m} \geqslant \frac{D_B X_{Bt}}{r-\mu_B} + (1+\xi)(1+\eta_A)\frac{D_c X_{ct}}{r-\mu_c} \tag{3-2-9}$$

主并企业 B 并购所产生的协同效益为：

$$\Delta V_B(X_{Bt},\ X_{Ct}) = \frac{e^{-\lambda} D_m Y_{mt}}{r-\mu_m} - \frac{D_B X_{Bt}}{r-\mu_B} - (1+\xi)(1+\eta_A)\frac{D_C X_{Ct}}{r-\mu_C} > 0 \tag{3-2-10}$$

结论1：将式（3-2-3）、式（3-2-4）与3.1中的式（3-1-33）相比可以看出两主并企业在有竞争对手存在的情况下，给予被并企业的价值补偿比例大于无竞争对手下的情况，这是因为竞争对手的存在给被并企业产生了溢价效果，被并企业在自身价值增加的情况下，积极参与讨价还价，所得补偿就会提高。

考察：

$$\frac{\mathrm{d}s_{\tau_A}^*}{\mathrm{d}\theta_A} > 0 \tag{3-2-11}$$

$$\frac{\mathrm{d}s_{\tau_B}^*}{\mathrm{d}\theta_B} > 0 \tag{3-2-12}$$

结论2：随着被并企业讨价还价能力的提高，被并企业所得价值补偿比例也随之增加。

$$\frac{\mathrm{d}s_{\tau_B}^*}{\mathrm{d}\eta_A} = \frac{\dfrac{(1-\theta_B)(1+\xi)D_C X_{c\tau_B}}{r-\mu_c}}{\dfrac{e^{-\lambda} D_m Y_{mt}}{r-\mu_m}} > 0 \tag{3-2-13}$$

$$\frac{\mathrm{d}s_{\tau_A}^*}{\mathrm{d}\delta_B} = \frac{\dfrac{(1-\theta_A)(1+\xi)D_C X_{c\tau_A}}{r-\mu_c}}{\dfrac{e^{-\lambda} D_m Y_{mt}}{r-\mu_m}} > 0 \tag{3-2-14}$$

结论3：随着竞争对手溢价水平的提高，主并企业对被并企业的补偿比例也随之增加。现实环境下，并购呈现出主动性、连续性等特点，两主并公司都不愿意轻易失去并购时机，所以更易都提高对被并企业价值的溢价水平，进而影响双方各自对目标公司的补偿比例。

$$\frac{\mathrm{d}s_{\tau_j}^*}{\mathrm{d}\xi}=\frac{\frac{(1-\theta_j)(1+\delta_k)}{r-\mu_c}D_cX_{c\tau}}{\frac{e^{-\lambda}D_mY_{mt}}{r-\mu_m}}>0(j=A,\ B;\ k=B,\ A) \quad (3-2-15)$$

结论4：超竞争环境下，随着竞争不确性的增加，被并企业所得的补偿比例也随之增大，但与3.1节的相比，由于存在并购溢价，使得补偿比例的增幅变大。

兼并后主并企业A与B的企业价值分别为：

$$V_A(X_{A\tau},\ X_{C\tau})=E[\int_{\tau}^{\infty}e^{-rt}(1-s_{\tau_A}^*)D_mY_{mt}\mathrm{d}\tau_A] \quad (3-2-16)$$

$$V_B(X_{B\tau},\ X_{C\tau})=E[\int_{\tau}^{\infty}e^{-rt}(1-s_{\tau_B}^*)D_mY_{mt}\mathrm{d}\tau_B] \quad (3-2-17)$$

将式（3-2-3）、式（3-2-4）分别代入式（3-2-16）与式（3-2-17）中，可以得到：

$$V_A(X_{A\tau},\ X_{C\tau})=(1-\theta_A)\left[\frac{e^{-\lambda}D_mX_{mt}\tau_A}{r-\mu_m}-(1+\xi)(1+\eta_B)\frac{D_CX_{C\tau}}{r-\mu_C}-\frac{D_AX_{A\tau}}{r-\mu_A}\right]+\frac{D_AX_{A\tau}}{r-\mu_A} \quad (3-2-18)$$

$$V_B(X_{B\tau},\ X_{C\tau})=(1-\theta_B)\left[\frac{e^{-\lambda}D_mY_{mt}\tau_B}{r-\mu_m}-(1+\xi)(1+\eta_A)\frac{D_CX_{C\tau}}{r-\mu_c}-\frac{D_BX_{B\tau}}{r-\mu_B}\right]+\frac{D_BX_{B\tau}}{r-\mu_B} \quad (3-2-19)$$

设主并企业A与B的停时集体分别为T_A、T_B，则其企业价值的最优函数分别为：

$$\begin{aligned}F_A^*(x_A,\ x_C)&=\sup_{\tau\in T_A}E[\int_0^{\tau_A}e^{-rt}D_AX_{At}\mathrm{d}t+e^{-rt}V_A(X_{A\tau},\ X_{C\tau})]\\&=E[\int_0^{\tau_A^*}e^{-rt}D_BX_{Bt}\mathrm{d}t+e^{-r\tau_A^*}V_B(X_{B\tau_A^*},\ X_{C\tau_A^*})]\end{aligned} \quad (3-2-20)$$

$$\begin{aligned}F_B^*(x_B,\ x_C)&=\sup_{\tau\in T_B}E[\int_0^{\tau_B}e^{-rt}D_BX_{Bt}\mathrm{d}t+e^{-rt}V_B(X_{B\tau},\ X_{C\tau})]\\&=E[\int_0^{\tau_B^*}e^{-rt}D_BX_{Bt}\mathrm{d}t+e^{-r\tau_B^*}V_B(X_{B\tau_B^*},\ X_{C\tau_B^*})]\end{aligned} \quad (3-2-21)$$

2. 模型求解

依据同样的方法，我们求解上述两个模型分别得到主并公司A的相关系数为：

$$A_{11}=\frac{(1-\theta_A)(\gamma-1)}{\beta_1-1}\frac{e^{-\lambda}D_m}{r-\mu_m}Z_{11}^{\gamma-\beta_1}+\frac{(1-\theta_A)(1+\xi)(1+\eta_B)}{\beta_1-1}\frac{D_c}{r-\mu_c}Z_{11}^{-\beta_1} \tag{3-2-22}$$

Z_{11}满足的方程式为：

$$\frac{D_A}{r-\mu_A}Z_{11}-\frac{\beta_1-\gamma}{\beta_1-1}\frac{e^{-\lambda}D_m}{r-\mu_m}Z_{11}^{\gamma}+\frac{\beta_1(1+\xi)(1+\eta_B)}{\beta_1-1}\frac{D_c}{r-\mu_c}=0 \tag{3-2-23}$$

$$A_{12}=\frac{(\gamma-1)(1-\theta_A)}{\beta_2-1}\frac{e^{-\lambda}D_m}{r-\mu_m}Z_{12}^{\gamma-\beta_2}+\frac{(1-\theta_A)(1+\xi)(1+\eta_A)}{\beta_2-1}\frac{D_c}{r-\mu_c}Z_{12}^{-\beta_2} \tag{3-2-24}$$

Z_{12}所满足的方程式为：

$$\frac{D_A}{r-\mu_A}Z_{12}-\frac{\beta_2-\gamma}{\beta_2-1}\frac{e^{-\lambda}D_m}{r-\mu_m}Z_{12}^{\gamma}+\frac{\beta_2(1+\xi)(1+\eta_B)}{\beta_2-1}\frac{D_c}{r-\mu_c}=0 \tag{3-2-25}$$

主并公司 B 所满足的相关系数为：

$$A_{21}=\frac{(\gamma-1)(1-\theta_B)}{\beta_2-1}\frac{e^{-\lambda}D_m}{r-\mu_m}Z_{21}^{\gamma-\beta_1}+\frac{(1-\theta_B)(1+\xi)(1+\eta_A)}{\beta_2-1}\frac{D_c}{r-\mu_c}Z_{21}^{-\beta_2} \tag{3-2-26}$$

Z_{21}所满足的方程式为：

$$\frac{D_B}{r-\mu_B}Z_{21}-\frac{\beta_1-\gamma}{\beta_1-1}\frac{e^{-\lambda}D_m}{r-\mu_m}Z_{21}^{\gamma}+\frac{\beta_1(1+\xi)(1+\eta_A)}{\beta_1-1}\frac{D_c}{r-\mu_c}=0 \tag{3-2-27}$$

$$A_{22}=\frac{(\gamma-1)(1-\theta_B)}{\beta_2-1}\frac{e^{-\lambda}D_m}{r-\mu_m}Z_{22}^{\gamma-\beta_2}+\frac{(1-\theta_B)(1+\xi)(1+\eta_A)}{\beta_2-1}\frac{D_c}{r-\mu_c}Z_{22}^{-\beta_2} \tag{3-2-28}$$

Z_{22}所满足的方程式为：

$$\frac{D_B}{r-\mu_B}Z_{22}-\frac{\beta_2-\gamma}{\beta_2-1}\frac{e^{-\lambda}D_m}{r-\mu_m}Z_{22}^{\gamma}+\frac{\beta_2(1+\xi)(1+\eta_A)}{\beta_2-1}\frac{D_c}{r-\mu_c}=0 \tag{3-2-29}$$

可以得到最优停时解的一般形式分别为：

$$F_A^*(x_1,\ x_2)=$$

$$\begin{cases} e^{-rt}\left(A_{11}x_1^{\beta_1}x_2^{1-\beta_1}+\dfrac{D_Ax_1}{r-\mu_A}\right), & \dfrac{x_1}{x_2}\in(0,\ Z_{11}) \\ e^{-rt}\left\{(1-\theta_A)\left[\dfrac{e^{-\lambda}D_mx_1^{\gamma}x_2^{1-\gamma}}{r-\mu_m}-(1+\xi)(1+\eta_B)\dfrac{D_Cx_2}{r-\mu_C}-\dfrac{D_Ax_1}{r-\mu_A}\right]+\dfrac{D_Ax_1}{r-\mu_A}\right\}, & \dfrac{x_1}{x_2}\in[Z_{11},\ Z_{12}] \\ e^{-rt}\left(A_{12}x_1^{\beta_2}x_2^{1-\beta_2}+\dfrac{D_Ax_1}{r-\mu_A}\right), & \dfrac{x_1}{x_2}\in(Z_{12},\ \infty) \end{cases} \tag{3-2-30}$$

结论5：主并企业 A 的最佳并购时机为：

$$\tau_A^* = \inf\{t \geqslant 0 \mid Z_t \in [Z_{11}, Z_{12}]\} \tag{3-2-31}$$

主并企业 A 的等待期权价值为：

$$O_A^*(x_1, x_2) = \begin{cases} e^{-rt}A_{11}x_1^{\beta_1}x_2^{1-\beta_1}, & \dfrac{x_1}{x_2} \in (0, Z_{11}) \\ e^{-rt}A_{12}x_1^{\beta_2}x_2^{1-\beta_2}, & \dfrac{x_1}{x_2} \in (Z_{12}, \infty) \end{cases} \tag{3-2-32}$$

$$F_B^*(x_1, x_2) =$$

$$\begin{cases} e^{-rt}\left(A_{21}x_1^{\beta_1}x_2^{1-\beta_1} + \dfrac{D_Bx_1}{r-\mu_B}\right), & \dfrac{x_1}{x_2} \in (0, Z_{21}) \\ e^{-rt}\left\{(1-\theta_B)\left[\dfrac{e^{-\lambda}D_mx_1^{\gamma}x_2^{1-\gamma}}{r-\mu_m} - (1+\xi)(1+\eta_A)\dfrac{D_Cx_2}{r-\mu_C} - \dfrac{D_Bx_1}{r-\mu_B}\right] + \dfrac{D_Bx_1}{r-\mu_B}\right\}, & \dfrac{x_1}{x_2} \in [Z_{21}, Z_{22}] \\ e^{-rt}\left(A_{22}x_1^{\beta_2}x_2^{1-\beta_2} + \dfrac{D_Bx_1}{r-\mu_B}\right), & \dfrac{x_1}{x_2} \in (Z_{22}, \infty) \end{cases} \tag{3-2-33}$$

结论6：主并企业 B 的最佳并购时机为：

$$\tau_B^* = \inf\{t \geqslant 0 \mid Z_t \in [Z_{21}, Z_{22}]\}\,\tau_A^* = \inf\{t \geqslant 0 \mid Z_t \in [Z_{11}, Z_{12}]\} \tag{3-2-34}$$

主并企业 B 的等待期权价值为：

$$O_B^*(x_1, x_2) = \begin{cases} e^{-rt}A_{21}x_1^{\beta_1}x_2^{1-\beta_1}, & \dfrac{x_1}{x_2} \in (0, Z_{21}) \\ e^{-rt}A_{22}x_1^{\beta_2}x_2^{1-\beta_2}, & \dfrac{x_1}{x_2} \in (Z_{22}, \infty) \end{cases} \tag{3-2-35}$$

3.2.3 参数分析与案例仿真

1. 举例说明

市场上存在两个主并企业 A 与 B，被并企业 C，为简化计算，我们取被并企业对于两主并企业的讨价还价能力 θ_j，$j \in (A, B)$ 相同都为0.5，竞争强度 $(1-\bar{\omega}) = 0.8$，$e^{-\lambda} = 0.5$，$\xi = 0.5$。其他详细参数见表3-2-1。

表3-2-1 存在竞争对手情况下的参数取值

企业角色	D	μ	σ	γ	r	ρ	α	η	θ
$j\in(A,\ B)$	1	0.03	0.3	2/3	0.05	0.5	0.4	0.5	0.5
被并企业 C	0.5	0.02	0.25	1/3	0.05				0.5

在以上给定的参数条件下，将以上参数代入方程组（3-1-5）可以得到：

$$\begin{cases}\mu_m=0.0148625\\ \sigma_m^2=0.065475\\ \mu_z=0.015\\ \sigma_z^2=0.0775\end{cases}$$

因为 β_1、β_2 是方程 $Q(\beta)\equiv\frac{1}{2}\sigma_z^2\beta(\beta-1)+(\mu_1-\mu_2)\beta-(r-\mu_2)=0$ 的两根，可以解得 $\beta_1=1.25$，$\beta_2=-0.516$。

将以上参数代入（3-2-22）式或（3-2-26）式可以得到主并企业 A 或 B 的兼并阈值 Z_{11} 或 Z_{21} 的值均为0.894。

将以上参数代入（3-2-24）式或（3-2-28）式可以得到主并企业 A 或 B 的兼并阈值 Z_{12} 或 Z_{22} 的值均为5.921。

进而将 Z_{11} 或 Z_{21} 代入方程（3-2-21）或方程（3-2-25）中，可以求得 A_{11} 或 $A_{21}=3.251$；将 Z_{12} 或 Z_{22} 代入方程（3-2-23）或方程（3-2-27）中，可以求得 A_{21} 或 $A_{22}=14.257$。所以主并企业 A 或 B 的最佳兼并时机为 $\tau^*=\inf\{t\geqslant0\mid Z_t\in[3.251,\ 14.257]\}$；主并企业的所得最优企业价值：

$$F^*(x_1,\ x_2)=\begin{cases}e^{-rt}(3.251x_1^{1.25}x_2^{-0.25}+50x_1), & \frac{x_1}{x_2}\in(0,\ 0.894)\\ e^{-rt}(12.656x_1^{\frac{2}{3}}x_2^{\frac{1}{3}}-37.5x_2+25x_1), & \frac{x_1}{x_2}\in[0.894,\ 5.921]\\ e^{-rt}(14.257x_1^{-0.516}x_2^{-1.516}+50x_1), & \frac{x_1}{x_2}\in(5.921,\ \infty)\end{cases}$$

主并企业的最优并购时机为 $\tau^*=\inf\{t\geqslant0\mid Z_t\in[0.894,\ 5.921]\}$。

主并企业的等待期权的价值为：

$$O(x_1, x_2)=\begin{cases}3.521x_1^{1.25}x_2^{-0.25}, & \dfrac{x_1}{x_2}\in(0, 0.894)\\ 14.257x_1^{-0.516}x_2^{-1.516}, & \dfrac{x_1}{x_2}\in(5.921, \infty)\end{cases}$$

2. 参数分析

因为两个主并企业的角色是一样的、对称的，所以只需要讨论一组即可。这里选取主并企业 A 与被并企业 C。

结论5：在其他参数都相同的情况下，随着竞争对手溢价比例的增加，主并公司并购阈值的上下限都趋于下降，因为溢价越高，被并企业越易接受，反过来会刺激主并企业继续提高溢价比例，进而将并购时机提前，如表3-2-2所示。

表3-2-2　　溢价比例的变动对兼并阈值的影响

η	0.2	0.5	0.7	1.0	1.4	1.5	1.8	2.1	2.5
Z_1	0.996	0.894	0.885	0.852	0.812	0.756	0.645	0.546	0.501
Z_2	7.215	5.921	5.545	5.024	4.963	4.268	4.012	3.914	3.826

两主并企业 A 与 B 并购阈值无非存在两种情况，即要么企业 A 的并购阈值下限小于等于企业 B，要么大于企业 B。当小于企业 B 时，说明主并企业 A 具有很强的竞争力，只需要保证自己的溢价水平不低于企业 B，就可以保证先于企业 B 执行并购，抢得市场与先机；若大于企业 B，则主并企业 A 处于不利的位置，主并企业 A 应该积极提高自己的溢价水平，使自己并购阈值增加的同时，迫使企业 B 提高溢价水平，以期寻找合适的机会采取并购决策。

3.3　本章小结

本章通过建立超竞争环境下，目标企业对并购持不同态度（默许、积极讨价还价）下的企业并购模型，求解各情况下的主并企业最优兼并时机及等待期权价值。首先对本书中为什么采取市场累积价值这一说法作出说明，引入最能代表超竞争环境特点的变量 $[e^{-\lambda}, \xi, (1-\bar{\omega})]$，建立超竞争环境下的企业并购模型；在假设参与兼并企业的价值各自遵循已知参数的标准几何布朗运动，即在我们的研究中存在两个不确定因素——主并企业的价值和目标企业的价值，而且两企业价值的不确定性存在一定的相关关系，我们用相关系数 ρ 表示。同时不仅将兼并视为企业追求协同效益的战略投资行为，而且也将其视为为了减小企业经营风险而实施的类似于构建资产组合的分散投资行为，基于以上假设，建立了兼并后企业的价值函数。

本章作为下面章节研究的基础，考察了被并企业管理层持默许态度与积极参与讨价还价的两种情况。在默许态度情况下，兼并带来的协同效益将全部被主并企业获得，目标企业未分取，解出主并企业对被并企业的价值补偿比例，并通过建立兼并时机模型，得到了主并企业在目标企业模型条件下的最佳兼并时机。在讨价还价情况下，同样求解主并企业对被并企业的价值补偿比例及主并企业的最优并购时机与期权的大小。通过本章的研究分析，我们得出了下面的结论：（1）主并企业存在最佳的兼并时机，该兼并时机与兼并参与企业的相对价值有关，而与绝对价值无关。（2）主并企业分别在其相对于目标企业价值较小时和相对于目标企业价值较大时持有兼并的等待期权，即目标企业存在两个最佳的兼并时机，分别为兼并阈值下限和兼并阈值上限。当企业相对价值从低于兼并阈值下限上升至高于该值时，或者从高于兼并阈值上限下降至低于该值时，均应实施兼并。（3）主被并企业的讨价还价能力没有对主并企业的并购时机产生影响，而是与其他影响因素一起共同对期权价值产生影响。（4）竞争强度、竞争的不确性等参数对补偿比例产生不同的影响。（5）协议兼并下，内外部因素在并购过程中起不同的作用，并决定着并购决策的走向；并购博弈过程中，主并企业占据较优地位。

本章还研究了存在竞争对手情况下的企业最优兼并时机与等待期权价值的确定问题，分析了竞争不确定性因素及并购溢价水平对并购阈值的影响，讨论了两主并公司并购阈值与并购溢价水平的关系。结论主要有：（1）随着被并企业讨价还价能力的提高，所得补偿比例也随之增加。（2）现实环境下，随着竞争不确定性的增加，被并企业所得的补偿比例也随之增大，但3.2节与3.1节相比，由于存在并购溢价，使得补偿比例的增幅变大。（3）随着竞争对手溢价水平的提高，主并公司对被并公司的补偿比例也随之增加。（4）主并企业竞争对手的存在使得并购时机提前。

第 4 章

超竞争环境下的跨国并购定价与时机研究

4.1 超竞争环境下跨国并购的定义及特点

跨国并购是一个在并购概念上延伸扩展的概念，其指的主要是在空间上跨越了国界的并购行为。从基本含义来看，跨国并购是某一国为了实现某些目的，采用一定的方式和支付手段来收买另一国企业的能够满足其行使经营权的那部分股份或对方的全部资产。可以这么理解，全球化经济的大步向前发展部分得益于跨国并购行为的日益剧增，同时跨国并购相关理论也随着跨国并购活动的不断涌现而得到了很好的发展。跨国并购有两个主要论题：首先是关于跨国并购动因的相关研究；其次是涉及跨国并购效应的相关研究。跨国并购的关注点大致可以分为三个不同的方面，即战略手段、学习过程以及价值创造战略。在这三者当中，战略手段及学习过程可以归纳到跨国并购动因研究的范畴内，而价值创造战略则可以归纳到跨国并购效应研究的范畴内。

就企业并购决策问题来说，其核心问题及重要难点在超竞争环境下仍旧表现为如何采用科学的方法更为精确地对被并企业价值进行评估，以及如何有效地对最优跨国并购时机进行选择。基于本书前面的分析，如何解决这些问题对于企业来说是制定跨国并购战略决策的关键，具有十分重要的意义。前文已经提及超竞争环境下跨国并购具备独特且显著的期权特征及博弈特点，下面将做具体讨论分析。

4.2　超竞争环境下不存在竞争对手的跨国并购定价与时机研究

作为第 4 章的研究基础，本节主要对不存在竞争对手情况下的跨国并购一次性支付方式定价与时机选择决策做具体分析，分别从被并企业持默许态度及协议并购条件两种不同情况出发建立相应模型，并进一步进行应用实例分析。

在建模之前，有必要提出以下几个基本前提条件：

（1）主并企业及被并企业的最终企业目的都在于企业自身价值的最大化，且跨国并购双方均假定为理性经济活动者。

（2）4.3 节和 4.4 节所研究的协同效应均不能在主并企业成功并购被并企业时立即生效，具有一定的时间滞后性。同时，假定本书讨论的并购均产生正的协同效应。

（3）4.3 节和 4.4 节所研究的并购都采取一次性支付方式，不存在分阶段问题。跨国并购决策启动后被并企业被主并企业完全吸收合并，不再存在。

（4）本书提及的折现率被视为无风险利率。

（5）本书所提及的企业累积价值均表示的是在未来所有时刻企业价值折现的总和。

4.2.1　超竞争环境下不存在竞争对手的跨国并购模型建立与求解

4.2.1.1　被并企业持默许态度下的模型建立及求解

被并企业持默许态度是指当主并企业出价等同于被并企业累积价值时，被并企业不再继续讨价还价，直接接受被并购决策。本小节主要研究在这种情况下超竞争环境下的跨国并购定价与时机选择问题。

1. 模型假设

（1）市场上存在两个企业，用 $i \in \{1, 2\}$ 表示。在时刻 $t \in [0, \infty)$，企业的价值为 π_t^i。它主要由两部分构成，其中一部分用 D_i 表示（可代表股票数），代表固定部分；另一部分用 X_{it} 表示（可代表股价），代表随机部分。企业的市场价值有如下表示：

$$\pi_t^i = X_{it} D_i \tag{4-2-1}$$

（2）X_{it}服从的是标准的几何布朗运动，也就是说：

$$dX_{it} = \alpha_i X_{it} d_t + \sigma_i X_{it} dW_{it} \tag{4-2-2}$$

上述公式中，dW_{it}表示的是维纳过程，σ_i 表示的是企业 i 价值的瞬时波动率，α_i 表示的则是期望增长率。

（3）跨国并购后的合并企业用字母 m 表示，$t \in [0, \infty)$ 时合并企业的企业价值为 π_t^m，用 D_m 表示其固定部分，且 $D_m = (1 + \bar{\omega})(D_1 + D_2)$；用 Y_j，$j \in \{1, 2\}$ 表示其随机部分，且并购发生在协同效应出现期间，$Y_1 = M_\tau X_1^\gamma X_2^{1-\gamma} e^{-(v+k)}$；协同效应出现后，$Y_1 = M_T X_1^\gamma X_2^{1-\gamma} e^{-(v+k)}$。$v$ 表示超竞争环境下导致双方谈判破裂的因素或谈判破裂发生的次数，$e^{-v} \in [0.5, 1]$表示的是超竞争环境下的竞争给企业累积价值带来的损失因子。$(1 - \bar{\omega})$则用来代表超竞争环境的竞争强度，$\bar{\omega}$ 越小则表示竞争强度越大。因为超竞争环境显著表现出极高的竞争强度，因而这里对 $\bar{\omega}$ 限定取值范围 $\bar{\omega} \in [0, 0.5]$。$\gamma$ 表示的是跨国并购后合并企业的企业价值中主并企业所贡献的比例（这里可以通过企业规模大小进行权衡），$(1 - \gamma)$表示的是跨国并购后合并企业的企业价值中被并企业所贡献的比例。k 代表认知距离，k 越大，则主被并企业所处国家之间的认知距离越大，且有 $e^{-k} \in [0.5, 1]$。M_τ 和 M_T 为协同度，而且 $M_T > M_\tau$。由于不同企业在整合能力及资源匹配等方面的差异，本书假定跨国并购过程协同效应出现所需要的时间 T 服从指数分布，其随机参数为 λ，容易知道该指数分析的密度函数为$f(t) = \lambda e^{-\lambda t}$，因而协同效应出现所需时间的期望值为$\frac{1}{\lambda}$。

（4）相对于主并公司而言，假设超竞争环境下时刻 t 时，被并企业价值为：

$$F = (1 + \xi) X_{2t} D_2 \tag{4-2-3}$$

$\xi \in [-0.5, 0.5]$ 表示的是由于竞争不确定性而直接导致被并企业价值的增加或损失因子。

（5）为了确保问题存在解，假定市场上的折现率 $r > 0$，且 $\alpha_i < r$，$i \in \{1, 2, Y\}$；另外假定跨国并购行为对回避或抵消市场风险能够产生效应，也就是说：

$$\alpha_Y < \gamma\alpha_1 + (1 - \gamma)\alpha_2, \quad \sigma_Y < [\gamma\sigma_1 + (1 - \gamma)\sigma_2]^2$$

（6）对于一次性支付方式而言，跨国并购决策是瞬时产生的，因而并购成本可以看作固定的。为使模型与计算更为简洁方便，研究过程中不考虑并购成本。

2. 模型建立及求解

令 $Y = X_{1t}^\gamma X_{2t}^{1-\gamma} e^{-(v+k)}$，$Z = \frac{X_{1t}}{X_{2t}}$，由伊藤定理可知：

$$dY_t = \alpha_{Y_t} Y_t dt + \sigma_{Y_t} Y_t dW_{Y_t} \tag{4-2-4}$$

$$dZ_t = \alpha_{Z_t} Z_t dt + \sigma_{Z_t} Z_t dW_{Z_t} \tag{4-2-5}$$

并且满足：

$$\begin{cases} \alpha_Y = \gamma\alpha_1 + (1-\gamma)\alpha_2 - \dfrac{1}{2}\gamma(1-\gamma)[(\sigma_1-\sigma_2)^2 + 2\sigma_1\sigma_2(1-\rho)] \\ \sigma_Y^2 = [\gamma\sigma_1 + (1-\gamma)\sigma_2]^2 - 2\gamma(1-\gamma)\sigma_1\sigma_2(1-\rho) \\ \alpha_Z = \alpha_1 - \alpha_2 + \sigma_2(\sigma_2 - \sigma_1\rho) \\ \sigma_Z^2 = (\sigma_1+\sigma_2)^2 - 2\sigma_1\sigma_2(1+\rho) \end{cases} \tag{4-2-6}$$

其中，$\rho \in (-1, 1)$ 表示的是维纳过程 W_i 的相关系数。

容易知道：

$$\begin{cases} dY_1 = \alpha_Y Y_1 dt + \sigma_Y Y_1 dW_Y \\ dY_2 = \alpha_Y Y_2 dt + \sigma_Y Y_2 dW_Y \end{cases} \tag{4-2-7}$$

其中，$\rho \in (-1, 1)$ 表示的是维纳过程 W_i 的相关系数。

（1）合并企业价值及价值分配。假定企业1在 $t=\tau$ 时并购企业2，此时可以从协同效应是否已产生的角度分两个阶段从后往前进行计算。

在并购后且协同效应出现后的这一阶段，也就是在 $[\tau+T, +\infty)$ 这段时间，合并企业的企业累积价值的期望值为：

$$V_T(Y_T) = E[\int_0^{+\infty} e^{-rt} M_T Y D_m dt] \tag{4-2-8}$$

其中，r 为无风险利率。

在并购后，协同效应出现前的这一阶段，也就是在 $[\tau, \tau+T]$ 这段时间，合并企业的企业累积价值的期望值为：

$$V(Y) = E[\int_0^{T} e^{-rt} M_\tau Y D_m dt + e^{-rT} V_T(Y_T)] \tag{4-2-9}$$

因为：

$$\begin{cases} E[\int_0^{T} e^{-rt} M_\tau Y D_m dt] = E[\int_0^{+\infty} e^{-(r+\lambda)t} M_\tau Y D_m dt] \\ E[e^{-rT} V_T(Y_T)] = E[e^{-rT} E_{Y_T}(\int_0^{+\infty} e^{-rt} M_T Y D_m dt)] \end{cases} \tag{4-2-10}$$

又易知：

$$E[e^{-rT} E_{Y_T}(\int_0^{+\infty} e^{-rt} M_T Y D_m dt)] = E[\int_0^{+\infty} e^{-rt} M_T Y D_m dt] - E[\int_0^{+\infty} e^{-(r+\lambda)t} M_T Y D_m dt] \tag{4-2-11}$$

因此，合并企业价值为：

$$V(Y)=E[\int_0^{+\infty} e^{-(r+\lambda)t}M_\tau YD_m\mathrm{d}t]+E[\int_0^{+\infty} e^{-rt}M_TYD_m\mathrm{d}t]-E[\int_0^{+\infty} e^{-(r+\lambda)t}M_TYD_m\mathrm{d}t]$$

$$=\frac{M_\tau YD_m}{r+\lambda-\alpha_Y}+\frac{M_TYD_m}{r-\alpha_Y}-\frac{M_TYD_m}{r+\lambda-\alpha_Y} \tag{4-2-12}$$

也就是说：

$$V(X_{1t},\ X_{2t})=\frac{M_TX_{1t}^{\gamma}X_{2t}^{1-\gamma}e^{-(v+k)}D_m}{r-\alpha_Y}-\frac{(M_T-M_\tau)X_{1t}^{\gamma}X_{2t}^{1-\gamma}e^{-(v+k)}D_m}{r+\lambda-\alpha_Y}$$

$$=\Delta MX_{1t}^{\gamma}X_{2t}^{1-\gamma}e^{-(v+k)}D_m \tag{4-2-13}$$

其中，$\Delta M=\frac{M_T}{r-\alpha_Y}-\frac{M_T-M_\tau}{r+\lambda-\alpha_Y}>0$。

同时，τ 时刻被并企业的企业累积价值为：

$$V_{被}(X_{1\tau},\ X_{2\tau})=E(\int_\tau^{\infty}(1+\xi)X_{2t}D_2\mathrm{d}t)=(1+\xi)\frac{X_{2\tau}D_2}{r-\alpha_2} \tag{4-2-14}$$

假设并购发生后，主并企业给予被并企业的价值补偿比例为 s_τ。

则有，$V_{被}(X_{1\tau},\ X_{2\tau})=s_\tau V(X_{1\tau},\ X_{2\tau})$

因此，

$$s_\tau=\frac{V_{被}(X_{1\tau},\ X_{2\tau})}{V(X_{1\tau},\ X_{2\tau})}=e^{(v+k)}(1+\xi)\frac{D_2}{D_m}\frac{\Delta M}{r-\alpha_2}\frac{X_{2\tau}^{\gamma}}{X_{1\tau}^{\gamma}} \tag{4-2-15}$$

得出结论（4-2-1）：由公式（4-2-15）可以看出，超竞争环境下跨国并购发生后，主并企业给予被并企业的价值补偿比例 s_τ 等同于不发生并购时被并企业自身经营到 τ 时刻的累积价值折现值与发生并购后合并企业经营到 τ 时刻的累计价值折现值的比值。

$$\frac{\mathrm{d}s_\tau(v)}{\mathrm{d}v}=e^{(v+k)}(1+\xi)\frac{D_2}{D_m}\frac{\Delta M}{r-\alpha_2}\frac{X_{2\tau}^{\gamma}}{X_{1\tau}^{\gamma}}>0 \tag{4-2-16}$$

得出结论（4-2-2）：由（4-2-16）上式易知，超竞争环境下跨国并购过程中，主并企业给予被并企业的价值补偿比例 s_τ 随着导致双方谈判破裂的因素或谈判破裂发生的次数 v 的增加而增加。这主要是因为，在超竞争环境下，企业并购环境存在高度的不确定性，随着导致主被并企业双方谈判破裂的因素或谈判破裂发生次数的进一步增加，跨国并购双方企业都更为可能采取相对主动的方式来进行战略方面的改变，以完成并购。特别值得指出的是，主并企业相较于被并企业而言这种主动性会表现得更为强烈，这主要是因为主并企业在跨国并购过程中对于成功并购显得更加憧憬。因此，主并企业更有可能愿意给予被并企业一个更高的价值补偿比例，以成功地完成并购。

$$\frac{\mathrm{d}s_\tau(\bar{\omega})}{\mathrm{d}\bar{\omega}} = -e^{(v+k)}\frac{(1+\xi)}{(1+\bar{\omega})^2}\frac{D_2}{D_1+D_2}\frac{\Delta M}{r-\alpha_2}\frac{X_{2\tau}^\gamma}{X_{1\tau}^\gamma}<0 \qquad (4-2-17)$$

得出结论（4－2－3）：由（4－2－17）式易知，超竞争环境下跨国并购过程中，随着 $\bar{\omega}$ 数值逐渐减少，即竞争强度（$1-\bar{\omega}$）不断增加，主并企业给予被并企业的价值补偿比例 s_τ 逐渐减少。这主要是因为，在超竞争环境下，竞争强度越大，其为并购后合并企业价值带来的间接协同效应也会更大。随着间接协同效应不断增加，合并企业价值也将逐渐增大。而在被并企业持默许状态时，主并企业给予被并企业的价格只需达到被并企业不参与并购而继续经营到 τ 时刻的企业价值折现值即可。可以这样理解，被并企业需要的价值补偿是恒定的，而随着合并企业价值增加，价值补偿比例 s_τ 自然会相应减少。

$$\frac{\mathrm{d}s_\tau(\xi)}{\mathrm{d}\xi} = e^{(v+k)}\frac{D_2}{D_m}\frac{\Delta M}{r-\alpha_2}\frac{X_{2\tau}^\gamma}{X_{1\tau}^\gamma}>0 \qquad (4-2-18)$$

得出结论（4－2－4）：由（4－2－18）式易知，超竞争环境下跨国并购过程中，主并企业给予被并企业的价值补偿比例 s_τ 随着竞争不确定性的增大而增加。这主要是因为，在超竞争环境下，随着竞争不确定性的增大，主并企业在进行并购决策时面临的风险也会随之增加。同时，并购是一个系统工程，其是否成功取决于企业的多个方面。因此，主并企业愿意提高价值补偿比例，以成功地进行并购。

$$\frac{\mathrm{d}s_\tau(k)}{\mathrm{d}k} = e^{(v+k)}(1+\xi)\frac{D_2}{D_m}\frac{\Delta M}{r-\alpha_2}\frac{X_{2\tau}^\gamma}{X_{1\tau}^\gamma}>0 \qquad (4-2-19)$$

得出结论（4－2－5）：由（4－2－19）式易知，超竞争环境下跨国并购过程中，随着跨国并购双方企业间认知距离的不断增大，并购过程中被并企业能够从主并企业那里获得的价值补偿比例 s_τ 也会随之增加。这主要是由于认知距离代表了跨国并购双方文化及并购经验等方面更大的差异性，这将导致更高程度的信息不对称，从而使并购双方对战略作出相应调整以成功地进行并购。对更具主动性的主并企业而言，则会选择提高对被并企业的价值补偿来执行并购。

（2）并购阈值的确定。假设 $t=\tau^*$ 为最优并购时机，令：

$$G^*(X_{1t},\ X_{2t}) = \sup_{\tau \in T} E\left[\int_0^T e^{-rt}X_{1t}D_1\mathrm{d}t + e^{-r\tau}V_{主}(X_{1\tau},\ X_{2\tau})\right]$$

$$= E\left[\int_0^{\tau^*} e^{-rt}X_{1t}D_1\mathrm{d}t + e^{-r\tau^*}V_{主}(X_{1\tau^*},\ X_{2\tau^*})\right] \tag{4-2-20}$$

利用 Φksendal（2000，chapter 10），方程（4－2－20）为一个非时齐最优停时问题，考虑随机过程 $H_t = (s+t,\ X_{1t},\ X_{2t},\ P_t)$ 符合：

$$\mathrm{d}H_t = \begin{bmatrix} 1 \\ \alpha_1 X_{1t} \\ \alpha_2 X_{2t} \\ e^{-rt}D_1X_{1t} \end{bmatrix}\mathrm{d}t + \begin{bmatrix} 0 \\ \sigma_1 X_{1t} \\ \sigma_2 X_{2t} \\ 0 \end{bmatrix}\mathrm{d}W_t \tag{4-2-21}$$

其中，W_t 是四维布朗运动。

令：

$$G^*(X_{1t},\ X_{2t}) = \sup_{\tau} E\left[\int_0^{\tau} e^{-rt}X_{1t}D_1\mathrm{d}t + e^{-r\tau}V_1(X_{1\tau},\ X_{2\tau})\right]$$

$$= \sup_{\tau} E\left[P_\tau + e^{-r\tau}V_1(X_{1\tau},\ X_{2\tau})\right] = \sup_{\tau} E\left[G(H_\tau)\right] \tag{4-2-22}$$

其中，

$$G(H) = e^{-rs}V_1(X_{1t},\ X_{2t}) + P \tag{4-2-23}$$

时齐最优停时问题（4－2－22）与非时齐最优问题（4－2－20）是等价的。

∂D 为李普希茨曲面，同时满足 $\tau_D = \inf\{t \geqslant 0 \mid H_t \notin D\}$。本书将定义 $F(s,\ X_1,\ X_2,\ P) = E[G(H_{\tau D})]$，此方程的解与方程（4－2－22）是等价的。容易知道，其满足：

$$\begin{cases} \Omega_X F = 0 \\ \lim\limits_{\substack{\frac{x_1}{x_2} \to Z^* \\ \frac{x_1}{x_2} \in D}} F(s,\ x_1,\ x_2) = g(s,\ Z^*),\ Z^* \in \partial D \end{cases} \tag{4-2-24}$$

其中，Ω_x 表示偏微分算子，且有：

$$\Omega_{(X_{1t},X_{2t})}F = \frac{\partial F}{\partial s} + \alpha_1 X_{1t}\frac{\partial F}{\partial X_{1t}} + \alpha_2 X_{2t}\frac{\partial F}{\partial X_{2t}} + e^{-rt}X_{1t}D_1\frac{\partial F}{\partial P} + \frac{1}{2}\sigma_1^2 X_{1t}^2\frac{\partial^2 F}{\partial X_{1t}^2}$$

$$+ \frac{1}{2}\sigma_2^2 X_{2t}^2\frac{\partial^2 F}{\partial X_{1t}^2} + \sigma_1\sigma_2\rho X_{1t}X_{2t}\frac{\partial^2 F}{\partial X_{1t}X_{2t}} = 0 \tag{4-2-25}$$

可将 $F(\cdot)$ 表示为：

$$F(s, X_{1t}, X_{2t}, P) = e^{-rs}X_{2t}\varphi(Z) + P$$

在上式中，$Z = \dfrac{X_{1t}}{X_{2t}}$，则 $F(\cdot)$ 的各偏导数满足：

$$\frac{\partial F}{\partial S} = -re^{-rs}X_{2t}\varphi(Z),\ \frac{\partial F}{\partial X_{1t}} = e^{-rs}\varphi'(Z),\ \frac{\partial F}{\partial X_{2t}} = e^{-rs}[\varphi(Z) - F\varphi'(Z)],$$

$$\frac{\partial^2 F}{\partial X_{1t}^2} = e^{-rs}\frac{\varphi''(Z)}{X_{2t}},\ \frac{\partial^2 F}{\partial X_{2t}^2} = e^{-rs}Z^2\frac{\varphi''(Z)}{X_{2t}},\ \frac{\partial^2 F}{\partial X_{1t}X_{2t}} = -e^{-rs}Z\frac{\varphi''(Z)}{X_{2t}},\ \frac{\partial F}{\partial P} = 1$$

因此，(4-2-25) 式又可以化简为：

$$\Omega_{(X_{1t},X_{2t})}F = e^{-rs}X_{2t}\Big\{-r\varphi(Z) + \alpha_1 Z\varphi'(Z) + \alpha_2[\varphi(Z) + Z\varphi'(Z)] + ZD_1 + \frac{1}{2}\sigma_1^2 Z^2\varphi''(Z) + \frac{1}{2}\sigma_2^2 Z^2\varphi''(Z) - \sigma_1\sigma_2\rho Z^2\varphi''(Z)\Big\} = 0 \tag{4-2-26}$$

$$\Leftrightarrow \frac{1}{2}\sigma_Z^2 Z^2\varphi''(Z) + (\alpha_1 - \alpha_2)Z\varphi'(Z) - (r - \alpha_2)\varphi(Z) + ZD_1 = 0 \tag{4-2-27}$$

容易知道，微分方程 (4-2-27) 解的一般形式如下所示：

$$\varphi(Z) = A_1 Z^{\beta_1} + B_1 Z^{\beta_2} + \frac{D_1}{r - \alpha_1}Z \tag{4-2-28}$$

其中，β_1 和 β_2 分别是方程 $\varphi(\beta) \equiv \frac{1}{2}\sigma_Z^2\beta(\beta - 1) + (\alpha_1 - \alpha_2)\beta - (r - \alpha_2) = 0$ 的两个根，A_1 和 B_1 均是常数。

有：

$$\varphi(Z) = \begin{cases} A_1 Z^{\beta_1} + \dfrac{D_1 Z}{r - \alpha_1}, & Z < Z_1^* \\ \psi(Z), & Z_1^* \leqslant Z \leqslant Z_2^* \\ B_1 Z^{\beta_2} + \dfrac{D_1 Z}{r - \alpha_1}, & Z > Z_2^* \end{cases} \tag{4-2-29}$$

其中，$A_1 > 0$，$B_1 > 0$，$Z_1^* < Z_2^*$，Z_1^* 和 Z_2^* 为并购临界值，也即在时间 $t = \tau$，其中 $\tau = \inf\left\{t \geqslant 0 \mid \frac{X_1}{X_2} \in [Z_1^*, Z_2^*]\right\}$，实施并购可以实现并购价值的最大化。

并购实施后，主并企业的收益为：

$$\begin{aligned} V_{主}(X_{1\tau}, X_{2\tau}) &= (1 - s_\tau)V(X_{1\tau}, X_{2\tau}) \\ &= \Delta M X_{1\tau}^{\gamma} X_{2\tau}^{1-\gamma} e^{-(v+k)} D_m - (1 + \xi)\frac{X_{2\tau}D_2}{r - \alpha_2} \end{aligned}$$

$$=X_{2\tau}^{\gamma}\left[e^{-(v+k)}Z_{\tau}^{\gamma}\Delta MD_{m}-(1+\xi)\frac{D_{2}}{r-\alpha_{2}}\right] \tag{4-2-30}$$

令：

$$\psi(Z_{\tau})=e^{-(v+k)}Z_{\tau}^{\gamma}\Delta MD_{m}-(1+\xi)\frac{D_{2}}{r-\alpha_{2}} \tag{4-2-31}$$

其中，$\Delta M=\frac{M_T}{(r-\alpha_Y)}-\frac{(M_T-M_\tau)}{(r+\lambda-\alpha_Y)}$为协同效应参数。容易知道，越大的 ΔM 将会带来更大的并购协同效应，随着会产生更大的并购收益。

根据价值匹配条件和满足平滑粘贴条件，可以得到：

$$\begin{cases}\varphi(Z_1^*)=\psi(Z_1^*)\\ \varphi'(Z_1^*)=\psi'(Z_1^*)\\ \varphi(Z_2^*)=\psi(Z_2^*)\\ \varphi'(Z_2^*)=\psi'(Z_2^*)\end{cases}$$

$$\begin{cases}A_1(Z_1^*)^{\beta_1}+\frac{D_1Z_1^*}{r-\alpha_1}=\Delta M(Z_1^*)^{\gamma}e^{-(v+k)}D_m-(1+\xi)\frac{D_2}{r-\alpha_2}\\ \beta_1A_1(Z_1^*)^{\beta_1-1}+\frac{D_1}{r-\alpha_1}=\gamma\Delta\mathrm{M}(Z_1^*)^{\gamma-1}e^{-(v+k)}D_m\\ B_1(Z_2^*)^{\beta_2}+\frac{D_1Z_2^*}{r-\alpha_1}=\Delta M(Z_2^*)^{\gamma}e^{-(v+k)}D_m-(1+\xi)\frac{D_2}{r-\alpha_2}\\ \beta_2B_1(Z_2^*)^{\beta_2-1}+\frac{D_1}{r-\alpha_1}=\gamma\Delta M(Z_2^*)^{\gamma-1}e^{-(v+k)}D_m\end{cases} \tag{4-2-32}$$

通过化简，可以得到：

$$\begin{cases}\frac{D_1(Z_1^*)}{r-\alpha_1}-\frac{\gamma-\beta_1}{1-\beta_1}e^{-(v+k)}\Delta MD_m(Z_1^*)^{\gamma}-(1+\xi)\frac{\beta_1}{1-\beta_1}\frac{D_2}{r-\alpha_2}=0\\ \frac{D_1(Z_2^*)}{r-\alpha_1}-\frac{\gamma-\beta_2}{1-\beta_2}e^{-(v+k)}\Delta MD_m(Z_2^*)^{\gamma}-(1+\xi)\frac{\beta_2}{1-\beta_2}\frac{D_2}{r-\alpha_2}=0\\ A_1=\frac{\Delta M(Z_1^*)^{\gamma}e^{-(v+k)}D_m-(1+\xi)\frac{D_2}{r-\alpha_2}-\frac{D_1Z_1}{r-\alpha_1}}{(Z_1^*)^{\beta_1}}\\ B_1=\frac{\Delta M(Z_2^*)^{\gamma}e^{-(v+k)}D_m-(1+\xi)\frac{D_2}{r-\alpha_2}-\frac{D_1Z_2^*}{r-\alpha_1}}{(Z_2^*)^{\beta_2}}\end{cases}$$

(4-2-33)

由方程组（4-2-33）可以分别求出 Z_1^*、Z_2^*、A 和 B 的数值。

因此，原问题的解为：

$$F(X_{1t}, X_{2t})=\begin{cases} e^{-rt}\left[AX_{2t}^{1-\beta_1}X_{1t}^{\beta_1}+X_{1t}\dfrac{D_1}{r-\alpha_1}\right] & 0<\dfrac{X_{1t}}{X_{2t}}<Z_1^* \\ e^{-rt}\left[e^{-(v+k)}\Delta MD_m X_{1t}^{\gamma}X_{2t}^{1-\gamma}-(1+\xi)\dfrac{D_2X_{2t}}{r-\alpha_2}\right], & Z_1^*<\dfrac{X_{1t}}{X_{2t}}<Z_2^* \\ e^{-rt}\left[BX_{2t}^{1-\beta_2}X_{1t}^{\beta_2}+X_{1t}\dfrac{D_1}{r-\alpha_1}\right] & \dfrac{X_{1t}}{X_{2t}}>Z_2^* \end{cases}$$

（4-2-34）

其中，主并企业的最佳并购时机需要满足：

$$\tau^*=\inf\{t\geqslant 0 \mid Z_t\in[Z_1^*, Z_2^*]\} \qquad (4-2-35)$$

得出结论（4-2-6）：超竞争环境下跨国并购中主并企业的最佳并购时机与跨国并购双方企业累积价值的固定部分无关，而与主被并企业的企业价值比 Z 有直接关系。

3. 战略并购博弈分析

基于上述模型，本小节将引用 Fudenberg 和 Tirole（1991，Section4.5）所阐述的解析步骤对超竞争环境下跨国并购过程中主被并企业双方博弈过程进行进一步的研究。

假设主被并企业的策略集均为：

$$S_i(t)=\{同意，不同意\}, \ i\in\{1, 2\}$$

显然，当且仅当跨国并购双方都对并购持同意态度时，才会真的发生并购行为。具体的支付矩阵如表4-2-1所示。

表4-2-1　　跨国并购双方支付博弈矩阵

主并企业 \ 被并企业	同意	不同意
同意	$(V_{M_1}(X_{1t}, X_{2t}), V_{M_2}(X_{1t}, X_{2t}))$	$(V_{L_1}(X_{1t}, X_{2t}), V_{F_2}(X_{1t}, X_{2t}))$
不同意	$(V_{F_1}(X_{1t}, X_{2t}), V_{L_2}(X_{1t}, X_{2t}))$	$(V_{F_1}(X_{1t}, X_{2t}), V_{F_2}(X_{1t}, X_{2t}))$

每一轮报价中，我们将先报价者称为领导者，领导者的收益函数表示为 $V_{L_i}(X_{1t}, X_{2t})$，$i\in\{1, 2\}$；将后报价者称为跟随者，跟随者的收益函数表示为

$V_{F_i}(X_{1t},\ X_{2t})$，$i\in\{1,\ 2\}$。

假如时刻 t 主并企业首先提出报价，但是被并公司对此持不同意态度。那么，跨国并购双方的收益函数分别为：

$$\begin{cases} V_{L_1}(X_{1t},\ X_{2t}) = \Delta M X_{1t}^{\gamma} X_{2t}^{1-\gamma} e^{-(v+k)} D_m - (1+\xi)\dfrac{X_{2t}D_2}{r-\alpha_2} \\ \qquad = X_{2t}\left[\Delta M e^{-(v+k)} D_m Z^{\gamma} - (1+\xi)\dfrac{D_2}{r-\alpha_2}\right] \\ V_{F_2}(X_{1t},\ X_{2t}) = (1+\xi)\dfrac{X_{2t}D_2}{r-\alpha_2} = X_{1t}\left[(1+\xi)\dfrac{D_2}{r-\alpha_2}\dfrac{1}{Z}\right] \end{cases} \quad (4-2-36)$$

假如时刻 t 被并企业首先提出报价，但是主并企业对此持不同意态度。那么，跨国并购双方的收益函数分别为：

$$\begin{cases} V_{L_2}(X_{1t},\ X_{2t}) = \Delta M X_{1t}^{\gamma} X_{2t}^{1-\gamma} e^{-(v+k)} D_m - \dfrac{X_{1t}D_1}{r-\alpha_1} \\ \qquad = X_{1t}\left[\Delta M e^{-(v+k)} D_m \left(\dfrac{1}{Z}\right)^{1-\gamma} - \dfrac{D_1}{r-\alpha_1}\right] \\ V_{F_1}(X_{1t},\ X_{2t}) = \dfrac{X_{1t}D_1}{r-\alpha_1} = X_{2t}\left(\dfrac{D_1}{r-\alpha_1}Z\right) \end{cases} \quad (4-2-37)$$

假如时刻 t 主被并企业同时提出报价，由于此时被并企业对于并购行为持默许态度，所以主并企业的讨价还价能力可看作 1，而被并企业的讨价还价能力相当于 0。那么，跨国并购双方的收益函数分别为：

$$\begin{cases} V_{M_1}(X_{1t},\ X_{2t}) = 1\times\left[\Delta M X_1^{\gamma} X_2^{1-\gamma} e^{-(v+k)} D_m - (1+\xi)\dfrac{X_2D_2}{r-\alpha_2}\right] + 0\times\dfrac{X_1D_1}{r-\alpha_1} \\ \qquad = V_{L_1}(X_{1t},\ X_{2t}) \\ V_{M_2}(X_{1t},\ X_{2t}) = 1\times\left[\Delta M X_1^{\gamma} X_2^{1-\gamma} e^{-(v+k)} D_m - \dfrac{X_1D_1}{r-\alpha_1}\right] + 0\times(1+\xi)\dfrac{X_2D_2}{r-\alpha_2} \\ \qquad = V_{L_2}(X_{1t},\ X_{2t}) \end{cases}$$

$$(4-2-38)$$

又因为本书所研究的都是在并购产生正的协同效应下发生的，即满足：

$$\Delta M X_1^{\gamma} X_2^{1-\gamma} e^{-(v+k)} D_m > (1+\xi)\frac{X_2D_2}{r-\alpha_2} + \frac{X_1D_1}{r-\alpha_1} \quad (4-2-39)$$

因此，

$$\begin{cases} V_{L_1}(X_{1t},\ X_{2t}) > V_{F_1}(X_{1t},\ X_{2t}) \\ V_{L_2}(X_{1t},\ X_{2t}) > V_{F_2}(X_{1t},\ X_{2t}) \end{cases} \quad (4-2-40)$$

由上述分析，容易得到：超竞争环境下的跨国并购中，并购双方企业都愿意提前报价。而呈现的这种现象与跨国并购双方各自的价值贡献比例 γ 没有直接的关系。超竞争环境下，企业不再单纯地去适应或顺从环境，而是要不断地随环境变化而变化，不断地创新，不断地创造竞争优势，从而提升自我竞争力。此时，企业跨国并购相关的一些决策，如并购支付方式、并购协同效应值等都会受到环境变化的影响。超竞争环境下，企业更应该主动出击，尽最大可能地尽早地对环境的变化作出较为准确的预判，从而在一个相对安全的位置引导环境的变化，更好地寻求机遇，果断抓住机会，从而不断地创造自身独有的竞争优势。

以上的分析都基于一个前提条件，即 $Z_1^* < \frac{X_{1t}}{X_{2t}} < Z_2^*$，此时纳什均衡为（主并企业，被并企业）=（同意，同意）。同时，主并企业跨国并购后所得收益为：

$$V_{主}(X_{1\tau}, X_{2\tau}) = X_{2\tau}^{\gamma}\left[e^{-(v+k)}Z_{\tau}^{\gamma}\Delta MD_m - (1+\xi)\frac{D_2}{r-\alpha_2}\right]$$

$$= e^{-(v+k)}\Delta MD_m X_{1\tau}^{\gamma}X_{2\tau}^{1-\gamma} - (1+\xi)\frac{D_2 X_{2\tau}^{\gamma}}{r-\alpha_2} \qquad (4-2-41)$$

然而，当 $0 < \frac{X_{1t}}{X_{2t}} < Z_1^*$ 或 $\frac{X_{1t}}{X_{2t}} > Z_2^*$ 时，主并企业并不能通过跨国并购来实现企业自身价值最大化，因而其最佳的策略为等待。也就是说，此时应该保留期权而不执行。主并企业的价值函数如下所示：

$$F(X_{1t}, X_{2t}) = \begin{cases} e^{-rt}\left[AX_{2t}^{1-\beta_1}X_{1t}^{\beta_1} + X_{1t}\frac{D_1}{r-\alpha_1}\right], & 0 < \frac{X_{1t}}{X_{2t}} < Z_1^* \\ e^{-rt}\left[BX_{2t}^{1-\beta_2}X_{1t}^{\beta_2} + X_{1t}\frac{D_1}{r-\alpha_1}\right], & \frac{X_{1t}}{X_{2t}} > Z_2^* \end{cases} \qquad (4-2-42)$$

同时，主并企业对应的期权价值为：

$$O(X_{1t}, X_{2t}) = \begin{cases} e^{-rt}[AX_{2t}^{1-\beta_1}X_{1t}^{\beta_1}], & 0 < \frac{X_{1t}}{X_{2t}} < Z_1^* \\ e^{-rt}[BX_{2t}^{1-\beta_2}X_{1t}^{\beta_2}], & \frac{X_{1t}}{X_{2t}} > Z_2^* \end{cases} \qquad (4-2-43)$$

因而可以得到，超竞争环境下的跨国并购中主并企业存在两个不同的等待期权。首先，当 $0 < \frac{X_{1t}}{X_{2t}} < Z_1$ 时，易知 $\frac{\mathrm{d}s_{\tau}}{\mathrm{d}X_{2t}} > 0$，即随着被并企业的企业累积价值不断增加，跨国并购中被并企业应当得到的价值补偿比例也会随之不断增加。同时，在这个时间段内，被并企业得到的价值补偿比例增加的速率要大于被并企业累积价值增加的速率。因此，对于主并企业而言，最好的决策就是等待。等待被并企业的企业累积价值增长到某一有效值时，再果断地执行并购决策，从而实现主并企业的收益最大化。另外，当$\frac{X_{1t}}{X_{2t}}>Z_2^*$时，虽然被并企业的企业价值较大，但被并企业从主并企业那获得的价值补偿比例也很大。此时，主并企业并不能通过并购被并企业实现自身收益最优，因而应推迟并购决策的执行。主并企业应等待被并企业的企业价值下降到某一有效值时，再执行并购决策，从而实现主并企业的收益最大化。

结论（4-2-7）：超竞争环境下的跨国并购中，主并企业存在两个不同的等待期权，分别位于区间（0，Z_1^*）和区间（Z_2^*，$+\infty$）。

4.2.1.2 被并企业协议并购条件下的模型建立及求解

协议并购是指被并企业对于并购决策不再持默许态度，而是积极参与谈判，以求给被并企业自身带来更多的收益。本小节主要研究这种情况下的最优价值分配比例及最佳并购时机。

1. 价值分配

被并企业协议并购条件下，模型的基本假设与上节大致相同。不同之处在于，此情况下主被并企业均积极参与谈判，以商定一个对双方最优的价值分配比例。因此，引入变量θ代表被并企业的讨价还价权重，其在现实中直观表现为被并企业在跨国并购过程中的讨价还价能力，θ越大表示被并企业在超竞争环境下的跨国并购过程中具备越强的讨价还价能力。其中，$\theta\in(0,1)$。

在此种情况下，s_τ为下列最优化问题的解。

$$\sup_{s_\tau}\{s_\tau V(X_{1t},X_{2t})-E[\int_\tau^{+\infty}(1+\xi)e^{-rt}X_{2t}D_{2t}\mathrm{d}t]\}^\theta$$

$$[(1-s_\tau)V(X_{1t},X_{2t})-E[\int_\tau^{+\infty}e^{-rt}X_{1t}D_{1t}\mathrm{d}t]\}^{1-\theta} \quad (4-2-44)$$

可得（4-2-44）式的纳什均衡解为：

$$s_\tau^{**}=\frac{\theta V(X_{1t},X_{2t})-\theta\frac{X_{1t}D_1}{r-\alpha_1}+(1-\theta)(1+\xi)\frac{X_{2t}D_2}{r-\alpha_2}}{V(X_{1t},X_{2t})} \quad (4-2-45)$$

由于本书所研究的跨国并购都基于一个前提条件，即跨国并购产生的协同效应均为正。因此：

$$V(X_{1t},\ X_{2t}) > \frac{D_1 X_{1t}}{r-\alpha_1} + (1+\xi)\frac{D_2 X_{2t}}{r-\alpha_2} \tag{4-2-46}$$

即有，跨国并购所带来的总价值为：

$$\Delta V(X_{1t},\ X_{2t}) = V(X_{1t},\ X_{2t}) - \frac{D_1 X_{1t}}{r-\alpha_1} - (1+\xi)\frac{D_2 X_{2t}}{r-\alpha_2} > 0 \tag{4-2-47}$$

对 s_τ^{**} 进行整理，可得：

$$\begin{aligned} s_\tau^{**} &= \frac{\theta V(X_{1t},\ X_{2t}) - \theta\dfrac{X_{1t}D_1}{r-\alpha_1} + (1-\theta)(1+\xi)\dfrac{X_{2t}D_2}{r-\alpha_2}}{V(X_{1t},\ X_{2t})} \\ &= \frac{(1+\xi)\dfrac{X_{2t}D_2}{r-\alpha_2} + \theta\Delta V(X_{1t},\ X_{2t})}{V(X_{1t},\ X_{2t})} \\ &= s_\tau^{*} + \theta\frac{\Delta V(X_{1t},\ X_{2t})}{V(X_{1t},\ X_{2t})} \end{aligned} \tag{4-2-48}$$

容易看出：$s_\tau^{**} > s_\tau^{*}$。

结论（4－2－8）：被并企业在协议并购条件下得到的价值补偿比例大于默许条件下所得；同时，被并企业持默许条件可以看作协议并购条件的一个特殊情况，即令 $\theta=0$。

跟上节一样，接下来对各参数进行分析（均假定其他参数恒定）。

$$\frac{\mathrm{d}s_\tau^{**}(\theta)}{\mathrm{d}\theta} = \frac{\Delta V(X_{1t},\ X_{2t})}{V(X_{1t},\ X_{2t})} > 0 \tag{4-2-49}$$

结论（4－2－9）：随着被并企业的讨价还价能力越来越强，被并企业得到的价值补偿比例也会越来越大。因此，并被企业有必要通过合理的方式来提高自身的讨价还价能力，从而在跨国并购中获得更多的收益。

$$\frac{\mathrm{d}s_\tau^{**}(v)}{\mathrm{d}v} = e^{v}\,\frac{(1-\theta)(1+\xi)\dfrac{X_{2t}D_2}{r-\alpha_2} - \theta\dfrac{X_{1t}D_1}{r-\alpha_1}}{\Delta M D_m X_{1t}^{\gamma} X_{2t}^{1-\gamma}} \tag{4-2-50}$$

令 $\dfrac{\mathrm{d}s_\tau^{**}(v)}{\mathrm{d}v}=0$，得到 $\theta = \dfrac{(1+\xi)\dfrac{X_{2t}D_2}{r-\alpha_2}}{(1+\xi)\dfrac{X_{2t}D_2}{r-\alpha_2} + \dfrac{X_{1t}D_1}{r-\alpha_1}}$

当 $\theta > \dfrac{(1+\xi)\dfrac{X_{2t}D_2}{r-\alpha_2}}{(1+\xi)\dfrac{X_{2t}D_2}{r-\alpha_2}+\dfrac{X_{1t}D_1}{r-\alpha_1}}$ 时，$\dfrac{\mathrm{d}s_\tau^{**}(v)}{\mathrm{d}v}<0$，此时随着超竞争环境下导致双方谈判破裂的因素或谈判破裂发生次数的增加，被并企业得到的价值补偿比例越来越小；

当 $0<\theta<\dfrac{(1+\xi)\dfrac{X_{2t}D_2}{r-\alpha_2}}{(1+\xi)\dfrac{X_{2t}D_2}{r-\alpha_2}+\dfrac{X_{1t}D_1}{r-\alpha_1}}$ 时，$\dfrac{\mathrm{d}s_\tau^{**}(v)}{\mathrm{d}v}>0$，此时随着超竞争环境下导

致双方谈判破裂的因素或谈判破裂发生次数的增加，被并企业得到的价值补偿比例越来越大。

结论（4－2－10）：随着被并企业的讨价还价能力越来越强，被并企业得到的价值补偿比例随着超竞争环境下导致双方谈判破裂的因素或谈判破裂发生次数的增加呈现先增加后减少的趋势。

对于这种现象，可能的解释是：随着被并企业讨价还价能力的不断提高，主并企业对于并购的关注点逐渐偏向于并购相关的内部因素，当被并企业的讨价还价能力达到某一值时，主并企业对于并购相关内部因素的关注度将超过外部因素而主导整个并购决策。这里所说的并购相关内部因素主要是指涉及主被并企业内部及跨国并购双方之间的部分相关因素；外部因素是指影响并购的其他因素，如超竞争环境下导致双方谈判破裂的因素或谈判破裂发生的次数。因此，

被并企业的讨价还价能力最好控制在区间 $\left(0,\dfrac{(1+\xi)\dfrac{X_{2t}D_2}{r-\alpha_2}}{(1+\xi)\dfrac{X_{2t}D_2}{r-\alpha_2}+\dfrac{X_{1t}D_1}{r-\alpha_1}}\right)$ 内；一旦超过这一范围，其所得到的价值补偿将会随超竞争环境下导致双方谈判破裂的因素或谈判破裂发生次数的增加而减少。

$$\frac{\mathrm{d}s_\tau^{**}(\bar{\omega})}{\mathrm{d}\bar{\omega}}=-\frac{1}{(1+\bar{\omega})^2}\frac{(1-\theta)(1+\xi)\dfrac{X_{2t}D_2}{r-\alpha_2}-\theta\dfrac{X_{1t}D_1}{r-\alpha_1}}{e^{-v}\Delta M(D_1+D_2)X_{1t}^{\gamma}X_{2t}^{1-\gamma}} \quad (4-2-51)$$

令 $\dfrac{\mathrm{d}s_\tau^{**}(\bar{\omega})}{\mathrm{d}\bar{\omega}}=0$，得到 $\theta=\dfrac{(1+\xi)\dfrac{X_{2t}D_2}{r-\alpha_2}}{(1+\xi)\dfrac{X_{2t}D_2}{r-\alpha_2}+\dfrac{X_{1t}D_1}{r-\alpha_1}}$

当 $\theta > \dfrac{(1+\xi)\dfrac{X_{2t}D_2}{r-\alpha_2}}{(1+\xi)\dfrac{X_{2t}D_2}{r-\alpha_2}+\dfrac{X_{1t}D_1}{r-\alpha_1}}$ 时，$\dfrac{ds_\tau^{**}(\bar{\omega})}{d\bar{\omega}}>0$，此时随着超竞争环境下竞争强度的不断增加，即 $\bar{\omega}$ 数值不断减小（竞争强度对合并企业产生的间接协同效应不断减少），被并企业得到的价值补偿比例越来越小；

当 $0<\theta<\dfrac{(1+\xi)\dfrac{X_{2t}D_2}{r-\alpha_2}}{(1+\xi)\dfrac{X_{2t}D_2}{r-\alpha_2}+\dfrac{X_{1t}D_1}{r-\alpha_1}}$ 时，$\dfrac{ds_\tau^{**}(\bar{\omega})}{d\bar{\omega}}<0$，此时随着超竞争环境下竞争强度的不断增加，即 $\bar{\omega}$ 数值不断减小（竞争强度对合并企业产生的间接协同效应不断减少），被并企业得到的价值补偿比例越来越大。

结论（4-2-11）：随着被并企业的讨价还价能力越来越强，被并企业得到的价值补偿比例随着超竞争环境下竞争强度的增加呈现先增加后减少的趋势。

$$\frac{ds_\tau^{**}(\xi)}{d\xi}=(1-\theta)\frac{X_{2t}D_2}{r-\alpha_2}>0 \qquad (4-2-52)$$

结论（4-2-12）：超竞争环境下的跨国并购中被并企业得到的价值补偿随着竞争不确定性的增大而增加，而这与并购双方的讨价还价能力无关。

$$\frac{ds_\tau^{**}(k)}{dk}=e^{v}\frac{(1-\theta)(1+\xi)\dfrac{X_{2t}D_2}{r-\alpha_2}-\theta\dfrac{X_{1t}D_1}{r-\alpha_1}}{\Delta MD_m X_{1t}^{\gamma}X_{2t}^{1-\gamma}} \qquad (4-2-53)$$

令 $\dfrac{ds_\tau^{**}(k)}{dk}=0$，得到 $\theta=\dfrac{(1+\xi)\dfrac{X_{2t}D_2}{r-\alpha_2}}{(1+\xi)\dfrac{X_{2t}D_2}{r-\alpha_2}+\dfrac{X_{1t}D_1}{r-\alpha_1}}$

当 $\theta > \dfrac{(1+\xi)\dfrac{X_{2t}D_2}{r-\alpha_2}}{(1+\xi)\dfrac{X_{2t}D_2}{r-\alpha_2}+\dfrac{X_{1t}D_1}{r-\alpha_1}}$ 时，$\dfrac{ds_\tau^{**}(k)}{dk}<0$，此时随着超竞争环境下跨国并购双方认知距离的增加，被并企业得到的价值补偿比例越来越小；

当 $0<\theta<\dfrac{(1+\xi)\dfrac{X_{2t}D_2}{r-\alpha_2}}{(1+\xi)\dfrac{X_{2t}D_2}{r-\alpha_2}+\dfrac{X_{1t}D_1}{r-\alpha_1}}$ 时，$\dfrac{ds_\tau^{**}(k)}{dk}>0$，此时随着超竞争环境下跨国并购双方认知距离的增加，被并企业得到的价值补偿比例越来越大。

结论（4-2-13）：随着被并企业的讨价还价能力越来越强，被并企业得到的价值补偿比例随着超竞争环境下跨国并购双方认知距离的增加呈现先增加后减少的趋势。

由结论（4-2-9）至结论（4-2-13）可知，被并企业应当采用合理的方式来提高自身讨价还价的能力，从而提高跨国并购过程中的所得收益。但是，被并企业的讨价还价能力也不是越大越好。被并企业应当注意，当自身的讨价还价能力超过某一值（见上述公式）时，被并企业在跨国并购中所能收获的利益会随并购相关外部因素（如超竞争环境下导致双方谈判破裂的因素或谈判破裂发生的次数）的增加而减少，同时也会随竞争强度的增强而不断减少。因此，被并企业应当积极主动地进行并购商榷，合理地控制自身讨价还价能力，从而实现跨国并购中自身收益最大化。

跨国并购后，主并企业的企业累积价值可以表示为：

$$
\begin{aligned}
V_{主}(X_{1t}, X_{2t}) &= (1-s_{\tau}^{**})V(X_{1t}, X_{2t}) \\
&= \left[1-\frac{\theta V(X_{1t}, X_{2t})-\theta\dfrac{X_{1t}D_1}{r-\alpha_1}+(1-\theta)(1+\xi)\dfrac{X_{2t}D_2}{r-\alpha_2}}{V(X_{1t}, X_{2t})}\right]V(X_{1t}, X_{2t}) \\
&= (1-\theta)V(X_{1t}, X_{2t})+\theta\frac{X_{1t}D_1}{r-\alpha_1}-(1-\theta)(1+\xi)\frac{X_{2t}D_2}{r-\alpha_2} \\
&= (1-\theta)\Delta V(X_{1t}, X_{2t})+\frac{X_{1t}D_1}{r-\alpha_1}
\end{aligned}
\tag{4-2-54}
$$

由（4-2-54）式可以看出，在被并企业协议并购的条件下，跨国并购实施后主并企业的企业累积价值等于其独立经营时的企业累积价值与通过讨价还价过程得到的额外并购收益之和。

2. 并购阈值的确定

同上节的方法，设

$$
\varphi(Z)=\begin{cases}
A_2Z^{\beta_1}+\dfrac{D_1Z}{r-\alpha_1}, & Z<Z_1^{**} \\
\psi(Z), & Z_1^{**}\leqslant Z\leqslant Z_2^{**} \\
B_2Z^{\beta_2}+\dfrac{D_1Z}{r-\alpha_1}, & Z>Z_2^{**}
\end{cases}
\tag{4-2-55}
$$

同时，对主并企业的企业价值公式进行整理：

$$V_{主}(X_{1t}, X_{2t}) = (1-\theta)V(X_{1t}, X_{2t}) + \theta\frac{X_{1t}D_1}{r-\alpha_1} - (1-\theta)(1+\xi)\frac{X_{2t}D_2}{r-\alpha_2}$$
$$= X_{2t}\left[(1-\theta)\Delta MZ^{\gamma}e^{-v}D_m + \theta\frac{ZD_1}{r-\alpha_1} - (1-\theta)(1+\xi)\frac{D_2}{r-\alpha_2}\right]$$
(4-2-56)

因此，可令：

$$\psi(Z) = (1-\theta)\Delta MZ^{\gamma}e^{-(v+k)}D_m + \theta\frac{ZD_1}{r-\alpha_1} - (1-\theta)(1+\xi)\frac{D_2}{r-\alpha_2}$$
(4-2-57)

由价值匹配与平滑粘贴条件，可以得到：

$$\begin{cases} A_2(Z_1^{**})^{\beta_1} + \dfrac{D_1Z_1^{**}}{r-\alpha_1} = (1-\theta)\Delta M(Z_1^{**})^{\gamma}e^{-(v+k)}D_m + \theta\dfrac{Z_1^{**}D_1}{r-\alpha_1} - (1-\theta)(1+\xi)\dfrac{D_2}{r-\alpha_2} \\ \beta_1A_2(Z_1^{**})^{\beta_1-1} + \dfrac{D_1}{r-\alpha_1} = \gamma(1-\theta)\Delta M(Z_1^{**})^{\gamma-1}e^{-(v+k)}D_m + \theta\dfrac{D_1}{r-\alpha_1} \\ B_2(Z_2^{**})^{\beta_2} + \dfrac{D_1Z_2^{**}}{r-\alpha_1} = (1-\theta)\Delta M(Z_2^{**})^{\gamma}e^{-(v+k)}D_m + \theta\dfrac{Z_2^{**}D_1}{r-\alpha_1} - (1-\theta)(1+\xi)\dfrac{D_2}{r-\alpha_2} \\ \beta_2B_2(Z_2^{**})^{\beta_2-1} + \dfrac{D_1}{r-\alpha_1} = (1-\gamma)(1-\theta)\Delta M(Z_2^{**})^{\gamma-1}e^{-(v+k)}D_m + \theta\dfrac{D_1}{r-\alpha_1} \end{cases}$$
(4-2-58)

整理得：

$$\begin{cases} \dfrac{D_1(Z_1^{**})}{r-\alpha_1} - \dfrac{\beta_1-\gamma}{\beta_1-1}(1-\theta)\Delta M(Z_1^{**})^{\gamma}e^{-(v+k)}D_m + \dfrac{\beta_1}{\beta_1-1}(1-\theta)(1+\xi)\dfrac{D_2}{r-\alpha_2} = 0 \\ \dfrac{D_1(Z_2^{**})}{r-\alpha_1} - \dfrac{\beta_2-\gamma}{\beta_2-1}(1-\theta)\Delta M(Z_2^{**})^{\gamma}e^{-(v+k)}D_m + \dfrac{\beta_2}{\beta_2-1}(1-\theta)(1+\xi)\dfrac{D_2}{r-\alpha_2} = 0 \\ A_2 = \dfrac{(1-\theta)\left[\Delta M(Z_1^{**})^{\gamma}e^{-(v+k)}D_m - (1+\xi)\dfrac{D_2}{r-\alpha_2} - \dfrac{D_1Z_1^{**}}{r-\alpha_1}\right]}{(Z_1^{**})^{\beta_1}} \\ B_2 = \dfrac{(1-\theta)\left[\Delta M(Z_2^{**})^{\gamma}e^{-(v+k)}D_m - (1+\xi)\dfrac{D_2}{r-\alpha_2} - \dfrac{D_1Z_2^{**}}{r-\alpha_1}\right]}{(Z_2^{**})^{\beta_2}} \end{cases}$$
(4-2-59)

由上述方程组可以求出 Z_1^{**} 、Z_2^{**} 、A_2 和 B_2 的数值。

因此，原问题的解为：

$$F(X_{1t}, X_{2t}) = \begin{cases} e^{-rt}\left[A_2 X_{2t}^{1-\beta_1} X_{1t}^{\beta_1} + X_{1t}\dfrac{D_1}{r-\alpha_1}\right], & 0 < \dfrac{X_{1t}}{X_{2t}} < Z_1^* \\ e^{-rt}\left[(1-\theta)e^{-(v+k)}\Delta M D_m X_{1t}^{\gamma} X_{2t}^{1-\gamma} + \theta\dfrac{D_1 X_{1t}}{r-\alpha_1} \right. & \\ \left. -(1-\theta)(1+\xi)\dfrac{D_2 X_{2t}}{r-\alpha_2}\right], & Z_1^* < \dfrac{X_{1t}}{X_{2t}} < Z_2^* \\ e^{-rt}\left[B_2 X_{2t}^{1-\beta_2} X_{1t}^{\beta_2} + X_{1t}\dfrac{D_1}{r-\alpha_1}\right], & \dfrac{X_{1t}}{X_{2t}} > Z_2^* \end{cases} \quad (4-2-60)$$

其中，主并企业的最佳跨国并购时机为：

$$\tau^{**} = \inf\{t \geqslant 0 \mid Z_t \in [Z_1^{**}, Z_2^{**}]\} \quad (4-2-61)$$

得出结论（4－2－14）：在被并企业协议并购的情况下，跨国并购中主并企业的最佳并购时机除了与超竞争环境下的各因素有关，还与主被并企业的讨价还价能力有关；主并企业在跨购并购过程中同样存在两个不同的等待期权。

4.2.2 应用实例及分析

本节对前面的模型进行模拟计算，同时对影响超竞争环境下跨国并购时机选择的相关重要因素进行更为深入的分析。

4.2.2.1 被并企业持默许态度下的实例分析

1. 举例说明

现假定市场上只存在两个不同的企业，主并企业和被并企业。对于主并企业来说，企业价值增长率 $\alpha_1 = 0.03$，波动率 $\sigma_1 = 0.3$；对于被并企业而言，企业价值增长率 $\alpha_2 = 0.01$，波动率 $\sigma_2 = 0.25$；令 $\rho = 0.4$；以上参数均可通过主被并企业的历史数据整理分析得到。同时，主并企业的企业累积价值固定部分可以表示为 $D_1 = 1$，被并企业的企业累积价值固定部分可以表示为 $D_2 = 0.5$。若执行并购决策，则合并企业中，主并企业所占权重为 $\gamma = 0.7$。另外，令 $M_\tau = 2$，$M_T = 6$，协同效应出现时间的期望值为 $\dfrac{1}{\lambda} = 2$，这些数据可通过对主被并企业进行评估，并借鉴其他跨国并购案例得到。另外假设超竞争环境下，竞争强度 $(1-\overline{\omega})=$

0. 8；参数因子 $e^{-v}=0.6$；参数因子 $e^{-k}=0.5$；竞争的不确定性 $\xi=0.5$；无风险利率取 $r=0.05$。

根据上述给定的参数条件，易得：

$$\begin{cases}\alpha_Y=0.0143\\ \sigma_Y^2=0.0623\\ \alpha_Z=0.0525\\ \sigma_Z^2=0.0925\end{cases}$$

因为 β_1 和 β_2 是方程 $\phi(\beta)\equiv\frac{1}{2}\sigma_z^2\beta(\beta-1)+(\alpha_1-\alpha_2)\beta-(r-\alpha_2)=0$ 的两根，容易解得：$\beta_1=1.2561$，$\beta_2=-0.6885$。

又由 $\Delta M=\frac{M_T}{r-\alpha_\gamma}-\frac{M_T-M_\tau}{r+\lambda-\alpha_Y}$，易得 $\Delta M=160.5417$：

$$\Rightarrow\begin{cases}50Z_1^*-188.2458(Z_1^*)^{0.7}+91.9637=0\\ 50Z_2^*-71.2899(Z_2^*)^{0.7}+7.6457=0\end{cases}$$

$$\Rightarrow\begin{cases}Z_1^*=0.5097\\ Z_2^*=2.7183\end{cases}$$

$$\Rightarrow\begin{cases}A_1=73.4159\\ B_1=178.6647\end{cases}$$

进一步求得主并企业的最佳并购时机为：

$$\tau^*=\inf\{t\geqslant0\mid Z_t\in[0.5097,\ 2.7183]\}$$

主并企业的所得价值函数为：

$$F^*(t,\ X_{1t},\ X_{2t})=\begin{cases}e^{-0.05t}(73.4159X_{1t}^{1.2561}X_{2t}^{-0.2561}+50X_{1t}), & \frac{X_{1t}}{X_{2t}}\in(0,\ 0.5097)\\ e^{-0.05t}(86.6925X_{1t}^{0.7}X_{2t}^{0.3}-18.75X_{2t}), & \frac{X_{1t}}{X_{2t}}\in(0.5097,\ 2.7183)\\ e^{-0.05t}(178.6647X_{1t}^{-0.6885}X_{2t}^{1.6885}+50X_{1t}), & \frac{X_{1t}}{X_{2t}}\in(2.7183,\ \infty)\end{cases}$$

主并企业的等待期权价值为：

$$O(X_{1t},\ X_{2t})=\begin{cases}73.4159X_{1t}^{1.2561}X_{2t}^{-0.2561}, & \frac{X_{1t}}{X_{2t}}\in(0,\ 0.5097)\\ 178.6647X_{1t}^{-0.6885}X_{2t}^{1.6885}, & \frac{X_{1t}}{X_{2t}}\in(2.7183,\ \infty)\end{cases}$$

2. 参数分析

本部分将进一步讨论分析代表超竞争的三个变量因子（$1-\bar{\omega}$，ξ，e^{-v}），以及代表跨国并购的因子（e^{-k}）对超竞争环境下跨国并购并购时机的影响。其他参数不是本研究重点考虑的对象，故不在此做具体讨论。其他参数的取值如表 4-2-2 所示。

表 4-2-2　　主被并企业相关参数取值

企业角色	D_i	α_i	σ_i	ρ	γ	r	M_T	M_τ	λ
主并企业	1	0.03	0.3	0.4	0.7	0.05	6	2	0.5
被并企业	0.5	0.01	0.25		0.3				

（1）因子 e^{-v} 对并购时机的影响。保持其他参数数据不变，可得参数分析因子 e^{-v} 对主并企业阈值的影响，详见图 4-2-1。

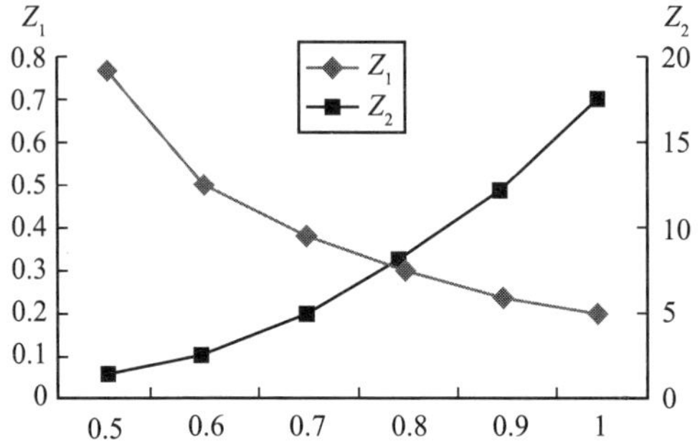

图 4-2-1　因子 e^{-v} 与并购阈值的关系

由图 4-2-1 容易看出，随着超竞争环境下竞争所引起的对企业价值所造成的损失因子 e^{-v} 的不断增加，并购区间的阈值下限 Z_1 逐渐减少，而阈值上限 Z_2 则逐渐增大。也就是说，超竞争环境下跨国并购中随着导致双方谈判破裂事件发生次数的减少，主并企业更有可能选择提前进行并购以创造更大的价值。

（2）竞争强度（$1-\bar{\omega}$）对并购时机的影响。由于超竞争环境下跨国并购中企业间的竞争强度非常大，因而本书假定竞争强度取值大于或等于 0.5。由图 4-2-2 中的数据易知，随着（$1-\bar{\omega}$）数值的增大，并购区间的下限值将缓慢增加，而上限值则显著减少。可以看出，随着竞争强度的增加，主并企业将更有可能推迟并购时机，以等待被并企业的企业价值得到进一步提升；用于并购的最佳时机趋于更窄，此时主并企业更应该果断抓住机遇，迅速作出并购决策，否则并购时机将极有可能不复存在。

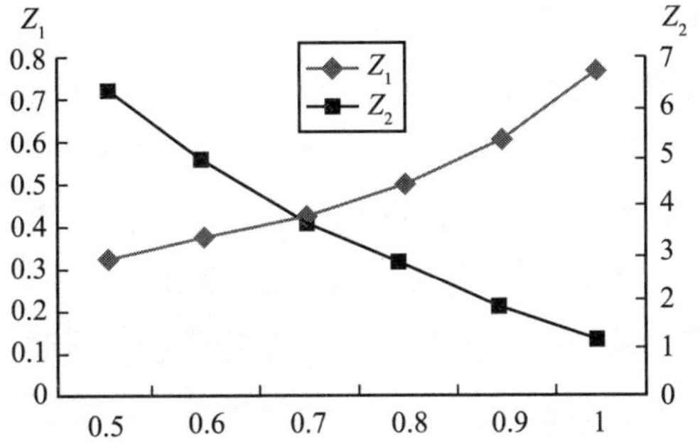

图 4-2-2 竞争强度（$1-\bar{\omega}$）与并购阈值的关系

（3）竞争的不确定性 ξ 对并购时机的影响。超竞争环境下的跨国并购中，竞争的不确定性主要表现为对被并企业价值的影响，本书假定 $\xi \in [-0.5, 0.5]$。由图 4-2-3 容易看出，随着竞争不确定性程度的增加，并购区间阈值下限不断增加，阈值上限逐渐减少。这表明，随着竞争不确定性程度的不断增大，即竞争不确定性给被并企业价值带来的正向作用越来越明显，主并企业更有可能选择将并购时机推迟，以等待被并企业价值得到提升。同时，由图 4-2-3 也可以看出，相比竞争不确定性程度趋于 0，竞争不确定性程度背离 0 时并购区间的变化趋势更为显著。这可能是因为竞争不确定性程度背离 0 时，被并企业价值变化更

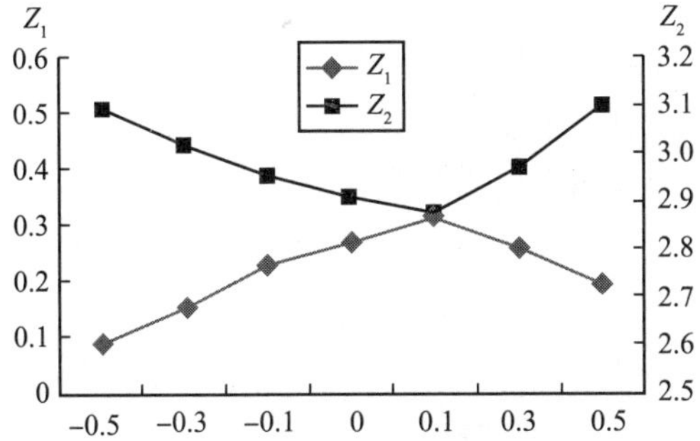

图 4-2-3 竞争的不确定性 ξ 与并购阈值的关系

加剧烈。而超竞争环境给跨国并购带来了更大的信息不对称性，主并企业并不能够通过市场了解到足够的被并企业相关信息，因而主并企业对于是否并购更有可能持一种更为谨慎的态度。

（4）因子 e^{-k} 对并购时机的影响。由图 4－2－4 容易看出，随着超竞争环境下跨国并购双方认知距离所引起的参数因子 e^{-k} 的不断增加，并购区间的下限值将逐渐减少，而上限值将逐渐增加。这表明，超竞争环境下跨国并购中随着并购双方认知距离的增加，即参数因子 e^{-k} 不断减小，主并企业更有可能推迟并购。这可能是因为，在超竞争环境下跨国并购中并购双方的信息不对称程度较高，当主并企业和被并企业所在国的文化差异很大，且并购双方的相关并购经验不足时，主并企业就更难以掌握被并企业的一些必要信息。因此，主并企业很有可能推迟并购以获取被并企业的相关信息，从而作出更为正确的并购决策。

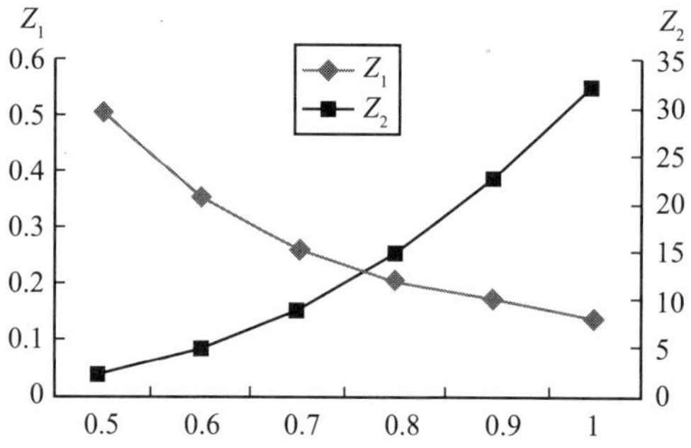

图 4－2－4　因子 e^{-k} 与并购阈值的关系

4.2.2.2　被并企业协议并购条件下的实例分析

除了上节的数值设置外，还假定被并企业的讨价还价能力 $\theta=0.2$，该参数可以根据对跨国并购中主被并企业双方的综合评价得到。

根据方程组（4－2－55）可以解出：

$$\begin{cases} Z_1^{**}=0.5762 \\ Z_2^{**}=1.0865 \end{cases}$$

$$\Rightarrow\begin{cases} A_2=18.1901 \\ B_2=15.9258 \end{cases}$$

主并企业的所得价值函数可以表示为：

$$F^*(t, X_{1t}, X_{2t}) = \begin{cases} e^{-0.05t}(18.1901X_{1t}^{1.2561}X_{2t}^{-0.2561} + 50X_{1t}), & \dfrac{X_{1t}}{X_{2t}} \in (0, 0.5762) \\ e^{-0.05t}(69.3540X_{1t}^{0.7}X_{2t}^{0.3} + 10X_{1t} - 15X_{2t}), & \dfrac{X_{1t}}{X_{2t}} \in (0.5762, 1.0865) \\ e^{-0.05t}(15.9258X_{1t}^{-0.6885}X_{2t}^{1.6885} + 50X_{1t}), & \dfrac{X_{1t}}{X_{2t}} \in (1.0865, \infty) \end{cases}$$

主并企业的等待期权价值可以表示为：

$$O(X_{1t}, X_{2t}) = \begin{cases} 18.1901X_{1t}^{1.2561}X_{2t}^{-0.2561}, & \dfrac{X_{1t}}{X_{2t}} \in (0, 0.5762) \\ 15.9258X_{1t}^{-0.6885}X_{2t}^{1.6885}, & \dfrac{X_{1t}}{X_{2t}} \in (1.0865, \infty) \end{cases}$$

本书主要讨论超竞争环境下的跨国并购定价与时机选择问题，因而此处不再对被并企业讨价还价能力 θ 作具体的参数分析。

4.3　超竞争环境下存在竞争对手的跨国并购定价与时机研究

在实际跨国并购中，主并企业通常不只一个。因此，本节在 4.1 节的基础之上，进一步研究在市场上存在两个互为竞争对手的主并企业（A 和 B）同时对被并企业 C 展开并购情形下的跨国并购的定价与时机选择问题。这将更加贴切现实，接近事实。

4.3.1　超竞争环境下存在竞争对手的跨国并购模型建立与求解

1. 模型假设

模型假设在 4.1 节的模型假设基础之上，另外假设：市场上存在两个互为竞争对手的主并企业，分别为企业 A 和企业 B。此时，被并企业 C 的企业累积价值将会产生溢价效应。具体而言，对于企业 A 而言，竞争对手企业 B 的存在使得被并企业 C 的企业价值调整为 $F_{CA} = (1+\delta_B)(1+\xi)D_CX_{Ct}$，其中 δ_B 表示由于企业 B 的存在而对被并企业 C 的溢价水平；对于企业 B 而言，竞争对手企业 A 的存在使得被并企业 C 的企业价值调整为 $F_{CB} = (1+\delta_A)(1+\xi)D_CX_{Ct}$，其中 δ_A 表示由于企

业 A 的存在而对被并企业 C 的溢价水平。为了更好地说明与区分，另设 θ_A 为被并企业 C 相对主并企业 A 的讨价还价能力，θ_B 为被并企业 C 相对主并企业 B 的讨价还价能力；$s_{\tau A}$ 为主并企业 A 给予被并企业 C 的价值补偿比例，$s_{\tau B}$ 为主并企业 B 给予被并企业 C 的价值补偿比例。

因为主并企业 A 和 B 互为竞争对手，因而下文只讨论主并企业 A 的跨国并购定价与时机选择问题。

2. 模型建立及求解

（1）价值分配。通过 4.2 节的分析，容易得到 $s_{\tau A}^{***}$ 为下面最优化问题的解。

$$\sup_{s_{\tau_A}}\{s_{\tau_A}V(X_{At},\ X_{Ct})-E[\int_{\tau_A}^{+\infty}(1+\delta_B)(1+\xi)e^{-rt}X_{Ct}D_C\mathrm{d}t]\}^{\theta_A}*$$
$$\{(1-s_{\tau_A})V(X_{At},\ X_{Ct})-E[\int_{\tau_A}^{+\infty}e^{-rt}X_{At}D_A\mathrm{d}t]\}^{1-\theta_A}$$

利用 4.2 节的分析，可以解出：

$$s_{\tau_A}^{***}=\frac{\theta_A V(X_{At},\ X_{Ct})-\theta_A\dfrac{X_{At}D_A}{r-\alpha_A}+(1-\theta_A)(1+\delta_B)(1+\xi)\dfrac{X_{Ct}D_C}{r-\alpha_C}}{V(X_{At},\ X_{Ct})}$$
$$=\frac{(1+\delta_B)(1+\xi)\dfrac{X_{Ct}D_C}{r-\alpha_C}+\theta_A\Delta V(X_{At},\ X_{Ct})}{V(X_{At},\ X_{Ct})}\qquad(4-3-1)$$

其中，$\Delta V(X_{At},\ X_{Ct})=V(X_{At},\ X_{Ct})-\dfrac{D_AX_{At}}{r-\alpha_A}-(1+\delta_B)(1+\xi)\dfrac{D_CX_{Ct}}{r-\alpha_C}>0$

通过与公式（4-2-45）比较，可以得出：$s_{\tau_A}^{***}>s_{\tau}^{**}$。

结论（4-3-1）：相比之下，存在竞争对手情况下的主并企业给予被并企业的价值补偿比例要大于不存在竞争对手情况下主并企业给予被并企业的价值补偿比例。这可能是因为，竞争对手的存在给被并企业带来了一定的溢价效果，被并企业在自身价值增加的情况下积极讨价还价，就能够争取到更多的补偿。

接下来对各参数进行分析（均假定其他参数恒定）。

$$\frac{\mathrm{d}s_{\tau_A}^{***}(\theta_A)}{\mathrm{d}\theta_A}=\frac{\Delta V(X_{At},\ X_{Ct})}{V(X_{At},\ X_{Ct})}>0\qquad(4-3-2)$$

结论（4-3-2）：主并企业给予被并企业的价值补偿比例随着被并企业讨价还价能力的不断增强而增大。

$$\frac{\mathrm{d}s_{\tau_A}^{***}(\delta_B)}{\mathrm{d}\delta_B}=e^{v}\frac{(1-\theta_A)(1+\xi)\dfrac{X_{Ct}D_C}{r-\alpha_C}}{\Delta MD_mX_{At}^{\gamma}X_{Ct}^{1-\gamma}}>0\qquad(4-3-3)$$

结论（4-3-3）：随着竞争对手给被并企业带来的溢价水平的不断提高，被并企业获得的价值补偿比例也会越来越高。这可能是因为，在现实跨国并购中，两个主并企业通常都会积极主动地进行并购相关决策，都不愿意轻易放弃并购。两主并企业都愿意提高自身对被并企业带来的溢价水平，从而提高了各自给予被并企业的价值补偿比例。

$$\frac{ds_{\tau_A}^{***}(\xi)}{d\xi}=e^{v}\frac{(1-\theta_A)(1+\delta_B)\frac{X_{Ct}D_C}{r-\alpha_C}}{\Delta MD_m X_{At}^{\gamma}X_{Ct}^{1-\gamma}}>0 \tag{4-3-4}$$

结论（4-3-4）：超竞争环境下，随着竞争不确定性程度不断增大，主并企业给予被并企业的价值补偿比例是逐渐变大的。由于并购溢价的存在，此时被并企业价值补偿比例的增幅要大于不存在竞争对手时被并企业价值补偿比例的增幅。

$$\frac{ds_{\tau_A}^{***}(v)}{dv}=e^{(v+k)}\frac{(1-\theta_A)(1+\delta_B)(1+\xi)\frac{X_{Ct}D_C}{r-\alpha_C}-\theta_A\frac{X_{At}D_A}{r-\alpha_A}}{\Delta MD_m X_{At}^{\gamma}X_{Ct}^{1-\gamma}}>\frac{ds_{\tau_A}^{**}(v)}{dv} \tag{4-3-5}$$

令$\frac{ds_{\tau}^{***}(v)}{dv}=0$，得到$\theta_A=\dfrac{(1+\delta_B)(1+\xi)\frac{X_{Ct}D_C}{r-\alpha_C}}{(1+\delta_B)(1+\xi)\frac{X_{Ct}D_C}{r-\alpha_C}+\frac{X_{At}D_A}{r-\alpha_A}}$

当$\theta_A>\dfrac{(1+\delta_B)(1+\xi)\frac{X_{Ct}D_C}{r-\alpha_C}}{(1+\delta_B)(1+\xi)\frac{X_{Ct}D_C}{r-\alpha_C}+\frac{X_{At}D_A}{r-\alpha_A}}$时，$\frac{ds_{\tau}^{***}(v)}{dv}<0$，此时随着超竞争环境下导致双方谈判破裂的因素或谈判破裂发生次数的增加，被并企业得到的价值补偿比例越来越小；

当$0<\theta_A<\dfrac{(1+\delta_B)(1+\xi)\frac{X_{Ct}D_C}{r-\alpha_C}}{(1+\delta_B)(1+\xi)\frac{X_{Ct}D_C}{r-\alpha_C}+\frac{X_{At}D_A}{r-\alpha_A}}$时，$\frac{ds_{\tau}^{***}(v)}{dv}>0$，此时随着超竞争环境下导致双方谈判破裂的因素或谈判破裂发生次数的增加，被并企业得到的价值补偿比例越来越大。

结论（4-3-5）：随着被并企业的讨价还价能力越来越强，被并企业得到的价值补偿比例随着超竞争环境下导致双方谈判破裂的因素或谈判破裂发生次数的增加呈现先增加后减少的趋势；相比不存在竞争对手的情况，存在竞争对手情况下所表现出来的上述变化趋势更为明显。

$$\frac{\mathrm{d}s_{\tau}^{***}(\bar{\omega})}{\mathrm{d}\bar{\omega}}=-\frac{1}{(1+\bar{\omega})^{2}}\frac{(1-\theta_A)(1+\delta_B)(1+\xi)\frac{X_{Ct}D_C}{r-\alpha_C}-\theta_A\frac{X_{At}D_A}{r-\alpha_A}}{e^{-(v+k)}\Delta M(D_A+D_C)X_{At}^{\gamma}X_{Ct}^{1-\gamma}}<\frac{\mathrm{d}s_{\tau}^{**}(\bar{\omega})}{\mathrm{d}\bar{\omega}} \tag{4-3-6}$$

令$\frac{\mathrm{d}s_{\tau}^{***}(\bar{\omega})}{\mathrm{d}\bar{\omega}}=0$，得到$\theta_A=\frac{(1+\delta_B)(1+\xi)\frac{X_{Ct}D_C}{r-\alpha_C}}{(1+\delta_B)(1+\xi)\frac{X_{Ct}D_C}{r-\alpha_C}+\frac{X_{At}D_A}{r-\alpha_A}}$

当$\theta_A>\frac{(1+\delta_B)(1+\xi)\frac{X_{Ct}D_C}{r-\alpha_C}}{(1+\delta_B)(1+\xi)\frac{X_{Ct}D_C}{r-\alpha_C}+\frac{X_{At}D_A}{r-\alpha_A}}$时，$\frac{\mathrm{d}s_{\tau}^{***}(\bar{\omega})}{\mathrm{d}\bar{\omega}}>0$，此时随着超竞争环境下竞争强度不断增加，即$\bar{\omega}$数值不断减小，跨国并购过程中主并企业给予被并企业的价值补偿比例越来越小；

当$0<\theta_A<\frac{(1+\delta_B)(1+\xi)\frac{X_{Ct}D_C}{r-\alpha_C}}{(1+\delta_B)(1+\xi)\frac{X_{Ct}D_C}{r-\alpha_C}+\frac{X_{At}D_A}{r-\alpha_A}}$时，$\frac{\mathrm{d}s_{\tau}^{***}(\bar{\omega})}{\mathrm{d}\bar{\omega}}<0$，此时随着超竞争环境下竞争强度不断增加，即$\bar{\omega}$数值不断减小，跨国并购过程中主并企业给予被并企业的价值补偿比例越来越大。

结论（4-3-6）：随着被并企业的讨价还价能力越来越强，被并企业得到的价值补偿比例随着超竞争环境下竞争强度的增加呈现先增加后减少的趋势；相比不存在竞争对手的情况，存在竞争对手情况下上述变化趋势更为明显。

$$\frac{\mathrm{d}s_{\tau_A}^{***}(k)}{\mathrm{d}k}=e^{(v+k)}\frac{(1-\theta_A)(1+\delta_B)(1+\xi)\frac{X_{Ct}D_C}{r-\alpha_C}-\theta_A\frac{X_{At}D_A}{r-\alpha_A}}{\Delta MD_mX_{At}^{\gamma}X_{Ct}^{1-\gamma}}>\frac{\mathrm{d}s_{\tau_A}^{**}(k)}{\mathrm{d}k} \tag{4-3-7}$$

令$\frac{\mathrm{d}s_{\tau}^{**}(k)}{\mathrm{d}k}=0$，得到$\theta_A=\frac{(1+\delta_B)(1+\xi)\frac{X_{Ct}D_C}{r-\alpha_C}}{(1+\delta_B)(1+\xi)\frac{X_{Ct}D_C}{r-\alpha_C}+\frac{X_{At}D_A}{r-\alpha_A}}$

当 $\theta_A > \dfrac{(1+\delta_B)(1+\xi)\dfrac{X_{Ct}D_C}{r-\alpha_C}}{(1+\delta_B)(1+\xi)\dfrac{X_{Ct}D_C}{r-\alpha_C}+\dfrac{X_{At}D_A}{r-\alpha_A}}$ 时，$\dfrac{\mathrm{d}s_{\tau}^{***}(k)}{\mathrm{d}k}<0$，此时随着超竞争环境下跨国并购双方认知距离的增加，被并企业得到的价值补偿比例越来越小；

当 $0<\theta_A < \dfrac{(1+\delta_B)(1+\xi)\dfrac{X_{Ct}D_C}{r-\alpha_C}}{(1+\delta_B)(1+\xi)\dfrac{X_{Ct}D_C}{r-\alpha_C}+\dfrac{X_{At}D_A}{r-\alpha_A}}$ 时，$\dfrac{\mathrm{d}s_{\tau}^{***}(k)}{\mathrm{d}k}>0$，此时随着超竞争环境下跨国并购双方认知距离的增加，被并企业得到的价值补偿比例越来越大。

结论（4-3-7）：随着被并企业的讨价还价能力越来越强，被并企业得到的价值补偿比例随着超竞争环境下跨国并购双方认知距离的增加呈现先增加后减少的趋势；相比不存在竞争对手的情况，存在竞争对手情况下的上述变化趋势更为明显。

跨国并购后，主并企业的企业累积价值为：

$$
\begin{aligned}
V_A(X_{At},\ X_{Ct}) &= (1-s_{\tau_A}^{***})V(X_{At},\ X_{Ct})\\
&=\left[1-\frac{\theta_A V(X_{At},\ X_{Ct})-\theta_A\dfrac{X_{At}D_A}{r-\alpha_A}+(1-\theta_A)(1+\delta_B)(1+\xi)\dfrac{X_{Ct}D_C}{r-\alpha_C}}{V(X_{At},\ X_{Ct})}\right]\\
&\quad V(X_{At},\ X_{Ct})\\
&=(1-\theta_A)V(X_{At},\ X_{Ct})+\theta_A\frac{X_{At}D_A}{r-\alpha_A}-(1-\theta_A)(1+\delta_B)(1+\xi)\frac{X_{Ct}D_C}{r-\alpha_C}\\
&=(1-\theta_A)\Delta V(X_{At},\ X_{Ct})+\frac{X_{At}D_A}{r-\alpha_A}
\end{aligned}
\tag{4-3-8}
$$

（2）并购阈值的确定。同4.2节的方法，设

$$
\varphi(Z)=\begin{cases}
A_3Z^{\beta_1}+\dfrac{D_AZ}{r-\alpha_A}, & Z<Z_1^{***}\\
\psi(Z), & Z_1^{***}\leqslant Z\leqslant Z_2^{***}\\
B_3Z^{\beta_2}+\dfrac{D_AZ}{r-\alpha_A}, & Z>Z_2^{***}
\end{cases}
\tag{4-3-9}
$$

同时，对主并企业的企业价值公式进行整理：

$$V_A(X_{At}, X_{Ct}) = (1-\theta_A)V(X_{At}, X_{Ct}) + \theta_A \frac{X_{At}D_A}{r-\alpha_A} - (1-\theta_A)(1+\delta_B)(1+\xi)\frac{X_{Ct}D_C}{r-\alpha_C}$$

$$= X_{Ct}\Big[(1-\theta_A)\Delta MZ^{\gamma}e^{-(v+k)}D_m + \theta_A \frac{ZD_A}{r-\alpha_A} - (1-\theta_A(1+\delta_B)(1+\xi)\frac{D_C}{r-\alpha_C}\Big] \quad (4-3-10)$$

因此，可令：

$$\psi(Z) = (1-\theta_A)\Delta MZ^{\gamma}e^{-(v+k)}D_m + \theta_A \frac{ZD_A}{r-\alpha_A} - (1-\theta_A)(1+\delta_B)(1+\xi)\frac{D_C}{r-\alpha_C} \quad (4-3-11)$$

由价值匹配与平滑粘贴条件，可以得到：

$$\begin{cases} A_3(Z_1^{***})^{\beta_1} + \frac{D_AZ_1^{***}}{r-\alpha_A} = (1-\theta_A)\Delta M(Z_1^{***})^{\gamma}e^{-(v+k)}D_m + \theta_A \frac{Z_1^{***}D_A}{r-\alpha_A} - \\ (1-\theta_A)(1+\delta_B)(1+\xi)\frac{D_C}{r-\alpha_C} \\ \beta_1A_3(Z_1^{***})^{\beta_1-1} + \frac{D_A}{r-\alpha_A} = \gamma(1-\theta_A)\Delta M(Z_1^{***})^{\gamma-1}e^{-(v+k)}D_m + \theta_A \frac{D_A}{r-\alpha_A} \\ B_3(Z_2^{***})^{\beta_2} + \frac{D_AZ_2^{***}}{r-\alpha_A} = (1-\theta_A)\Delta M(Z_2^{***})^{\gamma}e^{-(v+k)}D_m + \theta_A \frac{Z_2^{***}D_A}{r-\alpha_A} \\ -(1-\theta_A)(1+\delta_B)(1+\xi)\frac{D_C}{r-\alpha_C} \\ \beta_2B_3(Z_2^{***})^{\beta_2-1} + \frac{D_A}{r-\alpha_A} = (1-\gamma)(1-\theta)\Delta M(Z_2^{***})^{\gamma-1}e^{-(v+k)}D_m \\ +\theta_A \frac{D_A}{r-\alpha_A} \end{cases}$$

(4-3-12)

整理得：

$$
\begin{cases}
\dfrac{D_A Z_1^{***}}{r-\alpha_A}-\dfrac{\beta_1-\gamma}{\beta_1-1}(1-\theta_A)\Delta M(Z_1^{***})^{\gamma}e^{-(v+k)}D_m+\dfrac{\beta_1}{\beta_1-1}(1-\theta_A)(1+\delta_B)(1+\xi) \\
\quad \dfrac{D_C}{r-\alpha_C}=0 \\
\dfrac{D_A Z_2^{***}}{r-\alpha_A}-\dfrac{\beta_2-\gamma}{\beta_2-1}(1-\theta_A)\Delta M(Z_2^{***})^{\gamma}e^{-(v+k)}D_m+\dfrac{\beta_2}{\beta_2-1}(1-\theta_A)(1+\delta_B)(1+\xi) \\
\quad \dfrac{D_C}{r-\alpha_C}=0 \\
A_3=\dfrac{(1-\theta_A)\left[\Delta M(Z_1^{***})^{\gamma}e^{-(v+k)}D_m-(1+\xi)(1+\delta_B)\dfrac{D_C}{r-\alpha_C}-\dfrac{D_A Z_1^{***}}{r-\alpha_A}\right]}{(Z_1^{***})^{\beta_1}} \\
B_3=\dfrac{(1-\theta_A)\left[\Delta M(Z_2^{***})^{\gamma}e^{-(v+k)}D_m-(1+\xi)(1+\delta_B)\dfrac{D_C}{r-\alpha_C}-\dfrac{D_A Z_2^{***}}{r-\alpha_A}\right]}{(Z_2^{***})^{\beta_2}}
\end{cases}
\tag{4-3-13}
$$

由上述方程组可以求出 Z_1^{***}、Z_2^{***}、A_3 和 B_3 的数值。

因此，原问题的解为：

$$
F(X_{At},X_{Ct})=
\begin{cases}
e^{-rt}\left[A_3 X_{Ct}^{1-\beta_1}X_{At}^{\beta_1}+X_{At}\dfrac{D_A}{r-\alpha_A}\right], & 0<\dfrac{X_{At}}{X_{Ct}}<Z_1^{*} \\
e^{-rt}\left[(1-\theta_A)e^{-(v+k)}\Delta M D_m X_{At}^{\gamma}X_{At}^{1-\gamma}+\theta_A\dfrac{D_A X_{At}}{r-\alpha_A}\right. & \\
\quad \left.-(1-\theta_A)(1+\delta_B)(1+\xi)\dfrac{D_C X_{Ct}}{r-\alpha_C}\right], & Z_1^{*}<\dfrac{X_{At}}{X_{Ct}}<Z_2^{*} \\
e^{-rt}\left[B_3 X_{Ct}^{1-\beta_2}X_{At}^{\beta_2}+X_{At}\dfrac{D_A}{r-\alpha_A}\right], & \dfrac{X_{At}}{X_{Ct}}>Z_2^{*}
\end{cases}
\tag{4-3-14}
$$

其中，主并企业的最佳并购时机为：

$$
\tau_A^{***}=\inf\{t\geqslant 0\mid Z_t\in[Z_1^{***},Z_2^{***}]\}
\tag{4-3-15}
$$

4.3.2 应用实例及分析

1. 举例说明

假设市场上存在互为竞争对手的两个主并企业（A 和 B），以及一个被并企业 C，因为 A 和 B 的角色是对称且一致的，所以只需要讨论其中任一企业即可。

为方便计算，令 $e^{-v}=0.6$，$e^{-k}=0.7$，$\delta_B=0.5$，对于其他参数的数值设置同 4.2 节，具体见表 4－3－1。

表 4－3－1　主被并企业相关参数取值

企业角色	D_i	α_i	σ_i	ρ	γ	r	δ_B	θ_A
主并企业	1	0.03	0.3	0.4	0.7	0.05	0.5	0.5
被并企业	0.5	0.01	0.25		0.3	0.05		

由上述给定参数，易得：

$$\begin{cases}50Z_1^{***}-210.8353\ (Z_1^{***})^{0.7}+110.3564=0\\50Z_2^{***}-79.8447\ (Z_2^{***})^{0.7}+9.1748=0\end{cases}$$

$$\Rightarrow\begin{cases}Z_1^{***}=0.5430\\Z_2^{***}=4.1157\end{cases}$$

$$\Rightarrow\begin{cases}A_3=41.1349\\B_3=196.7452\end{cases}$$

因此，主并企业 A 的最佳并购时机可以表示为：

$$\tau^*=\inf\{t\geqslant 0\mid Z_t\in[0.5430,\ 4.1157]\}$$

主并企业 A 的所得价值函数可以表示为：

$$F^*(t,\ X_{At},\ X_{Ct})=$$

$$\begin{cases}e^{-0.05t}(41.1349X_{At}^{1.2561}X_{Ct}^{-0.2561}+50X_{At}), & \dfrac{X_{At}}{X_{Ct}}\in(0,\ 0.5430)\\e^{-0.05t}(97.0956X_{At}^{0.7}X_{Ct}^{0.3}+10X_{At}-22.5X_{Ct}), & \dfrac{X_{At}}{X_{Ct}}\in(0.5430,\ 4.1157)\\e^{-0.05t}(196.7452X_{At}^{-0.6885}X_{Ct}^{1.6885}+50X_{At}), & \dfrac{X_{At}}{X_{Ct}}\in(4.1157,\ \infty)\end{cases}$$

主并企业 A 的等待期权价值可以表示为：

$$O(X_{At},\ X_{Ct}) = \begin{cases} 41.1349X_{At}^{1.2561}X_{Ct}^{-0.2561}, & \dfrac{X_{At}}{X_{Ct}} \in (0,\ 0.5430) \\ 196.7452X_{At}^{-0.6885}X_{Ct}^{1.6885}, & \dfrac{X_{At}}{X_{Ct}} \in (4.1157,\ \infty) \end{cases}$$

2. 参数分析

本部分将重点讨论超竞争环境下，竞争对手给被并企业带来的溢价水平（δ_B）对并购时机的影响。其他重要参数在 4.1 节已作出具体分析，在此不再讨论。

保持其他参数不变，可得到竞争对手给被并企业带来的溢价水平 δ_B 对主并企业 A 并购阈值的影响，详见图 4－3－1。

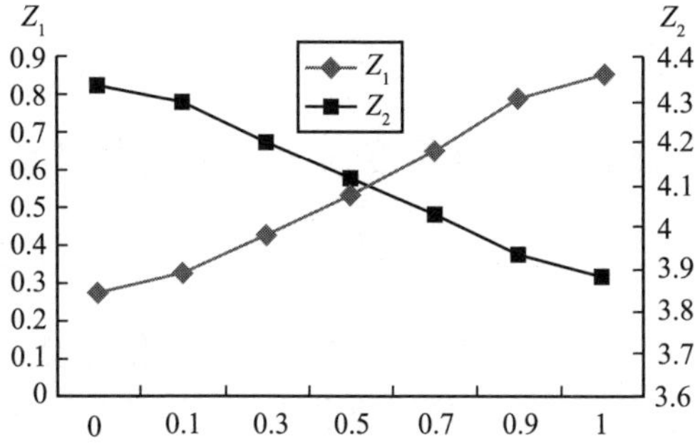

图 4－3－1　溢价水平 δ_B 与并购阈值的关系

由图 4－3－1 容易看出，超竞争环境下跨国并购中随着竞争对手给被并企业带来的溢价水平 δ_B 的增大，并购区间的阈值下限逐渐增大，而阈值上限逐渐减小。也就是说，随着竞争对手给被并企业带来的溢价水平的增大，主并企业推迟并购。这可能是因为，竞争对手给被并企业带来的溢价水平的提高，不仅会使对被并企业的价值补偿比例增加，同时会促使自身给竞争对手带来的溢价水平增高。因此，主并企业 A 很有可能推迟并购，以寻找更为合适的机会执行并购决策。值得注意的是，随着竞争对手给被并企业带来的溢价水平的增大，并购区间逐渐变窄。主并企业应当更为主动地寻找机会，面对机遇需要果断把握，执行并购。

4.4 超竞争环境下的多阶段支付跨国并购定价与时机研究

前面的4.2和4.3部分主要分析了跨国并购过程中一次性支付方式下的并购定价与时机选择问题。然而，在现实的跨国并购中，越来越多的并购双方选择多阶段跨国并购支付方式，即额外定价支付方式。多阶段跨国并购支付方式指的是跨国并购购买价格的一部分依赖于并购后财务或其他绩效目标的实现。到目前为止，学者们对企业采用多阶段支付方式的动因已经做了部分实证研究，但是对于并购中多阶段支付方式的价值评估与时机选择模型尚且缺乏相关分析。因此，本节将重点讨论跨国并购中的多阶段跨国并购定价与时机选择问题，对此建立模型，并进行数值分析。

4.4.1 超竞争环境下多阶段支付跨国并购模型的建立与求解

1. 模型假设

（1）存在两个企业，用 $i\in\{1,\ 2\}$ 表示。为方便计算，假设被并企业在时刻 $t\in[0,\ \infty)$ 的现金流为 x_t。x_t 是不确定的，且服从几何布朗运动。

$$dx_t=\alpha dt+\sigma dw \tag{4-4-1}$$

其中，$x(0)=x_0$，α、$\sigma\in R^+$，dW 是标准布朗运动。上述公式表明，在 dt 的时间间隔内，现金流的变化量服从均值为 αdt、方差为 $\sigma^2 dt$ 的动态分布。

同时，由4.2节可知，被并企业的价值为：

$$V(x_t)=E(\int_T^{\infty}(1+\xi)x_t dt)=(1+\xi)\frac{x_t}{r-\alpha} \tag{4-4-2}$$

（2）假设并购启动时，沉没成本为 $I_T\in R^+$。当并购发生时，由于协同效应的产生，被并企业的现金流 x_t 将会发生变化，从而影响 $V_{被}(x)$；同时，现金流 x_t 的变化也会反过来引起协同效应大小的变化。假设 $\Theta>1$ 表示协同因子，$I_C\in R^+$表示并购过程中被并企业的合作成本。为方便计算，我们规定超竞争环境给跨国并购带来的影响全部计入协同因子内。现在，可以对协同效应建立一个模型，使之表示为一个关于合作成本与被并企业现金流的永远为正值的函数，具体如下：

$$\Theta(I_C,\ x)=e^{-(v+k)}(1+\bar{\omega})[\pi_1+(1+I_C)^{\pi_2}](x-x_0) \qquad (4-4-3)$$

其中，$\pi_1\in R^+$，$0\leqslant\pi_2\leqslant1$。$\pi_1$ 表示由合作成本导致协同效应的固定部分，代表与被并企业是否合作无关的协同效应值；$(1+I_C)^{\pi_2}$表示其变化的部分，代表由被并企业之前的所有者决定的协同效应值。引入的变量 π_2 表示的是道德风险。这主要是因为可变部分的效应值并不能够被主并企业直接观测到，因而不能被直接确认。值得指出的是，$\pi_2=0$ 表示不存在道德风险问题。当然，多阶段支付方式本身就能有效地减少这类道德风险问题。

（3）在时刻 τ_1 启动并购，此时主并企业对被并企业提前支付的数值为 $I\in R$。另外，如果在之前约定的时间期间 $T\in R^+$结束时刻，被并企业现金流满足某个特定的绩效标准值 $\Omega\in R^+$，被并企业将会额外获得主并企业的付款数值 $Q\in R^+$。因此，在 $\tau_2=(\tau_1+T)$ 时刻，主并企业必须对被并企业支付的数额为 $Q\Psi[\Theta(I_C,\ x_{\tau2})x_{\tau2}-\Omega]$。其中，$\Psi(\cdot)$ 表示一个单位阶跃函数，即当括号内为正数时，函数取值为 1；否则取值为 0。

（4）从上述假设易知，若被并企业选择合作，则协同效应将会增加，同时绩效标准值 Ω 将更容易达到。因此，多阶段支付方式将会给被并企业的前任所有者带来合作的动力。然而，要想获得额外付款 Q，就必须支出一定的交易成本，如支付给会计和律师的费用。因此，可以建立如下模型，将交易成本表示为关于额外付款 Q 的单调递增且永远为正值的函数。

$$I_T(Q)=\pi_3+Q\pi_4 \qquad (4-4-4)$$

其中，π_3、$\pi_4\in R^+$，π_3 表示交易成本的固定成本，$Q\pi_4$ 表示由额外支付值 Q 带来的交易成本。

（5）如果已经支付，那么假设提前支付值与额外支付值表示主并企业的沉没成本，合作成本表示被并企业的沉没成本。

（6）引入一个变量 ψ 表示绩效标准系数，令 $\Omega=\psi x_{\tau1}$。假定绩效标准系数 ψ 及额外支付时间期限 T 都是外部给定的。同时为了简化计算，假定并购可以随时开始，且可以无限延续。

（7）为方便计算，假定主并企业和被并企业的讨价还价能力均为$\frac{1}{2}$。

2. 模型建立与求解

本部分将运用动态规划方法来解决相关投资问题。超竞争环境下的多阶段跨国并购定价与时机选择问题可以概括为三个不同的阶段。在第一阶段过程中，本书将对多阶段跨国并购的时机与是否执行进行分析。在第二阶段过程中，本书将分析目标企业对于最优合作水平的选择。在第三阶段过程中，本书将重点分析额外支付期权的产生。后文将运用倒序递归的方式对上述各阶段进行分析。

(1) 第三阶段：额外支付。若 $t=\tau_2$ 时刻目标企业达成之前确定的绩效目标，即 $\Theta(I_C, x_{\tau 2})x_{\tau 2}\geqslant\Omega$，则额外支付期权中将产生 Q 单位的支付。否则，额外支付期权就变得没有意义。

为方便计算，假定 $t=\tau_2$ 时刻被并企业价值 $x_{\tau 2}$ 在 $[\Theta(I_C, x_{\tau 1})x_{\tau 1}, 2\Theta(I_C, x_{\tau 1})x_{\tau 1}]$ 上服从均匀分布，易知：

$$F(x, \tau_1)=e^{-rT}Q\frac{2\Theta(I_C, x_{\tau 1})-\psi}{2\Theta(I_C, x_{\tau 1})-\Theta(I_C, x_{\tau 1})}=e^{-rT}Q\left[2-\frac{\psi}{\Theta(I_C, x_{\tau 1})}\right] \quad (4-4-5)$$

其中，$\left[2-\frac{\psi}{\Theta(I_C, x_{\tau 1})}\right]$表示额外支付的概率。

(2) 第二阶段：最优合作水平。一旦 τ_1 时刻并购启动，此时被并企业将选择最优的合作水平 I_C^*，使得 $F(x_{\tau 1}, \tau_1, I_C)-I_C$ 的值最大化。容易知道 I_C^* 等于 0，或者 I_C^* 是下列等式的解。

$$\frac{\partial}{\partial I_C}[F(x_{\tau 1}, \tau_1, I_C)-I_C]=0 \quad (4-4-6)$$

即：

$$\frac{\partial}{\partial I_C}\left[e^{-rT}\frac{\psi}{2\psi-\Theta(I_C,x_{\tau 1})}Q-I_C\right]=0 \quad (4-4-7)$$

式 (4-4-7) 等价于：

$$e^{-rT}Q\psi\frac{1}{[\Theta(I_C, x_{\tau 1})]^2}\Theta'(I_C, x_{\tau 1})-1=0 \quad (4-4-8)$$

由式 (4-4-8) 可以看出，$I_C^*(Q, x)$ 可以被看作一个关于额外支付值与被并企业现金流的隐函数。

(3) 第一阶段：时机与交易结构决策。在 τ_0 时刻，并购双方必须约定好并购的相关条款。条款内容包括并购时机 τ_1、提前支付值 I，以及额外支付值 Q。

综上可得 τ_1 时刻并购决策所带来的总盈余为：

$$\{\Theta[I_C^*(Q, x_{\tau 1})-1]V(x_{\tau 1})-I_C^*(Q, x_{\tau 1})-I_T(Q)\}e^{-r\tau_1} \quad (4-4-9)$$

由上可知，一旦目标企业的现金流达到临界阈值 x^*，并购就将开始执行。

同样地，由 Bellman 公式及伊藤定理，可以得到：

$$\begin{cases} rf\mathrm{d}t = E[\mathrm{d}f] \\ \dfrac{\mathrm{d}f}{\mathrm{d}V} = \dfrac{\mathrm{d}f}{\mathrm{d}x} \cdot \dfrac{\mathrm{d}x}{\mathrm{d}V} \\ \dfrac{\mathrm{d}^2 f}{\mathrm{d}V^2} = \dfrac{\mathrm{d}^2 f}{\mathrm{d}x^2} \cdot r^2 \end{cases} \tag{4-4-10}$$

进而可以得出：

$$\frac{1}{2}\sigma^2 f_{xx} + \alpha f_x - rf = 0 \tag{4-4-11}$$

式（4－4－11）的解的一般形式为：

$$f(x) = A_1 e^{\lambda_1 x} + A_2 e^{\lambda_2 x} \tag{4-4-12}$$

其中，A_1 与 A_2 为常数。

$$\lambda_{1,2} = -\left(\frac{\alpha}{\sigma^2}\right) \pm \sqrt{\left(\frac{\alpha}{\sigma^2}\right)^2 + 2\frac{r}{\sigma^2}} \quad (\lambda_1 > 0,\ \lambda_2 < 0) \tag{4-4-13}$$

因为当被并企业净现金流为负无穷大时，主并企业对被并企业投资的期权价值就变为了 0。因此，$A_2 = 0$。且有：

$$\lim_{x \to -\infty} f(x) = 0 \tag{4-4-14}$$

根据价值匹配条件和平滑粘贴条件，可以得到上述等式需满足的方程组为：

$$\begin{cases} f(x^*) = \{\Theta[I_C^*(Q,\ x^*)] - 1\} V(x^*) - I_C^*(Q,\ x^*) - I_T(Q) \\ f_x(x^*) = \dfrac{\partial}{\partial x^*}\{\{\Theta[I_C^*(Q,\ x^*)] - 1\} V(x^*) - I_C^*(Q,\ x^*)\} \end{cases} \tag{4-4-15}$$

其中，x^* 表示触发并购决策的被并企业现金流水平，同时最优的并购时机可以表示为：

$$\tau_1^* = \inf\{t \geqslant \tau_0 \mid x(t) \geqslant x^*\} \tag{4-4-16}$$

因此，可以解出等式（4－4－15）的解为：

$$\begin{aligned} f(x) = &\{\{\Theta[I_C^*(Q,\ x)] - 1\} V(x) - I_C^*(Q,\ x) - I_T(Q)\} \cdot \Psi(x \geqslant x^*) \\ &+ \{\{\Theta[I_C^*(Q,\ x^*)] - 1\} V(x) - I_C^*(Q,\ x^*) - I_T(Q)\} \\ &\cdot e^{\lambda_1 \cdot (x - x^*)} \cdot \Psi(x < x^*) \end{aligned} \tag{4-4-17}$$

由上述分析可以得出以下面结论。

结论（4－4－1）：为了获得对并购双方来说最优的盈余，Q^* 和 x^* 需要满足下列最大化问题。

$$\max_{Q,x}\{\{\Theta[I_C^*(Q,\ x)]-1\}V(x)-I_C^*(Q,\ x)-I_T(Q)\}e^{\lambda_1(x_0-x)} \tag{4-4-18}$$

同时，对于主并企业而言，其在 τ_0 时刻并购决策的期权价值为：

$$\begin{aligned} f_{主}(x_0,\ Q^*,\ x^*)=&\{\Theta[I_C^*(Q^*,\ x_0)]V(x_0)-F(Q^*,\ x_0)-I_T(Q^*)-I\} \\ &\cdot\Psi(x_0\geqslant x^*)+\{\{\Theta[I_C^*(Q^*,\ x^*)]V(x^*) \\ &-F(Q^*,\ x^*)-I_T(Q^*)-I\}e^{\lambda_1(x_0-x^*)}\}\Psi(x_0<x^*) \end{aligned} \tag{4-4-19}$$

对于被并企业而言，其在 τ_0 时刻并购决策的期权价值为：

$$\begin{aligned} f_{被}(x_0,\ Q^*,\ x^*)=&[-V(x_0)+F(Q^*,\ x_0)-I_C^*(Q^*,\ x_0)+I]\cdot\Psi(x_0\geqslant x^*) \\ &+[-V(x^*)+F(Q^*,\ x^*)-I_C^*(Q^*,\ x^*) \\ &+I]e^{\lambda_1(x_0-x^*)}\Psi(x_0<x^*) \end{aligned} \tag{4-4-20}$$

容易知道：

$$f(x_0,\ Q^*,\ x^*)=f_{主}(x_0,\ Q^*,\ x^*)+f_{被}(x_0,\ Q^*,\ x^*) \tag{4-4-21}$$

那么，I^* 将是下述最大化问题的解。

$$\max_{I}\{f_{主}(x_0,\ Q^*,\ x^*,\ I)\cdot f_{被}(x_0,\ Q^*,\ x^*,\ I)\} \tag{4-4-22}$$

且，需满足的条件为公式（4－4－22）。

进一步可以推算出：

$$f_{主}(x_0,\ Q^*,\ x^*,\ I)=f_{被}(x_0,\ Q^*,\ x^*,\ I) \tag{4-4-23}$$

进一步计算，可以得到以下结论。

结论（4－4－2）：I^* 可以通过下列等式进行计算。

$$\begin{aligned} &I^*(x_0,\ Q^*,\ x^*)= \\ &\left\{\frac{\{\Theta[I_C^*(Q^*,\ x_0)]+1\}V(x_0)+I_C^*(Q^*,\ x_0)-I_T(Q^*)}{2}-F(Q^*,\ x_0)\right\} \\ &\cdot\Psi(x_0\geqslant x^*)+\left\{\frac{\{\Theta[I_C^*(Q^*,\ x^*)]+1\}V(x^*)+I_C^*(Q^*,\ x^*)-I_T(Q^*)}{2}\right. \\ &\left.-F(Q^*,\ x^*)\right\}\cdot\Psi(x_0<x^*) \end{aligned} \tag{4-4-24}$$

4.4.2 应用实例及分析

1. 举例说明

假设市场上存在两个企业，主并企业和被并企业。假设被并企业的企业价值

增长率 $\alpha=0.02$，波动率 $\sigma=0.25$；0 时刻被并企业的市场价值 $x_0=1$；以上参数可以通过被并企业的历史数据整理得到。同时，令 $\pi_1=0.1$，$\pi_2=0.15$，$\pi_3=0.25$，$\pi_4=0.2$，$\psi=2$，$T=2$。另外假设超竞争环境下，竞争强度取 $(1-\bar{\omega})=0.8$；由双方谈判破裂因素发生的次数所引起的参数因子 $e^{-v}=0.6$；代表跨国并购双方认知距离的参数因子 $e^{-k}=0.5$；竞争的不确定性取 $\xi=0.5$；无风险利率取同期银行存款利率 $r=0.05$。

由以上给定的参数条件，易得：

$$\begin{cases} x^*=4.42 \\ I_C^*=21.86 \\ Q^*=187.1814 \\ I^*=676.9928 \end{cases}$$

进一步求得额外支付比率为：$EOR=\dfrac{Q}{I+Q}=0.2166$

2. 参数分析

本部分将重点讨论超竞争环境下，竞争所引起的对企业价值所造成的损失因子 (e^{-v})、竞争强度 $(1-\bar{\omega})$、竞争不确定性 ξ，以及认知距离引起的参数因子 (e^{-k}) 对多阶段支付跨国并购中最优现金流、最优合作成本、提前支付值及额外支付值的影响。

（1）因子 e^{-v} 对多阶段支付跨国并购中最优现金流、最优合作成本、提前支付值以及额外支付值的影响。由图 4-4-1 可以看出，随着因子 e^{-v} 的增加，被并企业最优现金流及最优合作成本逐渐减小，而额外支付值及最优提前支付值则逐渐增大。这表明，超竞争环境下导致双方谈判破裂事件发生的次数越少，主并企业越有可能提高提前支付值和额外支付值以成功实施并购，并购时刻被并企业的现金流和最优合作成本也相对较小。

（2）竞争强度 $(1-\bar{\omega})$ 对多阶段支付跨国并购中最优现金流、最优合作成本、提前支付值以及额外支付值的影响。由图 4-4-2 中的数据易知，随着 $(1-\bar{\omega})$ 数值的增大，被并企业最优现金流及最优合作成本逐渐增大，而额外支付值及最优提前支付值则逐渐减小。可以看出，随着竞争强度的增加，主并企业将更有可能降低多阶段支付方式跨国并购中的提前支付值与额外支付值，并购时刻被并企业的现金流与合作成本会相对较大。这主要是因为主并企业期待被并企业的价值能够得到进一步的提升。

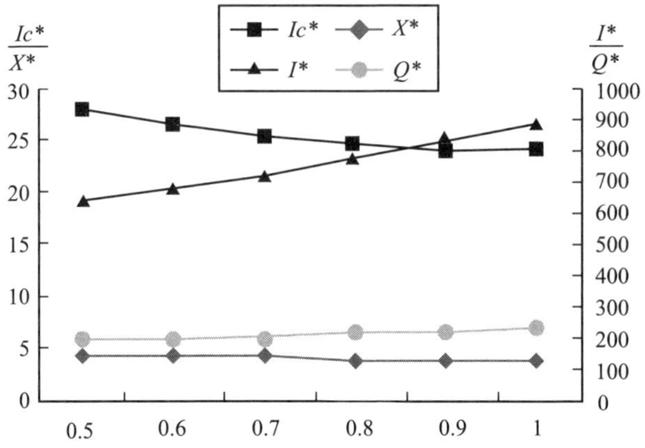

图 4-4-1 因子 e^{-v} 与相关数值的关系

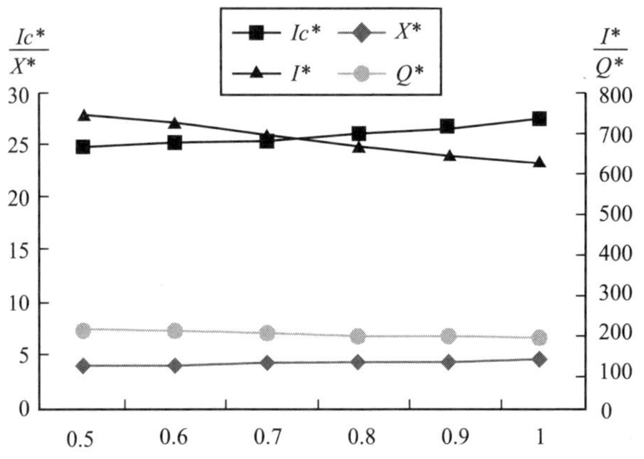

图 4-4-2 竞争强度 $(1-\bar{\omega})$ 与相关数值的关系

(3) 竞争的不确定性 ξ 对多阶段支付跨国并购中最优现金流、最优合作成本、提前支付值以及额外支付值的影响。由图 4-4-3 可以看出，随着竞争不确定性的增加，被并企业最优现金流会逐渐减小，最优合作成本、额外支付值与提前支付值会逐渐增大。其中，最优合作成本及提前支付值的变化程度较大。这表明，随着竞争不确定性程度的增加，主并企业更愿意大幅度提高提前支付值，而对额外支付值作相对较小幅度的提高。同时，并购时刻被并企业的最优现金流呈现缓慢变小的趋势，而最优合作成本则增加得较为迅速。可以知道，竞争不确定性使得主并企业更为谨慎地对待并购。

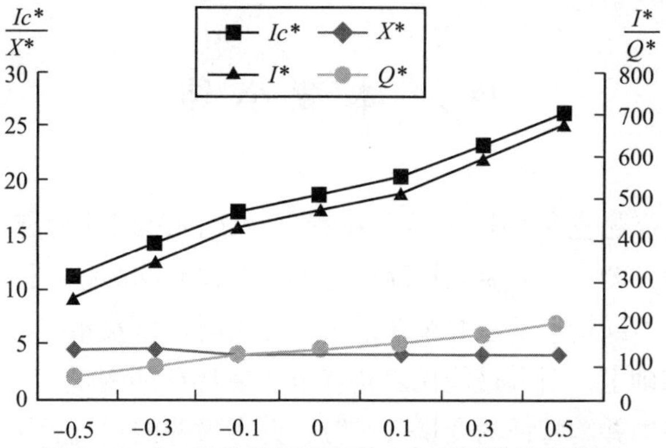

图4-4-3　竞争的不确定性ξ与相关数值的关系

（4）因子e^{-k}对多阶段支付跨国并购中最优现金流、最优合作成本、提前支付值以及额外支付值的影响。由图4-4-4容易看出，随着超竞争环境下跨国并购双方认知距离所引起的参数因子e^{-k}的不断增加，被并企业最优现金流及最优合作成本逐渐减小，而额外支付值及最优提前支付值则逐渐增大。这表明，超竞争环境下跨国并购双方的认知距离越短，主并企业将更有可能支付更高的提前支付值和额外支付值，并购时刻被并企业的现金流和最优合作成本也相对较小。这可能是因为认知距离的增大导致主并企业更难以对被并企业的相关重要信息进行了解。值得提出的是，通过计算，本书发现当认知距离为0，即$e^{-k}=1$时，求出的结果不符合实际情况（被并企业最优现金流为0，最优额外支付值为负值）。这可能是因为，当认知距离为0时，跨国并购双方相互已经完全了解，没有必要通过并购的方式来提升企业价值。

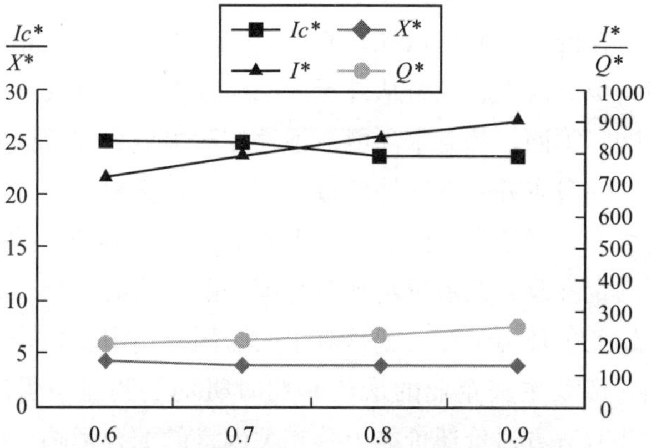

图4-4-4　因子e^{-k}与相关数值的关系

4.5 本章小结

本章主要研究超竞争环境下不存在竞争对手的跨国并购定价与时机选择研究，分别对跨国并购中被并企业持默许态度及协议并购两种不同的情形建模并求解，最终给出了不同情形下主并企业最优的并购时机以及相应的等待期权。本章在前人研究的基础上，引入最能代表超竞争环境特征的变量 $[e^{-v}, \xi, (1-\bar{\omega})]$ 以及最能代表跨国并购特征的变量（e^{-k}），并考虑并购执行后协同效应产生的时间，更为合理地计算了合并企业的企业价值，并进一步建立了超竞争环境下的企业跨国并购模型。

首先，我们主要考察了被并企业对跨国行为决策持默许态度，以及协议并购时的企业跨国并购决策问题。在被并企业持默许态度的情况下，并购发生后主并企业只需给予等量于被并企业价值的价值补偿即可，而通过跨国并购得到的一切协同效益将全部由主并企业获得。在被并企业协议并购的条件下，被并企业积极参与，主动与主并企业讨价还价，从而为自身收获更多的价值补偿。通过一系列的建模与分析，本章主要得出以下结论：第一，超竞争环境下不存在竞争对手的跨国并购中主并企业给予被并企业的价值补偿比例，以及主并企业的最佳并购时机均受到竞争强度、认知距离、竞争不确定性、并购双方讨价还价能力等相关因素的综合影响。第二，超竞争环境下不存在竞争对手的跨国并购中的最佳并购时机取决于并购双方的相对价值比值，而与跨国并购双方企业的绝对价值没有直接关系。第三，超竞争环境下不存在竞争对手的跨国并购中存在两个不等的等待期权值，也就是说存在两个不同的最佳并购时机。当主被并企业相对价值从低于并购阈值下限增加到该下限值，或者从高于并购阈值上限降低到该上限值时，主并企业应当实施并购。第四，超竞争环境下不存在竞争对手的跨国并购中并购双方均愿意提前报价，同时主并企业在博弈过程中占有较优地位。

其次，我们引入了竞争带来的溢价水平 δ_B，建立了相应的并购模型，并进一步分析了竞争不确定性及并购溢价水平对跨国并购阈值的影响。本章得出的结论主要有：第一，超竞争环境下存在竞争对手的跨国并购中主并企业给予被并企业的价值补偿比例，以及主并企业的最佳并购时机均受到竞争强度、竞争不确定性、认知距离、并购双方讨价还价能力等相关因素的综合影响。同时相比于不存在竞争对手的情况，上述影响均表现得更为明显。第二，超竞争环境下存在竞争对手的跨国并购中主并企业给予被并企业的价值补偿比例，以及主并企业的最佳并购时机还受到竞争对手造成溢价水平高低的影响。具体而言，随着竞争对手造成溢价水平的提高，被并企业的价值补偿比例将变大，同时并购时机将延后。第三，超竞争环境下跨国并购过程中竞争对手给被并企业带来的溢价水平的提高会使主并企业的最佳并购区间变窄，因而主并企业在面对机遇时应该果断作出并购决策，否则机会极有可能被竞争对手把握。

最后，我们还讨论分析了超竞争环境下跨国并购中多阶段支付方式下的并购定价与时机选择问题。本章在前人研究的基础上，引入最能代表超竞争环境特征的变量［e^{-v}，ξ，$(1-\bar{\omega})$］以及最能代表跨国并购特征的变量（e^{-k}），建立了超竞争环境下的企业跨国并购模型，并进一步做了数值模拟和参数分析。本章得出的结论主要有：第一，超竞争环境下跨国并购中多阶段支付方式跨国并购中被并企业最优现金流、最优合作成本、最优提前支付值及最优额外支付值均受到竞争强度、竞争不确定性及认知距离等相关因素的综合影响。第二，超竞争环境下跨国并购中多阶段支付方式下主并企业的最佳并购时机取决于某个最优的被并企业价值，当被并企业价值达到这一最优值时，立即执行并购决策。第三，超竞争环境下跨国并购中多阶段支付方式比一次性支付方式需要更多的考虑，如事前支付值、额外支付值及绩效标准值等数值的确定。

第 5 章

超竞争环境下并购财务困境企业的定价与时机研究

5.1 企业困境及并购财务困境企业

5.1.1 企业财务困境的界定

在国内外学者对财务困境定义的研究中，不同的学者有着不同的观点，目前还没有形成一个统一的标准。

国外学者对财务困境概念的界定，具有代表性的观点主要有以下几种：Beaver（1966）将不能支付到期债务定义为企业发生财务困境，并认为企业失败即为透支银行账户、债券违约与企业破产三种情况之一发生。Beaver 认为企业陷入财务困境即表现为企业失败。Altmna（1968）将企业进入法定破产程序定义为企业陷入财务困境。Zmijewks（1984）将企业发生财务困境界定为企业失败。Morris（1997）则对企业的财务状态做了更为细致的划分，主要包括以下内容：（1）公司股票的相对市场价格有所降低；（2）企业减少股利的发放或不能发放股利；（3）公司不能正常经营，需要关闭企业或出售某些产业；（4）企业处于被接管状态；（5）公司需要聘请诊断师对其进行诊断；（6）企业需要进行重组；（7）公司不能按时遵守债券约定，债券或信用评级有所下降，或者有对公司财产或公司董事的诉讼发生；（8）企业的债权人寻求资产保全；（9）企业需要就债权人的债务进行重组；（10）对企业能否持续经营这一问题，会计师出具保留意见；（11）公司发行的股票被停止交易；（12）申请破产清算。Morris 提出的这 12 条状态按企业困境的严重程度逐渐增加。Ross（2000）认为，可以从以下四个方面来对财务困境进行定义：（1）企业清算后依旧不能支付全部债务；（2）企业或债权人提出破产申请，即法定破产；（3）企业不能按时偿付全部债务，即技术破产；（4）在企业账面上显示的净资产为负值，企业的资产小于债务，即会计破产。

综上所述，在国外学者的研究中，可以看出企业困境主要体现在企业资金流动性不强、企业不能按时偿付债务合同以及申请破产等方面。

在国内学者对财务困境定义的研究中，也没有形成一个较为权威的标准。谷祺（1999）将企业出现无力履行债务合同或费用的状况定义为财务困境，其中包括处于企业技术性失败和企业破产之间的任意一种状态。陈晓（2000）、吕长江（2004）、杨淑娥（2005）、吴世农（2005）等对上市企业进行了研究，并认为上市公司发生财务困境主要表现为上市公司被特别处理，特别是上市公司由于财务状况异常而被特别处理的情况。其中，陈晓对上述看法的解释是：第一，西方学者常常视申请破产为企业陷入财务困境的表现，但事实上，即使上市公司在财务上出现困境甚至是面临破产，其上市资格也被视为一种壳资源，此时也会被其他企业接受，因而很少会出现上市公司出现申请破产这种情况。因此，在中国的上市公司中，不能用破产来界定其发生财务困境；第二，上市公司被特别处理是在股票市场上客观发生的事，可以很好地度量，在研究中资料的收集也简便和准确；第三，大部分被特别处理的上市公司都有一个共同特点，即都是通过规模较大的资产重组而脱困或摘帽，从这一点也可以看出上市公司被特别处理确实是其财务困境的表现。薛锋（2003）也赞同以上学者对上市公司财务困境的界定。李秉成（2003）主要从以下两个方面对财务困境进行定义：（1）企业破产；（2）企业出现严重的亏损或企业现金流出现严重不足，这里所说的严重亏损是指企业不能支付优先股股利，不能偿还到期债务，而不是一般的亏损。刘红霞（2004）认为企业发生财务困境包括以下三种状态：（1）企业资产总额大于企业负债总额，但是企业的资产配置流动性低，企业不能通过变现来偿还债务，并且企业的经营和经济效益较差，企业的现金流量低；（2）企业在最近两个会计年度中的净利润为负，或者企业在最近一个会计年度中企业的注册资本比股东权益高；（3）企业的总负债大于企业的公允价值，企业经过协商后进入资产重组状态。刘彦文（2009）对企业财务困境与企业财务危机进行研究，并认为企业财务困境是一个特定的状态，是一个过程，而财务危机只是财务困境过程中的一种极端情况，因而将财务困境与财务危机按两个定义分开论述会造成混淆。

由此可以看出，国内学者对财务困境的界定主要包括：企业无力履行债务合同、企业经营不善导致的亏损、企业现金流不足，或者企业申请破产。另外也有很多学者针对上市公司进行研究，并将上市公司因财务状况异常而被特别处理视为界定上市公司陷入财务困境的一个标准，并且这种界定标准是一个客观的判断，可以被广泛应用。

5.1.2 并购财务困境企业的研究现状

国外学者对并购财务困境企业的研究主要集中于对并购决策动因的实证研究。Asquith 和 Gertner（1994）通过实证研究证明了企业并购可以增加充足的现金流偿还企业债务，可以较好地解决企业财务困境，从而避免企业破产。Lasfer 和 Sudarsanam（1996）、Lai 和 Sudarsanam（1997）、Kahl（2001）等也证实了并购可以有效解决企业财务困境。Audrade 和 Mithell（2001）证实了兼并企业能够从兼并中获取较大的收益。Mason 和 Weeds（2003）在不确定的环境下，阐述了企业摆脱困境的重要方式，研究表明对企业实施并购可以刺激企业向前，并且并购可以增加企业的期望利益，减少企业资产总量的损失。Berger 和 Humphrey（1992）、Peristiani（1993）和 DeYoung（1997）针对银行企业进行研究，并认为企业并购可以成功改善银行企业的盈利能力和效率。另外，也有部分学者认为即使不存在协同效应，财务困境企业也会被其他同行业企业并购。Almeida 和 Campello（2001）认为即使不存在协同效应，财务困境企业也会被同行业企业并购，称之为“流动性并购”，其目的是主并企业想要重新分配效率低下的流动资金而获取更多的收益；并认为，当行业层面的资产专用性较高、企业层面的资产专用性较低时，流动性并购更有可能发生。此外，还有部分学者针对中国情境下的财务困境企业进行研究。World Bank（2000）认为在中国情境下，并购已经被广泛用于解决企业困境，中国的制度特征为这种方式奠定了基础。Asian Development Bank（2000）也记录了陷入困境的中国企业会把部分股权卖给其他企业。Tian（2004）、Garnaut（2004）、Allen 和 Qian（2005）认为在中国，即使存在正式的破产和清算程序，但却很少被使用，财务困境企业大多希望可以通过并购使企业得以继续经营。从国外学者对并购财务困境企业的研究中可以看出，国外学者的研究都是针对并购动因进行的研究，几乎没有学者对并购财务困境企业的定价和时机进行具体研究。

在国内学者的相关研究中，陈珠明和杨华李（2006）运用期权博弈方法对企业的并购时机进行研究，并分析了目标企业存在财务困境而主并企业不存在财务困境时的最佳并购时机。章伟果和扈文秀（2014）从财富转移效应视角对企业并购收益与并购时机进行研究，并探讨了主并企业和目标企业都存在财务困境时的并购时机和破产时机。研究结果表明，企业困境的存在使主并企业的并购收益有所降低，同时企业困境的存在也会延迟并购时机。此外，研究还指出，并购会使财富从股东方转移到债权人这一方，且会从低杠杆率的债权人向高杠杆率的债权人转移。但这些学者对于目标企业困境并购定价与时机的研究都是单一主并企业情形下的并购时机问题。然而针对主并企业合作并购财务困境企业的研究却很少，只有边璐和扈文秀（2009）从主并企业合作视角，研究了多个主并企业合作情形下的并购时机问题，但其没有考虑目标企业存在财务困境情形和主并方联盟合作机会主义的出现概率问题。秦莹和刘洪宇（2014）研究了在并购重组时，企业财务状况对并购重组绩效的影响，研究表明主营业务利润率、净利润增长率、应收账款周转率这三个指标会对并购重组绩效产生显著的正向影响。另外研究还指出，并购重组的规模也会对并购重组绩效产生影响，即规模越小产生的并购重组绩效越大。

5.2　超竞争环境下不存在竞争对手时并购财务困境企业的定价与时机研究

5.2.1　目标企业持默许态度下的模型建立及求解

目标企业持默许态度是指在并购过程中，当主并企业出价等同于目标企业累积价值时，目标企业就直接接受而不再进行讨价还价。例如，2004年初，江西纸业股份有限公司亏损严重，资产负债率高达160%，且已无力偿还债务，濒临破产。2004年8月，江中集团对其进行并购，且在并购过程中江西纸业股份有限公司直接接受并购价格而不进行讨价还价。本小节主要研究在这种情况下的并购决策问题。

1. 模型假设

（1）企业1与企业2分别为市场上存在的主并企业与目标企业。在时刻 $t\in[0,\infty)$，企业的价值为 π_t^i。根据 Lyandres 和 Zhdanv（2010）的研究，企业价值可表示为 $\pi_t^i=X_{it}D_i-f_i$，其中 $i\in\{1,2\}$。它主要由三部分构成，D_i 表示固定部分（可代表股票数）；X_{it} 表示随机部分（可代表股价）；f_i 表示企业困境成本（可代表企业由于财务困境而导致的价值损失）。由于本书假定主并企业不存在财务困境，所以 $f_1=0$。

（2）X_{it} 服从标准的几何布朗运动，也就是说：

$$dX_{it}=\alpha_i X_{it}d_t+\sigma_i X_{it}dW_{it} \tag{5-2-1}$$

上述公式中，dW_{it} 表示的是维纳过程，σ_i 表示的是企业 i 价值的瞬时波动率，α_i 表示的则是期望增长率。

（3）并购后的合并企业用字母 m 表示，$t\in[0,\infty)$ 时合并企业的企业价值为 π_t^m，用 D_m 表示其固定部分，且 $D_m=(1+\bar{\omega})(D_1+D_2)$；用 Y_j，$j\in\{1,2\}$ 表示其随机部分，且并购发生在协同效应出现的期间内，$Y_1=M_\tau X_1^\gamma X_2^{1-\gamma}e^{-v}$；协同效应出现后，$Y_2=M_T X_1^\gamma X_2^{1-\gamma}e^{-v}$。$v$ 表示超竞争环境下导致双方谈判破裂的因素或谈判破裂发生的次数，则可以用参数因子 e^{-v} 表示超竞争环境下的竞争给企业累积价值带来的损失因子。$(1-\bar{\omega})$ 则用来代表超竞争环境下的竞争强度，$\bar{\omega}$ 越小则表示竞争强度越大。由于本书研究的是超竞争环境，因而这里对 $\bar{\omega}$ 限定取值范围 $\bar{\omega}\in[0,0.5]$。γ 表示的是并购后合并企业的企业价值中主并企业所贡献的比例（这里可以通过企业规模大小进行权衡），$(1-\gamma)$ 表示的是并购后合并企业的企业价值中目标企业所贡献的比例。M_τ 和 M_T 为协同度，且 $M_T>M_\tau$。由于不同企业在整合能力及资源匹配等方面的差异，本书假定并购过程协同效应出现所需要的时间 T 服从指数分布，该分布的随机参数为 λ，密度函数为 $f(t)=\lambda e^{-\lambda t}$，因而协同效应出现所需时间的期望值为 $\frac{1}{\lambda}$。f_m 为合并企业的困境成本，且令 $f_m=f_2=f$。

（4）在超竞争环境下，在 t 时刻，对主并企业来说，目标企业的价值可表示为：

$$F=(1+\xi)(X_{2t}D_2-f) \tag{5-2-2}$$

$\xi\in[-0.5,0.5]$ 表示因竞争不确定性的存在而使目标企业价值增加或减少的因子。

（5）为了确保问题存在解，假定市场上的折现率 $r>0$，且 $\alpha_i<r$，$i\in\{1,2,$

$Y\}$；另外假定并购行为对回避或抵消市场风险能够产生效应，也就是说：

$$\alpha_Y < \gamma\alpha_1 + (1-\gamma)\alpha_2,\ \sigma_Y < [\gamma\sigma_1 + (1-\gamma)\sigma_2]^2$$

（6）并购财务困境企业的决策是瞬时产生的，因而并购成本可以看作是固定的。为使模型与计算更为简洁方便，在本书的研究过程中不考虑并购成本。

2. 模型建立及求解

令 $Y = X_{1t}^{\gamma}X_{2t}^{1-\gamma}e^{-v}$，$Z = \dfrac{X_{1t}}{X_{2t}}$，由伊藤定理可知：

$$dY_t = \alpha_{Y_t}Y_t dt + \sigma_{Y_t}Y_t dW_{Y_t} \quad (5-2-3)$$

$$dZ_t = \alpha_{Z_t}Z_t dt + \sigma_{Z_t}Z_t dW_{Z_t} \quad (5-2-4)$$

并且满足：

$$\begin{cases} \alpha_Y = \gamma\alpha_1 + (1-\gamma)\alpha_2 - \dfrac{1}{2}\gamma(1-\gamma)[(\sigma_1-\sigma_2)^2 + 2\sigma_1\sigma_2(1-\rho)] \\ \sigma_Y^2 = [\gamma\sigma_1 + (1-\gamma)\sigma_2]^2 - 2\gamma(1-\gamma)\sigma_1\sigma_2(1-\rho) \\ \alpha_Z = \alpha_1 - \alpha_2 + \sigma_2(\sigma_2 - \sigma_1\rho) \\ \sigma_Z^2 = (\sigma_1+\sigma_2)^2 - 2\sigma_1\sigma_2(1+\rho) \end{cases} \quad (5-2-5)$$

其中，$\rho \in (-1, 1)$ 表示的是维纳过程 W_i 的相关系数。

容易求得，

$$\begin{cases} dY_1 = \alpha_Y Y_1 dt + \sigma_Y Y_1 dW_Y \\ dY_2 = \alpha_Y Y_2 dt + \sigma_Y Y_2 dW_Y \end{cases} \quad (5-2-6)$$

（1）合并企业价值及价值分配。假定企业 1 在 $t=\tau$ 时并购企业 2，此时可以从协同效应是否已产生的角度分两个阶段从后往前进行计算。

在并购后，且协同效应已经产生的阶段，也就是在 $[\tau+T, +\infty)$ 这段时间，合并企业的企业累积价值的期望值为：

$$V_T(Y_T) = E[\int_0^{+\infty} e^{-rt}M_T YD_m dt] \quad (5-2-7)$$

其中，r 为无风险利率。

在并购之后且协同效应未产生前的阶段，也就是在 $[\tau, \tau+T]$ 这段时间，合并企业的企业累积价值的期望值为：

$$V(Y) = E[\int_0^{T} e^{-rt}M_\tau YD_m dt + e^{-rT}V_T(Y_T)] \quad (5-2-8)$$

因为：

$$\begin{cases} E[\int_0^T e^{-rt} M_\tau YD_m \mathrm{d}t] = E[\int_0^{+\infty} e^{-(r+\lambda)t} M_\tau YD_m \mathrm{d}t] \\ E[e^{-rT} V_T(Y_T)] = E[e^{-rT} E_{Y_T}(\int_0^{+\infty} e^{-rt} M_T YD_m \mathrm{d}t)] \end{cases} \tag{5-2-9}$$

又易知：

$$E[e^{-rT} E_{Y_T}(\int_0^{+\infty} e^{-rt} M_T YD_m \mathrm{d}t)] = E[\int_0^{+\infty} e^{-rt} M_T YD_m \mathrm{d}t] - E[\int_0^{+\infty} e^{-(r+\lambda)t} M_T YD_m \mathrm{d}t] \tag{5-2-10}$$

因此，合并企业价值为：

$$\begin{aligned} V(Y) &= E[\int_0^{+\infty} e^{-(r+\lambda)t} M_\tau YD_m \mathrm{d}t] + E[\int_0^{+\infty} e^{-rt} M_T YD_m \mathrm{d}t] - E[\int_0^{+\infty} e^{-(r+\lambda)t} M_T YD_m \mathrm{d}t] \\ &= \frac{M_\tau YD_m}{r+\lambda-\alpha_Y} + \frac{M_T YD_m}{r-\alpha_Y} - \frac{M_T YD_m}{r+\lambda-\alpha_Y} \end{aligned} \tag{5-2-11}$$

也就是说：

$$\begin{aligned} V(X_{1t}, X_{2t}) &= \frac{M_T X_{1t}^\gamma X_{2t}^{1-\gamma} e^{-v} D_m}{r-\alpha_Y} - \frac{f}{r} - \frac{(M_T - M_\tau) X_{1t}^\gamma X_{2t}^{1-\gamma} e^{-v} D_m}{r+\lambda-\alpha_Y} \\ &= \Delta M X_{1t}^\gamma X_{2t}^{1-\gamma} e^{-v} D_m - \frac{f}{r} \end{aligned} \tag{5-2-12}$$

其中，$\Delta M = \frac{M_T}{r-\alpha_Y} - \frac{M_T - M_\tau}{r+\lambda-\alpha_Y} > 0$。

因为在目标企业持默许态度的情况下，并购发生的前提条件即为主并企业给予目标企业的价格等同于目标企业的累积价值。

同时，τ 时刻目标企业的企业累积价值为：

$$V_2(X_{1\tau}, X_{2\tau}) = E[\int_\tau^\infty (1+\xi)(X_{2t} D_2 - f)\mathrm{d}t] = (1+\xi)\left[\frac{X_{2\tau} D_2}{r-\alpha_2} - \frac{f}{r}\right] \tag{5-2-13}$$

假设并购发生后，主并企业给予目标企业的价值补偿比例为 s_τ。

则有：$V_{被}(X_{1t}, X_{2t}) = s_\tau V(X_{1t}, X_{2t})$

因此，

$$s_\tau = \frac{V_{被}(X_{1\tau}, X_{2\tau})}{V(X_{1\tau}, X_{2\tau})} = \frac{(1+\xi)\left(\frac{X_{2\tau} D_2}{r-\alpha_2} - \frac{f}{r}\right)}{\Delta M X_{1\tau}^r X_{2\tau}^{1-r} e^{-v} D_m - \frac{f}{r}} \tag{5-2-14}$$

得出结论（5－2－1）：由公式（5－2－14）可以看出，在超竞争环境下并购财务困境企业时，目标企业与并购形成的合并企业分别经营至 τ 时刻的累积价值折现值的比值即为目标企业在并购中可获得的价值补偿比例。

$$\frac{\mathrm{d}s_{\tau}(v)}{\mathrm{d}v}=(1+\xi)\left(\frac{X_{2\tau}D_2}{r-\alpha_2}-\frac{f}{r}\right)\frac{\Delta MX_{1\tau}^{r}X_{2\tau}^{1-r}e^{-v}D_m}{\left(\Delta MX_{1\tau}^{r}X_{2\tau}^{1-r}e^{-v}D_m-\frac{f}{r}\right)^2}>0 \qquad (5-2-15)$$

得出结论（5-2-2）：由式（5-2-15）可以看出，在超竞争环境下并购财务困境企业时，目标企业得到来自主并企业的价值补偿比例 s_{τ} 会随着因子 v 的增加而增大。这主要是因为，企业并购环境的高度不确定性会随着导致主目标企业双方谈判破裂的因素或谈判破裂发生次数的增多而进一步增加，在这种情形下，因为主并企业更希望实现成功并购，因此，主并企业更有可能愿意给予目标企业一个更高的价值补偿比例，以成功地完成并购。

$$\frac{\mathrm{d}s_{\tau}(\bar{\omega})}{\mathrm{d}\bar{\omega}}=-(1+\xi)\left(\frac{X_{2\tau}D_2}{r-\alpha_2}-\frac{f}{r}\right)\frac{\Delta MX_{1\tau}^{r}X_{2\tau}^{1-r}e^{-v}(D_1+D_2)}{\left(\Delta MX_{1\tau}^{r}X_{2\tau}^{1-r}e^{-v}D_m-\frac{f}{r}\right)^2}<0 \qquad (5-2-16)$$

得出结论（5-2-3）：由式（5-2-16）易知，在超竞争环境下并购财务困境企业时，随着 $\bar{\omega}$ 数值逐渐减少，即竞争强度（$1-\bar{\omega}$）不断增加，目标企业获得来自主并企业的价值补偿比例 s_{τ} 会逐渐变大。这主要是因为，竞争强度越大，并购后合并企业可以产生的间接协同效应会变小；并且并购后间接协同效应减小，也会使合并企业价值减小。而在目标企业持默许状态情形下，主并企业给予目标企业的并购价格只需达到不发生并购时目标企业继续经营到 τ 时刻的企业价值折现值即可。因此，可以认为目标企业困境并购中目标企业需要的价值补偿是一个不变的值，随着合并企业价值的不断减小，目标企业所获得的补偿比例 s_{τ} 就会相应地增大。

$$\frac{\mathrm{d}s_{\tau}(\xi)}{\mathrm{d}\xi}=\frac{\left(\frac{X_{2\tau}D_2}{r-\alpha_2}-\frac{f}{r}\right)}{\Delta MX_{1\tau}^{r}X_{2\tau}^{1-r}e^{-v}D_m-\frac{f}{r}}>0 \qquad (5-2-17)$$

得出结论（5-2-4）：由式（5-2-17）易知，在超竞争环境下并购财务困境企业时，随着竞争不确定性 ξ 的不断增加，目标企业可以获得主并企业的价值补偿比例 s_{τ} 也会逐渐增加。这主要是因为，在超竞争环境下，竞争不确定性的增加会使并购所面临的风险增大。在这种情况下，会引起并购失败的因素在增加，并购结果的未知程度也在增加，因此，主并企业会给予目标企业更大的价值补偿比例，以确保并购可以成功进行。

$$\frac{\mathrm{d}s_\tau(f)}{\mathrm{d}f}=-\frac{\frac{(1+\xi)}{r}\left(\Delta M X_{1\tau}^{r}X_{2\tau}^{1-r}e^{-v}D_m-\frac{X_{2\tau}D_2}{r-\alpha_2}\right)}{\left(\Delta M X_{1\tau}^{r}X_{2\tau}^{1-r}e^{-v}D_m-\frac{f}{r}\right)^2}<0 \quad (5-2-18)$$

得出结论（5－2－5）：由式（5－2－18）易知，在超竞争环境下并购财务困境企业时，随着企业困境因子f的增加，并购过程中目标企业能够从主并企业那里获得的价值补偿比例s_τ也会随之减少。这主要是由于企业困境会对企业经营产生负向影响，随着企业困境因子f的增加，这种负向影响会更显著，此时目标企业的价值折现值会减少，因此，目标企业获得主并企业的价值补偿比例会减少。

（2）并购阈值的确定。假设$t=\tau^*$为最优并购时机，令：

$$\begin{aligned}G^*(X_{1t},\ X_{2t})&=\sup_{\tau\in T}E\left[\int_0^T e^{-rt}X_{1t}D_1\mathrm{d}t+e^{-r\tau}V_1(X_{1\tau},\ X_{2\tau})\right]\\&=E\left[\int_0^{\tau^*}e^{-rt}X_{1t}D_1\mathrm{d}t+e^{-r\tau^*}V_1(X_{1\tau^*},\ X_{2\tau^*})\right]\end{aligned} \quad (5-2-19)$$

利用Φksendal（2000，chapter 10），方程（5－2－19）为一个非时齐最优停时问题，考虑随机过程$H_t=(s+t,\ X_{1t},\ X_{2t},\ P_t)$符合：

$$\mathrm{d}H_t=\begin{bmatrix}1\\ \alpha_1X_{1t}\\ \alpha_2X_{2t}\\ e^{-rt}D_1X_{1t}\end{bmatrix}\mathrm{d}t+\begin{bmatrix}0\\ \sigma_1X_{1t}\\ \sigma_2X_{2t}\\ 0\end{bmatrix}\mathrm{d}W_t \quad (5-2-20)$$

其中，W_t是四维布朗运动。

令：

$$\begin{aligned}G^*(X_{1t},\ X_{2t})&=\sup_{\tau}E\left[\int_0^{\tau}e^{-rt}X_{1t}D_1\mathrm{d}t+e^{-r\tau}V_1(X_{1\tau},\ X_{2\tau})\right]\\&=\sup_{\tau}E\left[P_\tau+e^{-r\tau}V_1(X_{1\tau},\ X_{2\tau})\right]=\sup_{\tau}E\left[G(H_\tau)\right]\end{aligned} \quad (5-2-21)$$

其中，$G(H)=e^{-rs}V_1(X_{1t},\ X_{2t})+P$ (5－2－22)

时齐最优停时问题（5－2－21）与非时齐最优问题（5－2－19）是等价的。

∂D为李普希茨曲面，同时满足$\tau_D=\inf\{t\geqslant0\mid H_t\notin D\}$。本书将定义$F(s,\ X_1,\ X_2,\ P)=E[G(H_{\tau D})]$，此方程的解与方程（5－2－21）是等价的。容易知道，其满足：

$$\begin{cases} \Omega_X F = 0 \\ \lim\limits_{\substack{\frac{x_1}{x_2} \to Z^* \\ \frac{x_1}{x_2} \in D}} F(s, x_1, x_2) = g(s, Z^*), \ Z^* \in \partial D \end{cases} \tag{5-2-23}$$

其中，Ω_x 表示偏微分算子，且有：

$$\Omega_{(X_{1t}, X_{2t})} F = \frac{\partial F}{\partial s} + \alpha_1 X_{1t} \frac{\partial F}{\partial X_{1t}} + \alpha_2 X_{2t} \frac{\partial F}{\partial X_{2t}} + e^{-rt} X_{1t} D_1 \frac{\partial F}{\partial P} + \frac{1}{2}\sigma_1^2 X_{1t}^2 \frac{\partial^2 F}{\partial X_{1t}^2} + \frac{1}{2}\sigma_2^2 X_{2t}^2 \frac{\partial^2 F}{\partial X_{1t}^2} + \sigma_1 \sigma_2 \rho X_{1t} X_{2t} \frac{\partial^2 F}{\partial X_{1t} X_{2t}} = 0 \tag{5-2-24}$$

可将 $F(\cdot)$ 表示为：

$$F(s, X_{1t}, X_{2t}, P) = e^{-rs} X_{2t} \phi(Z) + P$$

在上式中，$Z = \frac{X_{1t}}{X_{2t}}$，则 $F(\cdot)$ 的各偏导数满足：

$$\frac{\partial F}{\partial s} = -re^{-rs} X_{2t} \phi(Z), \ \frac{\partial F}{\partial X_{1t}} = e^{-rs} \phi'(Z), \ \frac{\partial F}{\partial X_{2t}} = e^{-rs}[\phi(Z) - Z\phi'(Z)],$$

$$\frac{\partial^2 F}{\partial X_{1t}} = e^{-rs} \frac{\phi''(Z)}{X_{2t}}, \ \frac{\partial^2 F}{\partial X_{2t}^2} = e^{-rs} Z^2 \frac{\phi''(Z)}{X_{2t}}, \ \frac{\partial^2 F}{\partial X_{1t} X_{2t}} = -e^{-rs} Z \frac{\phi''(Z)}{X_{2t}}, \ \frac{\partial F}{\partial P} = 1$$

因此，式（5-2-24）又可以化简为：

$$\Omega_{(X_{1t}, X_{2t})} F = e^{-rs} X_{2t} \Big\{ -r\phi(Z) + \alpha_1 Z\phi'(Z) + \alpha_2[\phi(Z) + Z\phi'(Z)] + ZD_1 + \frac{1}{2}\sigma_1^2 Z^2 \phi''(Z) + \frac{1}{2}\sigma_2^2 Z^2 \phi''(Z) - \sigma_1 \sigma_2 \rho Z^2 \phi''(Z) \Big\} = 0 \tag{5-2-25}$$

$$\Leftrightarrow \frac{1}{2}\sigma_Z^2 Z^2 \phi''(Z) + (\alpha_1 - \alpha_2) Z\phi'(Z) - (r - \alpha_2)\phi(Z) + ZD_1 = 0 \tag{5-2-26}$$

根据相关文献可知，当目标企业存在财务困境时上述方程解的一般形式如下所示：

$$\phi(Z) = A_1 Z^{\beta_1} + B_1 Z^{\beta_2} + \frac{D_1}{r - \alpha_1} Z - \frac{f}{r} \tag{5-2-27}$$

其中，β_1 和 β_2 分别是方程 $\varphi(\beta) \equiv \frac{1}{2}\sigma_Z^2 \beta(\beta - 1) + (\alpha_1 - \alpha_2)\beta - (r - \alpha_2) = 0$ 的两个根，A_1 和 B_1 均是常数。

有：

$$\phi(Z)=\begin{cases}A_1Z^{\beta_1}+\dfrac{D_1Z}{r-\alpha_1}-\dfrac{f}{r}, & Z<Z_1^*\\ \psi(Z), & Z_1^*\leqslant Z\leqslant Z_2^*\\ B_1Z^{\beta_2}+\dfrac{D_1Z}{r-\alpha_1}-\dfrac{f}{r}, & Z>Z_2^*\end{cases} \tag{5-2-28}$$

其中，$A_1>0$，$B_1>0$，$Z_1^*<Z_2^*$，Z_1^* 和 Z_2^* 为并购临界值，也即在时间 $t=\tau$，其中 $\tau=\inf\left\{t\geqslant 0\left|\dfrac{X_1}{X_2}\in\ [Z_1^*,\ Z_2^*]\right.\right\}$，实施并购可以实现并购价值的最大化。

并购实施后，主并企业的收益为：

$$\begin{aligned}V_1(X_{1\tau},\ X_{2\tau})&=(1-s_\tau)V(X_{1\tau},\ X_{2\tau})\\&=X_{2\tau}\left[e^{-v}Z_\tau^\gamma\Delta MD_m-(1+\xi)\frac{D_2}{r-\alpha_2}\right]+\xi\frac{f}{r}\end{aligned} \tag{5-2-29}$$

令：

$$\psi(Z_\tau)=e^{-v}Z_\tau^\gamma\Delta MD_m-(1+\xi)\frac{D_2}{r-\alpha_2} \tag{5-2-30}$$

其中，$\Delta M=\dfrac{M_T}{(r-\alpha_Y)}-\dfrac{(M_T-M_\tau)}{(r+\lambda-\alpha_Y)}$为协同效应参数。易知，随着 ΔM 的增大，并购后产生的协同效应也会增加，并购产生的收益也会有所增加。

根据价值匹配条件和满足平滑粘贴条件，可以得到：

$$\begin{cases}\phi(Z_1^*)=\psi(Z_1^*)\\ \phi'(Z_1^*)=\psi'(Z_1^*)\\ \phi(Z_2^*)=\psi(Z_2^*)\\ \phi'(Z_2^*)=\psi'(Z_2^*)\end{cases} \tag{5-2-31}$$

因此，可以得到：

$$\begin{cases}A_1(Z_1^*)^{\beta_1}+\dfrac{D_1Z_1^*}{r-\alpha_1}-\dfrac{f}{r}=\Delta M(Z_1^*)^\gamma e^{-v}D_m-(1+\xi)\dfrac{D_2}{r-\alpha_2}\\ \beta_1A_1(Z_1^*)^{\beta_1-1}+\dfrac{D_1}{r-\alpha_1}=\gamma\Delta M(Z_1^*)^{\gamma-1}e^{-v}D_m\\ B_1(Z_2^*)^{\beta_2}+\dfrac{D_1Z_2^*}{r-\alpha_1}-\dfrac{f}{r}=\Delta M(Z_2^*)^\gamma e^{-v}D_m-(1+\xi)\dfrac{D_2}{r-\alpha_2}\\ \beta_2B_1(Z_2^*)^{\beta_2-1}+\dfrac{D_1}{r-\alpha_1}=\gamma\Delta M(Z_2^*)^{\gamma-1}e^{-v}D_m\end{cases} \tag{5-2-32}$$

通过化简，可以得到：

$$\begin{cases}\dfrac{D_1(Z_1^*)}{r-\alpha_1}-\dfrac{\gamma-\beta_1}{1-\beta_1}e^{-v}\Delta MD_m(Z_1^*)^{\gamma}-(1+\xi)\dfrac{\beta_1}{1-\beta_1}\dfrac{D_2}{r-\alpha_2}+\dfrac{\beta_1}{1-\beta_1}\dfrac{f}{r}=0\\ \dfrac{D_1(Z_2^*)}{r-\alpha_1}-\dfrac{\gamma-\beta_2}{1-\beta_2}e^{-v}\Delta MD_m(Z_2^*)^{\gamma}-(1+\xi)\dfrac{\beta_2}{1-\beta_2}\dfrac{D_2}{r-\alpha_2}+\dfrac{\beta_2}{1-\beta_2}\dfrac{f}{r}=0\\ A_1=\dfrac{\Delta M(Z_1^*)^{\gamma}e^{-v}D_m-(1+\xi)\dfrac{D_2}{r-\alpha_2}-\dfrac{D_1Z_1^*}{r-\alpha_1}+\dfrac{f}{r}}{(Z_1^*)^{\beta_1}}\\ B_1=\dfrac{\Delta M(Z_2^*)^{\gamma}e^{-v}D_m-(1+\xi)\dfrac{D_2}{r-\alpha_2}-\dfrac{D_1Z_2^*}{r-\alpha_1}+\dfrac{f}{r}}{(Z_2^*)^{\beta_2}}\end{cases}$$

(5－2－33)

由方程组（5－2－33）可以分别求出 Z_1^*、Z_2^*、A 和 B 的数值。

因此，原问题的解为：

$$F(X_{1t},\ X_{2t})=\begin{cases}e^{-rt}\left[AX_{2t}^{1-\beta_1}X_{1t}^{\beta_1}+X_{1t}\dfrac{D_1}{r-\alpha_1}-\dfrac{f}{r}\right], & 0<\dfrac{X_{1t}}{X_{2t}}<Z_1^*\\ e^{-rt}\left[e^{-v}\Delta MD_mX_{1t}^{\gamma}X_{2t}^{1-\gamma}-(1+\xi)\dfrac{D_2X_{2t}}{r-\alpha_2}+\xi\dfrac{f}{r}\right], & Z_1^*<\dfrac{X_{1t}}{X_{2t}}<Z_2^*\\ e^{-rt}\left[BX_{2t}^{1-\beta_2}X_{1t}^{\beta_2}+X_{1t}\dfrac{D_1}{r-\alpha_1}-\dfrac{f}{r}\right], & \dfrac{X_{1t}}{X_{2t}}>Z_2^*\end{cases}$$

(5－2－34)

其中，主并企业的最佳并购时机需要满足：

$$\tau^*=\inf\{t\geqslant 0\mid Z_t\in[Z_1^*,\ Z_2^*]\}\qquad(5-2-35)$$

由公式（5－2－35）可以看出，超竞争环境下并购财务困境企业时，主并企业的最佳并购时机与并购双方企业累积价值的固定部分无关，而与主并企业和目标企业的相对价值比 Z 有关。且目标企业持默许态度时，若主并企业的最佳并购时机为 $\tau^*=t$ 时，则时刻 t 为当主并企业和目标企业的相对价值比 Z 的值处于区间 $[Z_1^*,\ Z_2^*]$ 时的时刻值。

3. 战略并购博弈分析

基于上述模型，根据 Fudenberg 和 Tirole（1991）对超竞争环境下并购过程中主并企业与目标企业博弈过程的研究，假设在博弈过程中主并企业与目标企业的策略集均为：

$$S_i(t)=\{同意，不同意\}，i\in\{1，2\}$$

显然，只有当主并企业与目标企业的态度都为同意时，并购才会发生。具体的支付矩阵见表 5－2－1。

表 5－2－1　　并购双方支付博弈矩阵

主并企业＼目标企业	同意	不同意
同意	$(V_{M_1}(X_{1t},X_{2t}),V_{M_2}(X_{1t},X_{2t}))$	$(V_{L_1}(X_{1t},X_{2t}),V_{F_2}(X_{1t},X_{2t}))$
不同意	$(V_{F_1}(X_{1t},X_{2t}),V_{L_2}(X_{1t},X_{2t}))$	$(V_{F_1}(X_{1t},X_{2t}),V_{F_2}(X_{1t},X_{2t}))$

每一轮报价中，先报价的一方我们定义为领导者，后报价的一方定义为跟随者。且领导者的收益函数用 $V_{L_i}(X_{1t},X_{2t})$ 表示，其中，$i\in\{1,2\}$；跟随者的收益函数用 $V_{F_i}(X_{1t},X_{2t})$ 表示，其中，$i\in\{1,2\}$。

假如在报价中，主并企业在时刻 t 首先提出报价，但是目标公司不接受此报价，即目标公司持不同意态度。那么，此时主并企业与目标企业的收益函数分别表示为：

$$\begin{cases}V_{L_1}(X_{1t},X_{2t})=\Delta MX_{1t}^{\gamma}X_{2t}^{1-\gamma}e^{-v}D_m-\dfrac{f}{r}-(1+\xi)\left[\dfrac{X_{2t}D_2}{r-\alpha_2}-\dfrac{f}{r}\right]\\ \qquad\qquad\qquad =X_{2t}\left[\Delta Me^{-v}D_mZ^{\gamma}-(1+\xi)\dfrac{D_2}{r-\alpha_2}\right]+\xi\dfrac{f}{r}\\ V_{F_2}(X_{1t},X_{2t})=(1+\xi)\left(\dfrac{X_{2t}D_2}{r-\alpha_2}-\dfrac{f}{r}\right)=X_{1t}\left[(1+\xi)\dfrac{D_2}{r-\alpha_2}\dfrac{1}{Z}\right]-(1+\xi)\dfrac{f}{r}\end{cases}\tag{5-2-36}$$

假如在报价中，目标企业在时刻 t 首先提出报价，但是主并企业对此持有的态度为不同意。那么，此时主并企业与目标企业的收益函数分别表示为：

$$\begin{cases}V_{L_2}(X_{1t},X_{2t})=\Delta MX_{1t}^{\gamma}X_{2t}^{1-\gamma}e^{-v}D_m-\dfrac{X_{1t}D_1}{r-\alpha_1}-\dfrac{f}{r}=X_{1t}\left[\Delta Me^{-v}D_m\left(\dfrac{1}{Z}\right)^{1-\gamma}-\dfrac{D_1}{r-\alpha_1}\right]-\dfrac{f}{r}\\ V_{F_1}(X_{1t},X_{2t})=\dfrac{X_{1t}D_1}{r-\alpha_1}=X_{2t}\left(\dfrac{D_1}{r-\alpha_1}Z\right)\end{cases}\tag{5-2-37}$$

假如在报价中，主并企业与目标企业在时刻 t 同时提出报价，由于本章主要研究的是目标企业对于并购行为持默许态度的情形，所以此时可以将主并企业的讨价还价能力看作 1，将目标企业的讨价还价能力看作 0。其收益函数分别表示为：

$$
\begin{cases}
V_{M_1}(X_{1t},\ X_{2t}) = 1 \times \left[\Delta M X_1^{\gamma} X_2^{1-\gamma} e^{-v} D_m - (1+\xi)\dfrac{X_2 D_2}{r-\alpha_2} + \xi \dfrac{f}{r}\right] + 0 \times \dfrac{X_1 D_1}{r-\alpha_1} \\
\qquad = V_{L_1}(X_{1t},\ X_{2t}) \\
V_{M_2}(X_{1t},\ X_{2t}) = 1 \times \left[\Delta M X_1^{\gamma} X_2^{1-\gamma} e^{-v} D_m - \dfrac{X_1 D_1}{r-\alpha_1} - \dfrac{f}{r}\right] + 0 \times (1+\xi)\left[\dfrac{X_2 D_2}{r-\alpha_2} - \dfrac{f}{r}\right] \\
\qquad = V_{L_2}(X_{1t},\ X_{2t})
\end{cases}
\tag{5-2-38}
$$

由于本书假定在并购过程中产生的协同效应均为正值，所以可以得到：

$$
\Delta M X_1^{\gamma} X_2^{1-\gamma} e^{-v} D_m - \frac{f}{r} > (1+\xi)\left[\frac{X_2 D_2}{r-\alpha_2} - \frac{f}{r}\right] + \frac{X_1 D_1}{r-\alpha_1} \tag{5-2-39}
$$

因此，

$$
\begin{cases}
V_{L_1}(X_{1t},\ X_{2t}) > V_{F_1}(X_{1t},\ X_{2t}) \\
V_{L_2}(X_{1t},\ X_{2t}) > V_{F_2}(X_{1t},\ X_{2t})
\end{cases}
\tag{5-2-40}
$$

由上述分析可以看出：超竞争环境下并购财务困境企业时，主并企业与目标企业都愿意提前报价，且同主并企业与目标企业的价值贡献比例 γ 没有直接的关系。

上述的分析都存在一个前提条件，即 $Z_1^* < \dfrac{X_{1t}}{X_{2t}} < Z_2^*$，此时主并企业与目标企业的均衡策略为：(同意，同意)。且并购后，主并企业的收益为：

$$
\begin{aligned}
V_1(X_{1\tau},\ X_{2\tau}) &= X_{2\tau}\left[e^{-v} Z_{\tau}^{\gamma} \Delta M D_m - (1+\xi)\frac{D_2}{r-\alpha_2}\right] + \xi \frac{f}{r} \\
&= e^{-v} \Delta M D_m X_{1\tau}^{\gamma} X_{2\tau}^{1-\gamma} - (1+\xi)\frac{D_2 X_{2\tau}}{r-\alpha_2} + \xi \frac{f}{r}
\end{aligned}
\tag{5-2-41}
$$

然而，当 $0 < \dfrac{X_{1t}}{X_{2t}} < Z_1^*$ 或 $\dfrac{X_{1t}}{X_{2t}} > Z_2^*$ 时，主并企业应该等待时机，因为此时进行并购不会实现其收益最大化。

此时，主并企业的价值函数可表示为：

$$
F(X_{1t},\ X_{2t}) =
\begin{cases}
e^{-rt}\left[A X_{2t}^{1-\beta_1} X_{1t}^{\beta_1} + X_{1t}\dfrac{D_1}{r-\alpha_1} - \dfrac{f}{r}\right], & 0 < \dfrac{X_{1t}}{X_{2t}} < Z_1^* \\
e^{-rt}\left[B X_{2t}^{1-\beta_2} X_{1t}^{\beta_2} + X_{1t}\dfrac{D_1}{r-\alpha_1} - \dfrac{f}{r}\right], & \dfrac{X_{1t}}{X_{2t}} > Z_2^*
\end{cases}
\tag{5-2-42}
$$

同时，主并企业对应的期权价值可表示为：

$$O(X_{1t},\ X_{2t})=\begin{cases}e^{-rt}[AX_{2t}^{1-\beta_1}X_{1t}^{\beta_1}], & 0<\dfrac{X_{1t}}{X_{2t}}<Z_1^*\\ e^{-rt}[BX_{2t}^{1-\beta_2}X_{1t}^{\beta_2}], & \dfrac{X_{1t}}{X_{2t}}>Z_2^*\end{cases}\tag{5-2-43}$$

结论（5－2－6）：在超竞争环境下并购财务困境企业时，主并企业存在两个不同的等待期权，分别位于区间（0，Z_1^*）和区间（Z_2^*，＋∞）里。此时，主并企业并不能通过并购目标企业实现自身收益最优，应当推迟并购决策的执行。

5.2.2 目标企业协议并购条件下的模型建立及求解

协议并购是指在并购财务困境企业时目标企业对主并企业支付的并购价格不再持默许态度，而是在谈判中积极地进行讨价还价，以期给自身带来更多的收益。例如，2008 年沃尔沃轿车经营亏损 15 亿美元，到 2009 年仍继续亏损，资产负债率为 69.9%。自 2008 年起吉利汽车就向沃尔沃发出收购意向，但就并购价格及其他事宜没有达成一致，并经历数次协商与谈判，最终于 2010 年 3 月成功并购。本小节主要针对目标企业协议并购这种情况，建立模型求解最优的并购价值分配比例和并购时机。

1. 价值分配

本节中的模型假设与上节大致相同。唯一不同的是：在本节的研究中不再假定目标企业持默许态度，而是假定在并购过程中主并企业与目标企业都会积极参与谈判，在谈判中商定一个最优的价值分配比例。因此，引入变量 θ 代表目标企业的讨价还价权重，换句话说，θ 表示目标企业在并购过程中具备的讨价还价能力，且有 $\theta\in(0,\ 1)$。

在此种情况下，s_τ 为下列最优化问题的解：

$$\sup_{s_\tau}\{s_\tau V(X_{1t},\ X_{2t})-E[\int_\tau^{+\infty}(1+\xi)e^{-rt}(X_{2t}D_{2t}-f)\mathrm{d}t]\}^{\theta}$$
$$\{(1-s_\tau)V(X_{1t},\ X_{2t})-E[\int_\tau^{+\infty}e^{-rt}X_{1t}D_{1t}\mathrm{d}t]\}^{1-\theta}\tag{5-2-44}$$

根据文献可得到公式（5－2－44）的纳什均衡解为：

$$s_\tau^{**}=\frac{\theta V(X_{1t},\ X_{2t})-\theta\dfrac{X_{1t}D_1}{r-\alpha_1}+(1-\theta)(1+\xi)\left(\dfrac{X_{2t}D_2}{r-\alpha_2}-\dfrac{f}{r}\right)}{V(X_{1t},\ X_{2t})}\tag{5-2-45}$$

由于本书假定，在超竞争环境下并购财务困境企业时产生的协同效应均为正值，可以得到：

$$V(X_{1t},\ X_{2t}) > \frac{D_1X_{1t}}{r-\alpha_1} + (1+\xi)\left(\frac{D_2X_{2t}}{r-\alpha_2} - \frac{f}{r}\right) \tag{5-2-46}$$

因而可以得出，并购财务困境企业所带来的总收益为：

$$\Delta V(X_{1t},\ X_{2t}) = V(X_{1t},\ X_{2t}) - \frac{D_1X_{1t}}{r-\alpha_1} - (1+\xi)\left(\frac{D_2X_{2t}}{r-\alpha_2} - \frac{f}{r}\right) > 0 \tag{5-2-47}$$

经过对 s_τ^{**} 进行整理，可得：

$$\begin{aligned} s_\tau^{**} &= \frac{(1+\xi)\left(\frac{D_2X_{2t}}{r-\alpha_2} - \frac{f}{r}\right) + \theta\left[V(X_{1t},\ X_{2t}) - \frac{X_{1t}D_1}{r-\alpha_1} - (1+\xi)\left(\frac{D_2X_{2t}}{r-\alpha_2} - \frac{f}{r}\right)\right]}{V(X_{1t},\ X_{2t})} \\ &= \frac{(1+\xi)\left(\frac{D_2X_{2t}}{r-\alpha_2} - \frac{f}{r}\right) + \theta\Delta V(X_{1t},\ X_{2t})}{V(X_{1t},\ X_{2t})} \\ &= s_\tau^{*} + \theta\frac{\Delta V(X_{1t},\ X_{2t})}{V(X_{1t},\ X_{2t})} \end{aligned} \tag{5-2-48}$$

由上式容易看出：$s_\tau^{**} > s_\tau^{*}$。

结论（5-2-7）：在超竞争环境下目标企业协议并购时得到的价值补偿比例要大于持默许态度时所得的价值补偿比例；同时，从公式（5-2-48）中可以看出，当 $\theta = 0$ 时，$s_\tau^{**} = s_\tau^{*}$。因此，目标企业持默许态度情形是目标企业协议并购情形的一个特殊情况，即令 $\theta = 0$。

同上节一样，本节会对参数 θ，即目标企业的讨价还价能力进行分析（假定其他参数不变）。

$$\frac{\mathrm{d}s_\tau^{**}(\theta)}{\mathrm{d}\theta} = \frac{\Delta V(X_{1t},\ X_{2t})}{V(X_{1t},\ X_{2t})} > 0 \tag{5-2-49}$$

结论（5-2-8）：在超竞争环境下并购财务困境企业时，随着参数因子 θ 的逐渐增大，目标企业得到来自主并企业的价值补偿比例也会逐渐增大。因此，目标企业可以通过合理的方式来增强自身的讨价还价能力，这样可以在目标企业困境并购中获得更多的收益。

并购财务困境企业后，主并企业的累积价值可以表示为：

$$\begin{aligned} V_1(X_{1t},\ X_{2t}) &= (1 - s_\tau^{**})V(X_{1t},\ X_{2t}) \\ &= \left[1 - \frac{\theta V(X_{1t},\ X_{2t}) - \theta\frac{X_{1t}D_1}{r-\alpha_1} + (1-\theta)(1+\xi)\left(\frac{D_2X_{2t}}{r-\alpha_2} - \frac{f}{r}\right)}{V(X_{1t},\ X_{2t})}\right]V(X_{1t},\ X_{2t}) \end{aligned}$$

$$= (1-\theta)V(X_{1t}, X_{2t}) + \theta\frac{X_{1t}D_1}{r-\alpha_1} - (1-\theta)(1+\xi)\left(\frac{D_2X_{2t}}{r-\alpha_2} - \frac{f}{r}\right)$$

$$= (1-\theta)\Delta V(X_{1t}, X_{2t}) + \frac{X_{1t}D_1}{r-\alpha_1} \tag{5-2-50}$$

由公式（5-2-50）可以看出，在目标企业协议并购的条件下，并购财务困境企业后主并企业的累积价值等于其独立经营时的累积价值与通过讨价还价获得的额外并购收益之和。

2. 并购阈值的确定

同上节的方法相同，设

$$\phi(Z) = \begin{cases} A_2Z^{\beta_1} + \dfrac{D_1Z}{r-\alpha_1} - \dfrac{f}{r}, & Z < Z_1^{**} \\ \psi(Z), & Z_1^{**} \leqslant Z \leqslant Z_2^{**} \\ B_2Z^{\beta_2} + \dfrac{D_1Z}{r-\alpha_1} - \dfrac{f}{r}, & Z > Z_2^{**} \end{cases} \tag{5-2-51}$$

同时，对主并企业的企业价值公式进行整理可得：

$$V_1(X_{1t}, X_{2t}) = (1-\theta)V(X_{1t}, X_{2t}) + \theta\frac{X_{1t}D_1}{r-\alpha_1} - (1-\theta)(1+\xi)\left(\frac{X_{2t}D_2}{r-\alpha_2} - \frac{f}{r}\right)$$

$$= X_{2t}\left[(1-\theta)\Delta MZ^{\gamma}e^{-v}D_m + \theta\frac{ZD_1}{r-\alpha_1} - (1-\theta)(1+\xi)\frac{D_2}{r-\alpha_2}\right]$$

$$+ \xi(1-\theta)\frac{f}{r} \tag{5-2-52}$$

因此，可令：

$$\psi(Z) = (1-\theta)\Delta MZ^{\gamma}e^{-v}D_m + \theta\frac{ZD_1}{r-\alpha_1} - (1-\theta)(1+\xi)\frac{D_2}{r-\alpha_2} \tag{5-2-53}$$

由价值匹配与平滑粘贴条件，可以得到：

$$\begin{cases} A_2(Z_1^{**})^{\beta_1} + \dfrac{D_1Z_1^{**}}{r-\alpha_1} - \dfrac{f}{r} = (1-\theta)\Delta M(Z_1^{**})^{\gamma}e^{-v}D_m + \theta\dfrac{Z_1^{**}D_1}{r-\alpha_1} - (1-\theta)(1+\xi)\dfrac{D_2}{r-\alpha_2} \\ \beta_1A_2(Z_1^{**})^{\beta_1-1} + \dfrac{D_1}{r-\alpha_1} = \gamma(1-\theta)\Delta M(Z_1^{**})^{\gamma-1}e^{-v}D_m + \theta\dfrac{D_1}{r-\alpha_1} \\ B_2(Z_2^{**})^{\beta_2} + \dfrac{D_1Z_2^{**}}{r-\alpha_1} - \dfrac{f}{r} = (1-\theta)\Delta M(Z_2^{**})^{\gamma}e^{-v}D_m + \theta\dfrac{Z_2^{**}D_1}{r-\alpha_1} - (1-\theta)(1+\xi)\dfrac{D_2}{r-\alpha_2} \\ \beta_2B_2(Z_2^{**})^{\beta_2-1} + \dfrac{D_1}{r-\alpha_1} = (1-\gamma)(1-\theta)\Delta M(Z_2^{**})^{\gamma-1}e^{-v}D_m + \theta\dfrac{D_1}{r-\alpha_1} \end{cases}$$

(5-2-54)

易知：

$$
\begin{cases}
\dfrac{D_1(Z_1^{**})}{r-\alpha_1}-\dfrac{\beta_1-\gamma}{\beta_1-1}(1-\theta)\Delta M(Z_1^{**})^{\gamma}e^{-v}D_m+\dfrac{\beta_1}{\beta_1-1}(1-\theta)(1+\xi)\dfrac{D_2}{r-\alpha_2}-\dfrac{\beta_1}{\beta_1-1}\dfrac{f}{r}=0\\
\dfrac{D_1(Z_2^{**})}{r-\alpha_1}-\dfrac{\beta_2-\gamma}{\beta_2-1}(1-\theta)\Delta M(Z_2^{**})^{\gamma}e^{-v}D_m+\dfrac{\beta_2}{\beta_2-1}(1-\theta)(1+\xi)\dfrac{D_2}{r-\alpha_2}-\dfrac{\beta_2}{\beta_2-1}\dfrac{f}{r}=0\\
A_2=\dfrac{(1-\theta)\left[\Delta M(Z_1^{**})^{\gamma}e^{-v}D_m-(1+\xi)\dfrac{D_2}{r-\alpha_2}-\dfrac{D_1Z_1^{**}}{r-\alpha_1}+\dfrac{f}{r}\right]}{(Z_1^{**})^{\beta_1}}\\
B_2=\dfrac{(1-\theta)\left[\Delta M(Z_2^{**})^{\gamma}e^{-v}D_m-(1+\xi)\dfrac{D_2}{r-\alpha_2}-\dfrac{D_1Z_2^{**}}{r-\alpha_1}+\dfrac{f}{r}\right]}{(Z_2^{**})^{\beta_2}}
\end{cases}
\tag{5-2-55}
$$

在（5－2－55）式中可以解出 Z_1^{**}、Z_2^{**}、A_2 和 B_2 的数值。

因此，原问题的解为：

$$
F(X_{1t},\ X_{2t})=\begin{cases}
e^{-rt}\left[A_2X_{2t}^{1-\beta_1}X_{1t}^{\beta_1}+X_{1t}\dfrac{D_1}{r-\alpha_1}-\dfrac{f}{r}\right], & 0<\dfrac{X_{1t}}{X_{2t}}<Z_1^{*}\\
e^{-rt}\left[(1-\theta)e^{-v}\Delta MD_mX_{1t}^{\gamma}X_{2t}^{1-\gamma}+\dfrac{\xi(1-\theta)f}{r}+\theta\dfrac{D_1X_{1t}}{r-\alpha_1}\right. & \\
\left.\quad-(1-\theta)(1+\xi)\dfrac{D_2X_{2t}}{r-\alpha_2}\right], & Z_1^{*}<\dfrac{X_{1t}}{X_{2t}}<Z_2^{*}\\
e^{-rt}\left[B_2X_{2t}^{1-\beta_2}X_{1t}^{\beta_2}+X_{1t}\dfrac{D_1}{r-\alpha_1}-\dfrac{f}{r}\right], & \dfrac{X_{1t}}{X_{2t}}>Z_2^{*}
\end{cases}
\tag{5-2-56}
$$

其中，主并企业的最佳并购时机为：

$$
\tau^{**}=\inf\{t\geqslant 0\mid Z_t\in[Z_1^{**},\ Z_2^{**}]\}
\tag{5-2-57}
$$

5.2.3　应用实例及分析

本节主要是对前述章节中的模型进行数值模拟计算与模型中参数的敏感性分析，即对影响超竞争环境下并购财务困境企业时机的相关重要因素进行更为深入的研究。

5.2.3.1 目标企业持默许态度下的实例分析

1. 举例说明

本书假定市场上只存主并企业和目标企业。对于主并企业而言，企业价值增长率为 $\alpha_1=0.03$，波动率为 $\sigma_1=0.3$；对于目标企业而言，企业价值增长率为 $\alpha_2=0.015$，波动率为 $\sigma_2=0.25$；令 $\rho=0.45$；这些参数可以通过主并企业与目标企业并购的历史数据分析得到。同时，主并企业的累积价值固定部分可以表示为 $D_1=1$，目标企业的累积价值固定部分可以表示为 $D_2=0.5$，$f=0.2$。在目标企业困境并购后的合并企业中，主并企业的贡献为 $\gamma=\dfrac{2}{3}$。另外令 $M_\tau=1$，$M_T=5$，协同效应出现时间的期望值为 $\dfrac{1}{\lambda}=2$，这些数据可通过对主并企业与目标企业进行评估或借鉴其他并购案例得到。此外，假设在超竞争环境下，竞争强度 $(1-\bar{\omega})=0.8$；参数因子 $e^{-v}=0.6$；竞争的不确定性 $\xi=0.5$；无风险利率取 $r=0.05$。

根据以上给定的参数条件，可以得到：

$$\begin{cases}\alpha_Y=0.0156\\ \sigma_Y^2=0.0619\\ \alpha_Z=0.0438\\ \sigma_Z^2=0.0850\end{cases}$$

因为 β_1 和 β_2 是方程 $\phi(\beta)\equiv\dfrac{1}{2}\sigma_z^2\beta(\beta-1)+(\alpha_1-\alpha_2)\beta-(r-\alpha_2)=0$ 的两根，容易解得：$\beta_1=1.2870$，$\beta_2=-0.6399$。

又由 $\Delta M=\dfrac{M_T}{r-\alpha_Y}-\dfrac{M_T-M_\tau}{r+\lambda-\alpha_Y}$，易得：$\Delta M=137.8638$

$$\Rightarrow\begin{cases}50Z_1^*-321.8231\left(Z_1^*\right)^{\frac{2}{3}}+78.1553=0\\ 50Z_2^*-118.6282\left(Z_2^*\right)^{\frac{2}{3}}+6.8007=0\end{cases}$$

$$\Rightarrow\begin{cases}Z_1^*=0.1356\\ Z_2^*=12.9430\end{cases}$$

$$\Rightarrow\begin{cases}A_1=197.4607\\ B_1=804.0749\end{cases}$$

进一步求得主并企业的最佳并购时机为：

$$\tau^{*}=\inf\{t\geqslant 0\mid Z_t\in[0.1356,\ 12.9430]\}$$

主并企业的所得价值函数为：

$$F^{*}(t,\ X_{1t},\ X_{2t})=$$

$$\begin{cases} e^{-0.05t}(197.4607X_{1t}^{1.2870}X_{2t}^{-0.2870}+50X_{1t}-4), & \dfrac{X_{1t}}{X_{2t}}\in(0,\ 0.1356) \\ e^{-0.05t}(148.8930X_{1t}^{\frac{2}{3}}X_{2t}^{\frac{1}{3}}-21.4286X_{2t}+2), & \dfrac{X_{1t}}{X_{2t}}\in(0.1356,\ 12.9430) \\ e^{-0.05t}(804.0749X_{1t}^{-0.6399}X_{2t}^{1.6399}+50X_{1t}-4), & \dfrac{X_{1t}}{X_{2t}}\in(12.9430,\ \infty) \end{cases}$$

主并企业的等待期权价值为：

$$O(X_{1t},\ X_{2t})=\begin{cases} 197.4670X_{1t}^{1.2870}X_{2t}^{-0.2870}, & \dfrac{X_{1t}}{X_{2t}}\in(0,\ 0.1356) \\ 804.0749X_{1t}^{-0.6399}X_{2t}^{1.6399}, & \dfrac{X_{1t}}{X_{2t}}\in(12.9430,\ \infty) \end{cases}$$

2. 参数分析

这一部分将重点讨论代表超竞争环境特征的三个变量因子 [$(1-\bar{\omega})$, ξ, e^{-v}]，以及代表企业困境因子 (f) 对并购时机的影响。

(1) 因子 e^{-v} 对并购时机的影响。从图 5-2-1 中可以看出，在超竞争环境下并购财务困境企业时，随着竞争所引起的对企业价值所造成的损失因子 e^{-v} 的不断增加，并购阈值的下限值 Z_1 呈逐渐减少的趋势，而阈值的上限值 Z_2 则呈现逐渐增大的趋势。也就是说，在超竞争环境下并购财务困境企业时，随着导致双方谈判破裂事件发生次数的增加，主并企业更有可能会提前进行并购。

(2) 竞争强度 $(1-\bar{\omega})$ 对并购时机的影响。从图 5-2-2 中可以看出，在超竞争环境下并购财务困境企业时，随着 $(1-\bar{\omega})$ 数值的增大，并购区间的下限值 Z_1 呈现出逐渐增加的趋势，而上限值 Z_2 呈现出减少的趋势。由此可以看出，随着竞争强度的增加，主并企业将更有可能推迟并购时机。因为随着竞争强度的增加，企业的机遇转瞬即逝，主并企业的产品、技术等更新加速，对目标企业资源的需求可能会减少，因此，主并企业应该等待时机慎重决策。同时，主并企业的最佳并购区间逐渐变小，此时主并企业更应该快速对并购作出决策，否则可能会错失最佳并购时机。

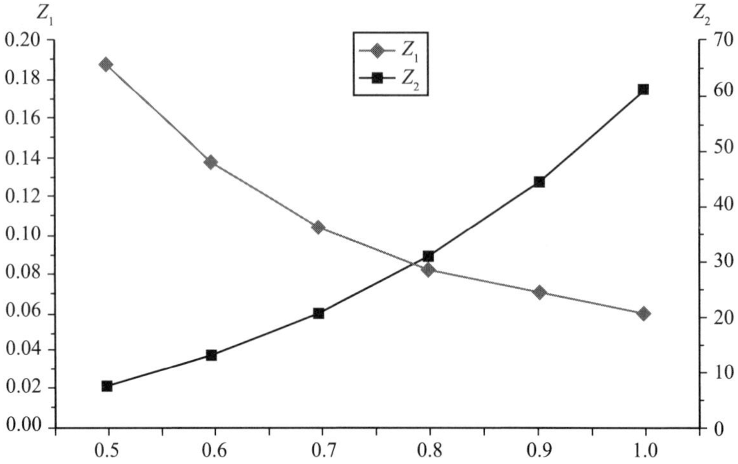

图 5-2-1　因子 $e^{-\nu}$ 与并购阈值的关系

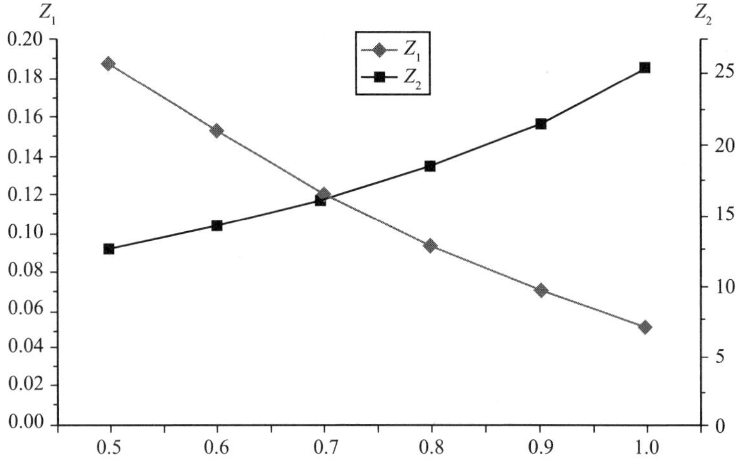

图 5-2-2　竞争强度（$1-\bar{\omega}$）与并购阈值的关系

（3）竞争的不确定性 ξ 对并购时机的影响。从图 5-2-3 中可以看出，在超竞争环境下并购财务困境企业时，随着竞争不确定性增加，并购区间的下限值 Z_1 呈逐渐增加的趋势，而上限值 Z_2 则呈现出逐渐减少的趋势。由此可见，随着 ξ 的不断增加，主并企业将更有可能推迟并购时机。这是因为目标企业价值会随 ξ 的增加而产生巨大变化，信息不对称使主并企业只可能掌握目标企业的部分信息，此时并购的风险是很大的，因而主并企业将会对此次并购持谨慎的态度。

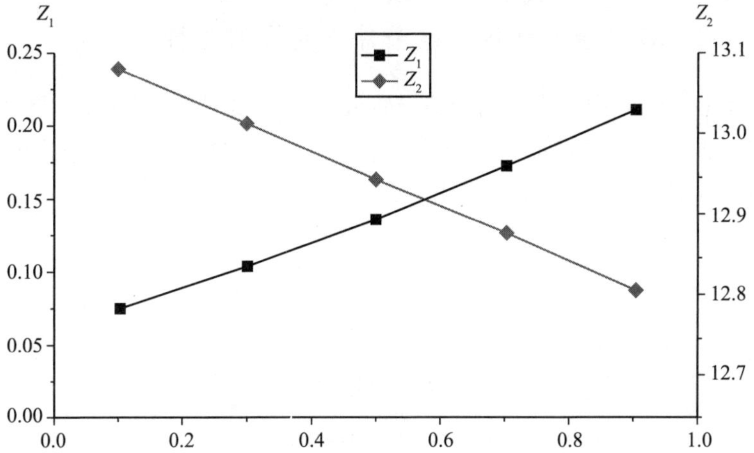

图 5-2-3　竞争的不确定性 ξ 与并购阈值的关系

（4）企业困境因子 f 对并购时机的影响。由图 5-2-4 可以看出，在超竞争环境下并购财务困境企业时，随着目标企业困境程度 f 的增加，并购区间的下限值 Z_1 呈现逐渐减小的趋势，而上限值 Z_2 则呈现逐渐增加的趋势。由此可见，随着目标企业困境程度 f 的增加，主并企业的并购时机将提前。这是因为企业困境程度的增加会使目标企业为减少企业价值的损失，而急于完成并购。而对主并企业而言，在超竞争环境中要抢夺先机尽早完成并购，尽快产生协同效应对主并企业也是十分有利的，因而主并企业将会提前并购目标企业。

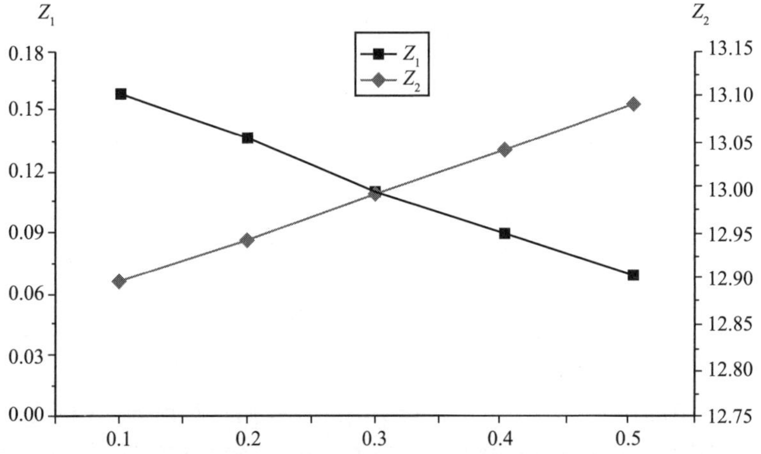

图 5-2-4　企业困境因子 f 与并购阈值的关系

5.2.3.2 目标企业协议并购条件下的实例分析

除了在上节研究中对模型的数值设置外，本节假定目标企业的讨价还价能力为 $\theta=0.3$，此参数设置可以通过对目标企业存在困境时的并购数据分析得到。

由公式（5-2-59），可以解出：

$$\begin{cases} Z_1^{**}=0.1221 \\ Z_2^{**}=4.3182 \end{cases}$$

$$\Rightarrow\begin{cases} A_2=137.4528 \\ B_2=288.2478 \end{cases}$$

同时可以得到，主并企业的所得价值函数为：

$$F^*(t,\ X_{1t},\ X_{2t})=$$

$$\begin{cases} e^{-0.05t}(137.4528X_{1t}^{1.287}X_{2t}^{-0.287}+50X_{1t}-4), & \dfrac{X_{1t}}{X_{2t}}\in(0,\ 0.1221) \\ e^{-0.05t}(104.225X_{1t}^{\frac{2}{3}}X_{2t}^{\frac{1}{3}}+15X_{1t}-15X_{2t}+1.4), & \dfrac{X_{1t}}{X_{2t}}\in(0.1221,\ 4.3182) \\ e^{-0.05t}(288.2478X_{1t}^{-0.6399}X_{2t}^{1.6399}+50X_{1t}-4), & \dfrac{X_{1t}}{X_{2t}}\in(4.3182,\ \infty) \end{cases}$$

主并企业的等待期权价值可以表示为：

$$O(X_{1t},\ X_{2t})=\begin{cases} 137.4528X_{1t}^{1.287}X_{2t}^{-0.287}, & \dfrac{X_{1t}}{X_{2t}}\in(0,\ 0.1221) \\ 288.2478X_{1t}^{-0.6399}X_{2t}^{1.6399}, & \dfrac{X_{1t}}{X_{2t}}\in(4.3182,\ \infty) \end{cases}$$

由于本书主要讨论超竞争环境下并购财务困境企业的定价与时机选择问题，因而就不再对目标企业讨价还价能力 θ 作具体的参数分析。

5.3 超竞争环境下存在竞争对手时并购财务困境企业的定价与时机研究

基于5.2节的研究，为了更符合现实情况，我们将对市场上两个互为竞争对手的主并企业（A和B）同时对目标企业C展开并购的情形进行研究。例如，自2005年起，由于市场竞争激烈，北京大宝化妆品有限公司的产品市场份额严重下滑，并陷入财务困境。2007 年，强生欲对其进行并购，同时联合利华也出价与其竞争。经过数次谈判与协商，2008 年7 月，强生成功并购大宝。本节主要针对这种情况，通过建模与求解得出存在竞争对手时并购财务困境企业的最优定价与时机。

5.3.1　超竞争环境下存在竞争对手条件下的模型建立与求解

1. 模型假设

本章节在上一章模型假设的基础之上，另外提出以下几点假设。

（1）市场上存在企业 A 和企业 B 均欲对目标企业 C 实施并购，即企业 A 和企业 B 为两个互为竞争对手的主并企业。此时，竞争对手的存在会对目标企业困境并购中目标企业 C 的定价产生溢价效应。具体而言，由于竞争对手 B 的存在，企业 A 若想成功并购则需要向目标企业支付 $(1+\delta_B)(1+\xi)(D_C X_{Ct}-f)$ 的价值补偿，其中 δ_B 表示因竞争对手 B 的存在导致企业 A 并购企业 C 时需支付的溢价比例。

（2）为了更好地说明与区分，另设 θ_A 为目标企业 C 相对于主并企业 A 的讨价还价能力，θ_B 为目标企业 C 相对于主并企业 B 的讨价还价能力；$s_{\tau A}$ 为在并购财务困境企业过程中主并企业 A 给予目标企业 C 的价值补偿比例，$s_{\tau B}$ 为在并购财务困境企业过程中主并企业 B 给予目标企业 C 的价值补偿比例。

（3）因为主并企业 A 和 B 互为竞争对手，因此下文只讨论主并企业 A 的并购定价与时机选择问题。

2. 模型建立及求解

（1）价值分配。通过上一章节的研究与分析，容易得到 $s_{\tau A}^{***}$ 为下面最优化问题的解：

$$\sup_{s_{\tau_A}}\left[s_{\tau_A}V(X_{At},\ X_{Ct})-E\left[\int_{\tau_A}^{+\infty}(1+\delta_B)(1+\xi)e^{-rt}(X_{Ct}D_C-f)\mathrm{d}t\right]\right]^{\theta_A}\times$$

$$\left[(1-s_{\tau_A})V(X_{At},\ X_{Ct})-E\left[\int_{\tau_A}^{+\infty}e^{-rt}X_{At}D_A\mathrm{d}t\right]\right]^{1-\theta_A}$$

且通过上一章的分析，可以解出：

$$s_{\tau_A}^{***}=\frac{\theta_A V(X_{At},\ X_{Ct})-\theta_A\dfrac{X_{At}D_A}{r-\alpha_A}+(1-\theta_A)(1+\delta_B)(1+\xi)\left(\dfrac{X_{Ct}D_C}{r-\alpha_C}-\dfrac{f}{r}\right)}{V(X_{At},\ X_{Ct})}$$

$$=\frac{(1+\delta_B)(1+\xi)\left(\frac{X_{Ct}D_C}{r-\alpha_C}-\frac{f}{r}\right)+\theta_A\Delta V(X_{At},\ X_{Ct})}{V(X_{At},\ X_{Ct})} \tag{5-3-1}$$

其中，$\Delta V(X_{At},\ X_{Ct})=V(X_{At},\ X_{Ct})-\frac{D_AX_{At}}{r-\alpha_A}-(1+\delta_B)(1+\xi)\left(\frac{X_{Ct}D_C}{r-\alpha_C}-\frac{f}{r}\right)>0$

通过与公式（5-2-45）比较，可以知道：$s_{\tau_A}^{***}>s_{\tau}^{**}$。

结论（5-3-1）：通过上述比较可以得出，超竞争环境下，竞争对手的存在会使目标企业获得更大的价值补偿比例。这可能是因为存在竞争对手时，企业若想成功并购就必须向目标企业支付一个高于竞争对手的价值补偿比例。且目标企业在这种情况下进行积极地讨价还价，就能够争取到更高的价值补偿比例。

$$\frac{\mathrm{d}s_{\tau_A}^{***}(\delta_B)}{\mathrm{d}\delta_B}=\frac{(1-\theta_A)(1+\xi)\left(\frac{X_{Ct}D_C}{r-\alpha_C}-\frac{f}{r}\right)}{V(X_{At},\ X_{Ct})}>0 \tag{5-3-2}$$

结论（5-3-2）：在超竞争环境下并购财务困境企业时，随着参数因子 δ_B 的增大，主并企业给予目标企业的价值补偿比例也会变大。这可能是因为，在并购中主并企业若想成功并购，支付给目标企业的价值要大于竞争对手，所以，随着 δ_B 的增大，主并企业 A 给予目标企业的价值补偿比例也会增大。

并购财务困境企业后，主并企业的累积价值可以表示为：

$$V_A(X_{At},\ X_{Ct})=(1-s_{\tau_A}^{***})V(X_{At},\ X_{Ct})$$

$$=\left[1-\frac{\theta_AV(X_{At},\ X_{Ct})-\theta_A\frac{X_{At}D_A}{r-\alpha_A}+(1-\theta_A)(1+\delta_B)(1+\xi)\left(\frac{X_{Ct}D_C}{r-\alpha_C}-\frac{f}{r}\right)}{V(X_{At},\ X_{Ct})}\right]$$

$$V(X_{At},\ X_{Ct}) \tag{5-3-3}$$

整理式（5-3-3）得：

$$V_A(X_{At},\ X_{Ct})=\left[(1-\theta_A)V(X_{At},\ X_{Ct})+\theta_A\frac{X_{At}D_A}{r-\alpha_A}-(1-\theta_A)(1+\delta_B)\right.$$

$$\left.(1+\xi)\left(\frac{X_{Ct}D_C}{r-\alpha_C}-\frac{f}{r}\right)\right] \tag{5-3-4}$$

（2）并购阈值的确定。同上一章的研究方法相同，设

$$\phi(Z)=\begin{cases}A_3Z^{\beta_1}+\dfrac{D_AZ}{r-\alpha_A}-\dfrac{f}{r}, & Z<Z_1^{***}\\ \psi(Z), & Z_1^{***}\leqslant Z\leqslant Z_2^{***}\\ B_3Z^{\beta_2}+\dfrac{D_AZ}{r-\alpha_A}-\dfrac{f}{r}, & Z>Z_2^{***}\end{cases}\tag{5-3-5}$$

同时，对主并企业的企业价值公式进行整理可得：

$$\begin{aligned}V_A(X_{At},\ X_{Ct})&=(1-\theta_A)V(X_{At},\ X_{Ct})+\theta_A\frac{X_{At}D_A}{r-\alpha_A}-(1-\theta_A)(1+\delta_B)(1+\xi)\\&\quad\left(\frac{X_{Ct}D_C}{r-\alpha_C}-\frac{f}{r}\right)\\&=X_{Ct}\Big[(1-\theta_A)\Delta MZ^{\gamma}e^{-v}D_m+\theta_A\frac{ZD_A}{r-\alpha_A}-(1-\theta_A)(1+\delta_B)\\&\quad(1+\xi)\frac{X_{Ct}D_C}{r-\alpha_C}\Big]-(1-\theta_A)\Big[1+(1+\delta_B)(1+\xi)\Big]\frac{f}{r}\end{aligned}\tag{5-3-6}$$

因此，可令：

$$\psi(Z)=(1-\theta_A)\Delta MZ^{\gamma}e^{-v}D_m+\theta_A\frac{ZD_A}{r-\alpha_A}-(1-\theta_A)(1+\delta_B)(1+\xi)\frac{D_C}{r-\alpha_C}\tag{5-3-7}$$

由价值匹配与平滑粘贴条件，可以得到：

$$\begin{cases}A_3(Z_1^{***})^{\beta_1}+\dfrac{D_AZ_1^{***}}{r-\alpha_A}=(1-\theta_A)\Delta M(Z_1^{***})^{\gamma}e^{-v}D_m+\theta_A\dfrac{Z_1^{***}D_A}{r-\alpha_A}-(1-\theta_A)\\ \quad(1+\delta_B)(1+\xi)\dfrac{D_C}{r-\alpha_C}\\ \beta_1A_3(Z_1^{***})^{\beta_1-1}+\dfrac{D_A}{r-\alpha_A}-\dfrac{f}{r}=\gamma(1-\theta_A)\Delta M(Z_1^{***})^{\gamma-1}e^{-v}D_m+\theta_A\dfrac{D_A}{r-\alpha_A}\\ B_3(Z_2^{***})^{\beta_2}+\dfrac{D_AZ_2^{***}}{r-\alpha_A}=(1-\theta_A)\Delta M(Z_2^{***})^{\gamma}e^{-v}D_m+\theta_A\dfrac{Z_2^{***}D_A}{r-\alpha_A}-(1-\theta_A)\\ \quad(1+\delta_B)(1+\xi)\dfrac{D_C}{r-\alpha_C}\\ \beta_2B_3(Z_2^{***})^{\beta_2-1}+\dfrac{D_A}{r-\alpha_A}-\dfrac{f}{r}=(1-\gamma)(1-\theta)\Delta M(Z_2^{***})^{\gamma-1}e^{-v}D_m+\theta_A\dfrac{D_A}{r-\alpha_A}\end{cases}\tag{5-3-8}$$

整理得：

$$\begin{cases}\dfrac{D_A Z_1^{***}}{r-\alpha_A}-\dfrac{\beta_1-\gamma}{\beta_1-1}(1-\theta_A)\Delta M(Z_1^{***})^{\gamma}e^{-v}D_m+\dfrac{\beta_1}{\beta_1-1}(1-\theta_A)(1+\delta_B)(1+\xi)\\ \quad\dfrac{D_C}{r-\alpha_C}-\dfrac{\beta_1}{\beta_1-1}\dfrac{f}{r}=0\\ \dfrac{D_A Z_2^{***}}{r-\alpha_A}-\dfrac{\beta_2-\gamma}{\beta_2-1}(1-\theta_A)\Delta M(Z_2^{***})^{\gamma}e^{-v}D_m+\dfrac{\beta_2}{\beta_2-1}(1-\theta_A)(1+\delta_B)(1+\xi)\\ \quad\dfrac{D_C}{r-\alpha_C}-\dfrac{\beta_2}{\beta_2-1}\dfrac{f}{r}=0\\ A_3=\dfrac{(1-\theta_A)\left[\Delta M(Z_1^{***})^{\gamma}e^{-v}D_m-(1+\xi)(1+\delta_B)\dfrac{D_C}{r-\alpha_C}-\dfrac{D_A Z_1^{***}}{r-\alpha_A}+\dfrac{f}{r}\right]}{(Z_1^{***})^{\beta_1}}\\ B_3=\dfrac{(1-\theta_A)\left[\Delta M(Z_2^{***})^{\gamma}e^{-v}D_m-(1+\xi)(1+\delta_B)\dfrac{D_C}{r-\alpha_C}-\dfrac{D_A Z_2^{***}}{r-\alpha_A}+\dfrac{f}{r}\right]}{(Z_2^{***})^{\beta_2}}\end{cases}$$

(5-3-9)

通过上述方程组可以求出 Z_1^{***}、Z_2^{***}、A_3 和 B_3 的数值。

因此，原问题的解为：

$$F(X_{At},X_{Ct})=\begin{cases}e^{-rt}\left[A_3X_{Ct}^{1-\beta_1}X_{At}^{\beta_1}+X_{At}\dfrac{D_A}{r-\alpha_A}-\dfrac{f}{r}\right], & 0<\dfrac{X_{At}}{X_{Ct}}<Z_1^{***}\\ e^{-rt}\left[(1-\theta_A)e^{-v}\Delta MD_mX_{At}^{\gamma}X_{At}^{1-\gamma}-(1-\theta_A)\right.\\ \quad[1+(1+\delta_B)(1+\xi)]\\ \quad\dfrac{f}{r}+\theta_A\dfrac{D_AX_{At}}{r-\alpha_A}-(1-\theta_A)(1+\delta_B)\\ \quad\left.(1+\xi)\dfrac{D_CX_{Ct}}{r-\alpha_C}\right], & Z_1^{***}<\dfrac{X_{At}}{X_{Ct}}<Z_2^{***}\\ e^{-rt}\left[B_3X_{Ct}^{1-\beta_2}X_{At}^{\beta_2}+X_{At}\dfrac{D_A}{r-\alpha_A}-\dfrac{f}{r}\right], & \dfrac{X_{At}}{X_{Ct}}>Z_2^{***}\end{cases}$$

(5-3-10)

其中，主并企业的最佳并购时机为：

$$\tau_A^{***}=\inf\{t\geqslant 0\mid Z_t\in[Z_1^{***},Z_2^{***}]\}\qquad(5-3-11)$$

5.3.2 应用实例及分析

1. 举例说明

假设互为竞争对手的企业 A 和企业 B 均欲对目标企业 C 实施并购，此时，由于 A 和 B 的角色具有对称一致性，因而本书只对主并企业 A 进行分析。

为方便计算，本书假定 $e^{-v}=0.6$，$\delta_B=0.6$，其他参数的数值设置同上一章节。

综合分析研究参数的数值，可以得到：

$$\begin{cases}50Z_1^{***}-225.2762(Z_1^{***})^{\frac{2}{3}}+89.6864=0\\50Z_2^{***}-83.0398(Z_2^{***})^{\frac{2}{3}}+7.8041=0\end{cases}$$

$$\Rightarrow\begin{cases}Z_1^{***}=0.3217\\Z_2^{***}=4.0946\end{cases}$$

$$\Rightarrow\begin{cases}A_3=70.9102\\B_3=251.9957\end{cases}$$

因此，主并企业 A 的最佳并购时机可以表示为：

$$\tau^{***}=\inf\{t\geqslant 0\mid Z_t\in[0.3217,\ 4.0946]\}$$

主并企业 A 的所得价值函数可以表示为：

$$F^*(t,\ X_{At},\ X_{Ct})=$$

$$\begin{cases}e^{-0.05t}(70.9102X_{At}^{1.287}X_{Ct}^{-0.287}+50X_{At}-4), & \dfrac{X_{At}}{X_{Ct}}\in(0,\ 0.3217)\\ \dfrac{5}{8}e^{-0.05t}(104.225X_{At}^{\frac{2}{3}}X_{Ct}^{\frac{1}{3}}+15X_{At}-24X_{Ct}+9.52), & \dfrac{X_{At}}{X_{Ct}}\in(0.3217,\ 4.0946)\\ e^{-0.05t}(251.9957X_{At}^{-0.6399}X_{Ct}^{1.6399}+50X_{At}-4), & \dfrac{X_{At}}{X_{Ct}}\in(4.0946,\ \infty)\end{cases}$$

主并企业 A 的等待期权价值可以表示为：

$$O(X_{At},\ X_{Ct})=\begin{cases}70.9102X_{At}^{1.287}X_{Ct}^{-0.287}, & \dfrac{X_{At}}{X_{Ct}}\in(0,\ 0.3217)\\ 251.9957X_{At}^{-0.6399}X_{Ct}^{1.6399}, & \dfrac{X_{At}}{X_{Ct}}\in(4.0946,\ \infty)\end{cases}$$

2. 参数分析

本章节将重点讨论超竞争环境下并购财务困境企业时，竞争对手给目标企业带来的溢价水平（δ_B）对并购时机的影响。其他参数在上一章已作出具体分析，本章将不再讨论。

竞争对手给目标企业带来的溢价水平 δ_B 对并购时机的影响。从图 5-3-1 中可以看出，在超竞争环境下并购财务困境企业时，随着竞争对手给目标企业带来的溢价水平 δ_B 的增大，并购区间的阈值下限值 Z_1 呈逐渐增加的趋势，而并购区间的阈值上限值 Z_2 呈逐渐减少的趋势。也就是说，随着竞争对手给目标企业带来的溢价水平的增大，主并企业推迟并购。这可能是因为竞争对手给目标企业带来的溢价水平提高可能会导致主并企业的溢价水平也随之提高，这会使主并企业的并购成本增加，甚至大于并购产生的协同效应，因而，主并企业要多加考虑。值得注意的是，随着竞争对手给目标企业带来的溢价水平的增大，并购区间逐渐变窄，说明此时主并企业应该主动地寻找机会，面对机遇需要果断把握，以避免错失并购时机。

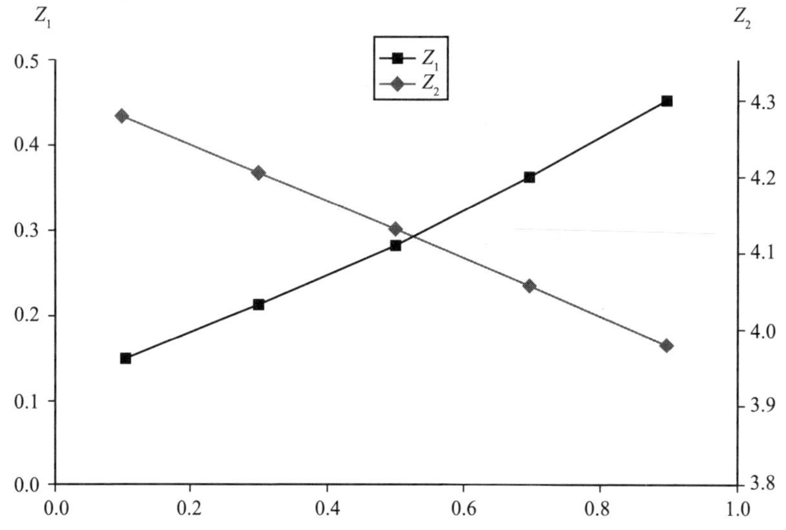

图 5-3-1　溢价水平 δ_B 与并购阈值的关系

5.4　超竞争环境下主并方合作并购财务困境企业的定价与时机研究

在现实的并购中，由于并购财务困境企业会存在较高的风险，为了实现风险共担、发挥各自的优势，主并企业会选择以合作的形式进行并购。例如，自 2011 年起，由于产能严重过剩、市场竞争激烈、高负债且生产和投资方案不合理，上海超日太阳能科技股份有限公司连续三年亏损，财务困境严重，2014 年 3 月更是陷入“11 超日债”违约漩涡，濒临破产。2014 年 10 月，江苏协鑫能源有限公司联合嘉兴长元有限合伙企业等通过主并企业合作的方式对其进行并购。江苏协鑫向超日太阳注入资产、技术、管理人员等，并提供部分偿债资金；嘉兴长元等为财务投资者，提供资金支持。本章主要针对主并企业合作并购这种情况，建立模型求解最优的并购价值分配比例和并购时机，并对不同情景下的主并企业最佳并购时机进行对比分析。

合作的主并方在并购过程中，首先需要通过谈判达成并购协议，从而展开对目标公司的并购。他们合作的目的是分担风险、提高并购成功的概率，从而各自在合作并购中分享收益。合作组织由并购主导者（Merger Leader，以下可简称为主导者）和并购跟随者（Merger Follower，以下可简称为跟随者）组成。合作组织具有不稳定性，对于跟随者而言，其发生违约的可能性来自内外部因素，简单总结如下：第一，主并方中的一方自身资金链出现问题，这种情况使得该主并方合作能力降低，从而增大了其合作伙伴的并购成本。第二，跟随者在与并购主导者合作的过程中有了更好的机会，如跟随者参与并购其他目标公司，或者与其他并购主导者合作并购原目标公司，或者该跟随者投资其他项目的机会成本更高。上述提到的成本一旦高于并购跟随者的期望值，都有可能成为并购跟随者发生合作违约的动因，从而将并购合作联盟推向瓦解。前面两节主要分析了超竞争环境下单一主并企业并购财务困境企业的定价与时机选择问题。本章将重点讨论超竞争环境下主并方合作并购财务困境企业的定价与时机选择问题，对此建立模型，并进行数值模拟分析。

5.4.1　超竞争环境下主并方合作并购财务困境企业的模型建立与求解

1. 模型假设

（1）假设并购主导者 b_1 与并购跟随者 b_2 欲对目标企业 n 实施并购。其中，b_2 提供资金和公关方面的支持，协助 b_1 完成并购，并购定价与时机由 b_1 决定。在时刻 $t \in [0, \infty)$，企业的价值可表示为 $\pi_t^i = X_{it} D_i - f_i$，其中，$i \in \{b_1, b_2, n\}$。它主要是由三部分构成，$D_i$ 表示固定部分（可代表股票数）；X_{it}表示随机部分（可代表股价）；f_i 代表企业困境成本（可代表企业由于财务困境而导致的价值损失）。本书假定目标企业存在财务困境而主并企业不存在财务困境，所以令 $f_{b_1}=f_{b_2}=0$。

（2）根据 Cobb－Douglas 生产函数，在主并方形成的联盟中：$x_b=x_{b_1t}^{\varepsilon_1}x_{b_2t}^{1-\varepsilon_1}$。其中，$\varepsilon_1$ 和 $1-\varepsilon_1$ 分别为企业 b_1 与企业 b_2 在联盟中的贡献比例，同时也反映了在联盟中各个成员的重要程度，这样就把多个主并企业合作并购问题转换为传统的单一主并企业的并购问题。

（3）并购后的大联盟用字母 m 表示，$t\in[0,\infty)$ 时大联盟的价值为 π_t^m，用 D_m 表示其固定部分，且 $D_m=(1+\bar{\omega})(D_b+D_n)$；用 Y_j，$j\in\{1,2\}$ 表示其随机部分，且并购发生在协同效应出现的期间内，$Y_1=M_\tau X_b^\gamma X_n^{1-\gamma}e^{-v}$；协同效应出现后，$Y_2=M_T X_b^\gamma X_n^{1-\gamma}e^{-v}$；$f$ 表示企业困境成本。v 表示超竞争环境下导致双方谈判破裂的因素或谈判破裂发生的次数，$e^{-v}\in[0.5,1]$ 表示的是超竞争环境下的竞争给企业累积价值带来的损失因子。$(1-\bar{\omega})$ 则用来代表超竞争环境的竞争强度，$\bar{\omega}$ 越小则表示竞争强度越大。γ 表示的是并购后大联盟的企业价值中主并方所贡献的比例，$(1-\gamma)$ 表示的是并购后合并企业的企业价值中目标企业所贡献的比例。M_τ 和 M_T 为协同度，且 $M_T>M_\tau$。由于不同企业在整合能力及资源匹配等方面的差异，本书假定并购过程协同效应出现所需要的时间 T 服从指数分布，该分布的随机参数为 λ，密度函数为 $f(t)=\lambda e^{-\lambda t}$，因而协同效应出现所需时间的期望值为 $\frac{1}{\lambda}$。

（4）假设 b_1 和 b_2 之间的信任合作与追逐私利的机会主义共存，二者并非相互排斥。该假设说明并购中主并方合作具有不稳定性，合作联盟中出现合作机会主义的概率为 p，且其线性作用于企业价值。

2. 模型建立与求解

令 $Y=X_{bt}^\gamma X_{nt}^{1-\gamma}e^{-v}$，$Z=\frac{X_{bt}}{X_{nt}}$，根据伊藤定理可知：

$$\mathrm{d}Y_t=\alpha_Y Y_t\mathrm{d}t+\sigma_Y Y_t\mathrm{d}W_Y \tag{5-4-1}$$

$$\mathrm{d}Z_t=\alpha_Z Z_t\mathrm{d}t+\sigma_Z Z_t\mathrm{d}W_Z \tag{5-4-2}$$

并且满足：

$$\begin{cases}\alpha_Y=\gamma\alpha_b+(1-\gamma)\alpha_n-\frac{1}{2}\gamma(1-\gamma)[(\sigma_b-\sigma_n)^2+2\sigma_b\sigma_n(1-\rho)]\\ \sigma_Y^2=[\gamma\sigma_b+(1-\gamma)\sigma_n]^2-2\gamma(1-\gamma)\sigma_b\sigma_n(1-\rho)\\ \alpha_Z=\alpha_b-\alpha_n+\sigma_n(\sigma_n-\sigma_b\rho)\\ \sigma_Z^2=(\sigma_b+\sigma_n)^2-2\sigma_b\sigma_n(1+\rho)\end{cases}\tag{5-4-3}$$

其中，$\rho\in(-1,1)$ 表示的是维纳过程 W_i 的相关系数。

且有：

$$\begin{cases}\alpha_b=\varepsilon_1\alpha_{b_1}+(1-\varepsilon_1)\alpha_{b_2}-\frac{1}{2}\varepsilon_1(1-\varepsilon_1)[(\sigma_{b_1}-\sigma_{b_2})^2+2\sigma_{b_1}\sigma_{b_2}(1-\rho_{b_1b_2})]\\ \sigma_b=[\varepsilon_1\sigma_{b_1}+(1-\varepsilon_1)\sigma_{b_2}]^2-2\varepsilon_1(1-\varepsilon_1)\sigma_b\sigma_{b_2}(1-\rho_{b_1b_2})\end{cases}\tag{5-4-4}$$

（1）价值分配。假定主并企业 b 在时刻 $t=\tau$ 时，成功并购目标企业 n，此时可以根据协同效应是否已产生，将模型分为协同效应出现前和协同效应出现后两个阶段，且先计算协同效应出现后的模型。

在并购后，且协同效应已经产生的阶段，也就是在 $[\tau+T,\ +\infty)$ 这段时间，合并企业的企业累积价值的期望值为：

$$V_T(Y_T)=E[\int_0^{+\infty}e^{-rt}M_TYD_m\mathrm{d}t]\tag{5-4-5}$$

其中，r 表示的是无风险利率。

在并购之后且协同效应产生前的阶段，也就是在 $[\tau,\ \tau+T]$ 这段时间，合并企业的企业累积价值的期望值为：

$$V(Y)=E[\int_0^{T}e^{-rt}M_\tau YD_m\mathrm{d}t+e^{-rT}V_T(Y_T)]\tag{5-4-6}$$

因为：

$$\begin{cases}E[\int_0^{T}e^{-rt}M_\tau YD_m\mathrm{d}t]=E[\int_0^{+\infty}e^{-(r+\lambda)t}M_\tau YD_m\mathrm{d}t]\\ E[e^{-rT}V_T(Y_T)]=E[e^{-rT}E_{Y_T}[\int_0^{+\infty}e^{-rt}M_TYD_m\mathrm{d}t]]\end{cases}\tag{5-4-7}$$

根据文献易知：

$$E[e^{-rT}E_{Y_T}[\int_0^{+\infty}e^{-rt}M_TYD_m\mathrm{d}t]]=E[\int_0^{+\infty}e^{-rt}M_TYD_m\mathrm{d}t]-E[\int_0^{+\infty}e^{-(r+\lambda)t}M_TYD_m\mathrm{d}t]\tag{5-4-8}$$

因此，合并企业价值可以表示为：

$$V(Y) = E[\int_0^{+\infty} e^{-(r+\lambda)t} M_\tau Y D_m \mathrm{d}t] + E[\int_0^{+\infty} e^{-rt} M_T Y D_m \mathrm{d}t] - E[\int_0^{+\infty} e^{-(r+\lambda)t} M_T Y D_m \mathrm{d}t]$$

$$= \frac{M_\tau Y D_m}{r+\lambda-\alpha_Y} + \frac{M_T Y D_m}{r-\alpha_Y} - \frac{M_T Y D_m}{r+\lambda-\alpha_Y} \quad (5-4-9)$$

也就是说：

$$V(X_{bt}, X_{nt}) = \frac{M_T X_{bt}^{\gamma} X_{nt}^{1-\gamma} e^{-\upsilon} D_m}{r-\alpha_Y} - \frac{f}{r} - \frac{(M_T - M_\tau) X_{bt}^{\gamma} X_{nt}^{1-\gamma} e^{-\upsilon} D_m}{r+\lambda-\alpha_Y}$$

$$= \Delta M X_{bt}^{\gamma} X_{nt}^{1-\gamma} e^{-\upsilon} D_m - \frac{f}{r} \quad (5-4-10)$$

其中，$\Delta M = \frac{M_T}{r-\alpha_Y} - \frac{M_T - M_\tau}{r+\lambda-\alpha_Y} > 0$。

只有当主并企业联盟给予目标企业的并购价格不小于目标企业的累积价值时目标公司才愿意接受并购。因此，如前所述，目标公司并购后获得的价值补偿值可表示为：

$$E[\int_0^{\infty} e^{-rt} s(X_{bt}, X_{nt}) V(X_{bt}, X_{nt}) \mathrm{d}t] = s(X_{bt}, X_{nt}) \left(\Delta M X_{bt}^{\gamma} X_{nt}^{1-\gamma} e^{-\upsilon} D_m - \frac{f}{r} \right) \quad (5-4-11)$$

在信息完全的条件下，由于合作机会主义行为的可能发生使得善意的目标公司会重新计算自身在并购后可获得的收益。这里假设目标公司认为合作机会主义不发生的概率为 p，此时即认为并购成功实施；而认为合作机会主义发生的概率为 $1-p$，此时即认为并购失败。在这种情况下，并购后的目标企业可获得的并购收益期望值为：

$$pE[\int_0^{\infty} e^{-rt} s(X_{bt}, X_{nt}) V(X_{bt}, X_{nt}) \mathrm{d}t] + (1-p)E[\int_0^{\infty} (1+\xi)(X_{nt} D_n - f) \mathrm{d}t] \quad (5-4-12)$$

化简上式得：

$$ps(X_{bt}, X_{nt}) \left(\Delta M X_{bt}^{\gamma} X_{nt}^{1-\gamma} e^{-\upsilon} D_m - \frac{f}{r} \right) + (1-p)(1+\xi) \left(\frac{X_{n\tau} D_n}{r-\alpha_n} - \frac{f}{r} \right) \quad (5-4-13)$$

因为目标企业可以接受并购条件的最低标准是主并企业联盟给予目标企业的并购价格等于目标企业独资经营的累积价值，即可得到：

$$pE[\int_0^{\infty} e^{-rt} s(X_{bt}, X_{nt}) V_m(X_{bt}, X_{nt}) \mathrm{d}t] + (1-p)E[\int_0^{\infty} (1+\xi)(X_{nt} D_n - f) \mathrm{d}t]$$

$$= E\left[\int_0^{\infty}(1+\xi)(X_{nt}D_n - f)\mathrm{d}t\right] \tag{5-4-14}$$

进一步计算可以得出：

$$ps(X_{bt}, X_{nt})\left(\Delta M X_{bt}^{\gamma} X_{nt}^{1-\gamma} e^{-v} D_m - \frac{f}{r}\right) + (1-p)(1+\xi)\left(\frac{X_{n\tau}D_n}{r-\alpha_n} - \frac{f}{r}\right)$$

$$= (1+\xi)\left(\frac{X_{n\tau}D_n}{r-\alpha_n} - \frac{f}{r}\right) \tag{5-4-15}$$

通过解式（5-4-14）可以得出：

$$s(X_{bt}, X_{nt}) = \frac{(1+\xi)\left(\frac{X_{n\tau}D_n}{r-\alpha_n} - \frac{f}{r}\right)}{\left(\Delta M X_{bt}^{\gamma} X_{nt}^{1-\gamma} e^{-v} D_m - \frac{f}{r}\right)} = \frac{(1+\xi)\left(\frac{X_{n\tau}D_n}{r-\alpha_n} - \frac{f}{r}\right)}{\left(\Delta M X_{b_1t}^{\gamma\varepsilon_1} X_{b_2t}^{\gamma(1-\varepsilon_1)} X_{nt}^{1-\gamma} e^{-v} D_m - \frac{f}{r}\right)} \tag{5-4-16}$$

（2）并购阈值的确定。在并购跟随者存在合作机会主义的情况下，由于联盟机会主义 p 的存在使得 $\phi(Z)$ 的形式为：

$$\phi(Z) = \begin{cases} (pA)Z^{\beta_1} + \frac{D_b Z}{r-\alpha_b} - \frac{f}{r}, & 0 < Z < Z_1^{***} \\ (pB)Z^{\beta_2} + \frac{D_b Z}{r-\alpha_b} - \frac{f}{r}, & Z > Z_2^{***} \end{cases} \tag{5-4-17}$$

并购后主并企业的累积价值函数为：

$$\begin{aligned} V(X_{bt}, X_{mt}) &= \sup_{\tau \in T} E\left[\int_0^T e^{-rt} X_{bt} D_b \mathrm{d}t + e^{-rt} V_b(X_{bt}, X_{mt})\right] \\ &= \frac{D_b X_b}{r-\alpha_b} + \sup_{\tau} E\left[e^{-rt} V_b(X_{bt}, X_{mt})\right] \end{aligned} \tag{5-4-18}$$

经整理得：

$$V(X_{bt}, X_{mt}) = \frac{D_b X_b}{r-\alpha_b} + p\xi\frac{f}{r} + pX_{mt}\left[\Delta M Z^{\gamma} e^{-v} D_m - (1+\xi)\frac{D_n}{r-\alpha_n}\right] \tag{5-4-19}$$

令：

$$\psi(Z) = p\left[\Delta M Z^{\gamma} e^{-v} D_m - (1+\xi)\frac{D_n}{r-\alpha_n}\right]$$

由价值匹配与平滑粘贴条件，可以得到：

$$\begin{cases}(pA)(Z_1^{****})^{\beta_1}+\dfrac{D_bZ_1^{****}}{r-\alpha_b}-\dfrac{f}{r}=p\left[\Delta M(Z_1^{****})^{\gamma}e^{-v}D_m-(1+\xi)\dfrac{D_n}{r-\alpha_n}\right]\\ \beta_1(pA)(Z_1^{****})^{\beta_1-1}+\dfrac{D_b}{r-\alpha_b}=\gamma p\Delta M(Z_1^{****})^{\gamma-1}e^{-v}D_m\\ (pB)(Z_2^{****})^{\beta_2}+\dfrac{D_bZ_2^{****}}{r-\alpha_b}-\dfrac{f}{r}=p\left[\Delta M(Z_2^{****})^{\gamma}e^{-v}D_m-(1+\xi)\dfrac{D_n}{r-\alpha_n}\right]\\ \beta_2(pB)(Z_2^{****})^{\beta_2-1}+\dfrac{D_b}{r-\alpha_b}=\gamma p\Delta M(Z_2^{****})^{\gamma-1}e^{-v}D_m\end{cases}\tag{5-4-20}$$

进一步可以得到：

$$\begin{cases}\dfrac{D_bZ_1^{****}}{r-\alpha_b}-\dfrac{\beta_1-\gamma}{\beta_1-1}p\Delta M(Z_1^{****})^{\gamma}e^{-v}D_m+\dfrac{\beta_1}{\beta_1-1}p(1+\xi)\dfrac{D_n}{r-\alpha_n}-\dfrac{\beta_1}{\beta_1-1}\dfrac{f}{r}=0\\ \dfrac{D_bZ_2^{****}}{r-\alpha_b}-\dfrac{\beta_2-\gamma}{\beta_2-1}p\Delta M(Z_2^{****})^{\gamma}e^{-v}D_m+\dfrac{\beta_2}{\beta_2-1}p(1+\xi)\dfrac{D_n}{r-\alpha_n}-\dfrac{\beta_2}{\beta_2-1}\dfrac{f}{r}=0\\ A=\dfrac{p\Delta M(Z_1^{****})^{\gamma}e^{-v}D_m-p(1+\xi)\dfrac{D_n}{r-\alpha_n}-\dfrac{D_bZ_1^{****}}{r-\alpha_b}+\dfrac{f}{r}}{p(Z_1^{****})^{\beta_1}}\\ B=\dfrac{p\Delta M(Z_2^{****})^{\gamma}e^{-v}D_m-p(1+\xi)\dfrac{D_n}{r-\alpha_n}-\dfrac{D_bZ_2^{****}}{r-\alpha_b}+\dfrac{f}{r}}{p(Z_2^{****})^{\beta_2}}\end{cases}\tag{5-4-21}$$

由上述方程组可以求出 Z_1^{****}、Z_2^{****}、A 和 B 的数值。

因此，原问题的解为：

$$F(X_{bt},X_{nt})=\begin{cases}e^{-rt}\left[pAX_{bt}^{\beta_1}X_{nt}^{1-\beta_1}+X_{bt}\dfrac{D_b}{r-\alpha_b}-\dfrac{f}{r}\right], & 0<\dfrac{X_{bt}}{X_{nt}}<Z_1^{****}\\ e^{-rt}\left\{\left(\dfrac{D_bX_{bt}}{r-\alpha_b}+p\xi\dfrac{f}{r}\right)+p\left[\Delta MX_{bt}^{\gamma}X_{nt}^{1-\gamma}e^{-v}D_m\right.\right. & \\ \left.\left.-(1+\xi)\dfrac{D_nX_{nt}}{r-\alpha_n}\right]\right\}, & Z_1^{****}<\dfrac{X_{bt}}{X_{nt}}<Z_2^{****}\\ e^{-rt}\left[pBX_{nt}^{1-\beta_2}X_{bt}^{\beta_2}+X_{bt}\dfrac{D_b}{r-\alpha_b}-\dfrac{f}{r}\right], & \dfrac{X_{bt}}{X_{nt}}>Z_2^{****}\end{cases}\tag{5-4-22}$$

其中，主并企业的最佳并购时机为：

$$\tau_A^{****}=\inf\{t\geqslant 0\mid Z_t\in[Z_1^{****},\ Z_2^{****}]\}\qquad(5-4-23)$$

5.4.2 应用实例及分析

1. 举例说明

假设主并企业 b_1 和主并企业 b_2 欲以合作的方式对目标企业 n 进行并购。对主并企业 b_1 来说，企业价值增长率 $\alpha_{b_1}=0.055$，波动率为 $\sigma_{b_1}=0.3$；对主并企业 b_2 来说，企业价值增长率为 $\alpha_{b_2}=0.04$；波动率为 $\sigma_{b_2}=0.4$。$\rho_{b_1b_2}=0.5$；目标企业价值增长率为 $\alpha_n=0.015$，波动率为 $\sigma_n=0.25$；令 $\rho_{bn}=0.45$；以上参数均可以通过主被并企业的历史数据整理分析得到。同时，主并企业的企业累积价值固定部分可以表示为 $D_b=1$，被并企业的企业累积价值固定部分可以表示为 $D_n=0.5$，$f=0.2$。若执行并购决策，则合并企业中，主并方所占权重为 $\gamma=\frac{2}{3}$；主并方中并购主导者所占权重为 $\varepsilon_1=0.6$；并购成功概率为 $p=0.7$。另外，令 $M_\tau=1$，$M_T=5$，协同效应出现时间的期望值为$\frac{1}{\lambda}=2$，这些数据可通过对主被并企业进行评估，并借鉴其他并购案例得到。另外假设超竞争环境下，竞争强度 $(1-\bar{\omega})=0.8$；参数因子 $e^{-v}=0.6$；竞争的不确定性 $\xi=0.5$；无风险利率取 $r=0.05$。

由上述给定参数，易得：

$$\begin{cases}\alpha_Y=0.0156\\ \sigma_Y^2=0.0619\\ \alpha_Z=0.0438\\ \sigma_Z^2=0.0850\end{cases}$$

因为 β_1 和 β_2 是方程 $\varphi(\beta)\equiv\frac{1}{2}\sigma_z^2\beta(\beta-1)+(\alpha_b-\alpha_n)\beta-(r-\alpha_n)=0$ 的两根，易解得：$\beta_1=1.2870$，$\beta_2=-0.6399$。

又由 $\Delta M=\frac{M_T}{r-\alpha_Y}-\frac{M_T-M_\tau}{r+\lambda-\alpha_Y}$，易得：$\Delta M=137.8638$

$$\Rightarrow\begin{cases}50Z_1^{****}-167.7889(Z_1^{****})^{\frac{2}{3}}+49.3275=0\\ 50Z_2^{****}-83.0398(Z_2^{****})^{\frac{2}{3}}+4.2923=0\end{cases}$$

$$\Rightarrow\begin{cases}Z_1^{****}=0.2139\\Z_2^{****}=4.3182\end{cases}$$

$$\Rightarrow\begin{cases}A=182.8506\\B=180.2094\end{cases}$$

主并企业 A 的所得价值函数可以表示为：

$$F^*(t,X_{bt},X_{nt})=$$

$$\begin{cases}e^{-0.05t}(127.9954X_{bt}^{1.287}X_{nt}^{-0.287}+50X_{bt}-4), & \dfrac{X_{bt}}{X_{nt}}\in(0,0.2139)\\ e^{-0.05t}(104.225X_{bt}^{0.7}X_{bt}^{0.3}+50X_{bt}-15X_{nt}+1.4), & \dfrac{X_{bt}}{X_{nt}}\in(0.2139,4.3182)\\ e^{-0.05t}(126.1466X_{bt}^{-0.6399}X_{nt}^{1.6399}+50X_{bt}-4), & \dfrac{X_{bt}}{X_{nt}}\in(4.3182,\infty)\end{cases}$$

因此，主并企业 A 的最佳并购时机可以表示为：

$$\tau^{****}=\inf\{t\geqslant 0\mid Z_t\in[0.2139,4.3182]\}$$

2. 参数分析

本部分将进一步讨论分析主并方中并购主导者所占权重 ε_1 和联盟机会主义不出现的概率 p 对并购财务困境企业时机的影响。其他参数不是本节重要研究的对象，故不在此做具体讨论。

(1) 并购主导者所占权重 ε_1 对并购时机的影响。从图 5-4-1 中可以看出，在超竞争环境下主并方合作并购财务困境企业时，随着 ε_1 的增加，并购阈值的上下界 Z_1 和 Z_2 都下降。并购主导者在合作联盟中的分配比例越大，则对于主并方联盟将有着相对较低的并购阈值上、下界，这说明并购主导者在联盟中的重要程度增强，主并方联盟可能会提前并购。因为主并企业联盟中领导者占据的地位越强势，联盟内部的统一性越强，并购成功的可能性就越大，因而主并方会提前并购。从图中还可以得到并购阈值的上、下界差值随着并购主导者在联盟中重要程度的增强而减少，这说明并购主导者在合作联盟中实力的增强虽然可以加速并购时机的到来，但同时也会缩小并购区域，这样留给主并方联盟的并购最优时机更是转瞬即逝。这就要求主并方联盟在并购主导者占据强势的情况下，面对稍纵即逝的机会能够更快地作出决策。

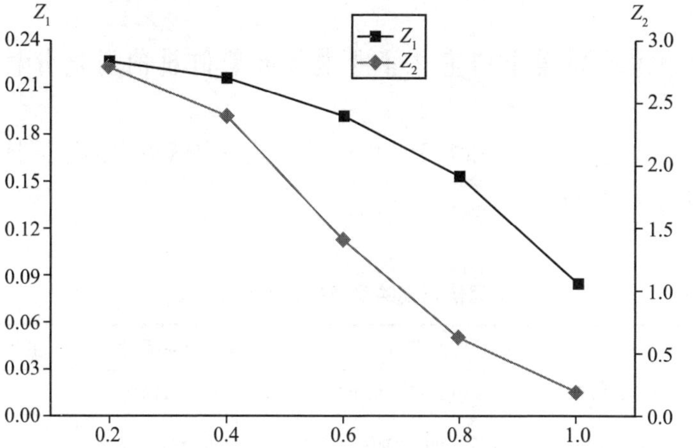

图 5-4-1 并购主导者所占权重 ε_1 与并购阈值的关系

（2）主并方联盟中不出现机会主义的概率 p 对并购时机的影响。从图 5-4-2 中可以看出，在超竞争环境下主并方合作并购财务困境企业时，随着主并方联盟不出现机会主义出现概率 p 的提高，即主并方联盟出现机会主义概率的减少，并购阈值下界在逐渐增加，上界也在逐渐增加，并且并购阈值区域范围也在增加。这表明并购跟随者发生机会主义的可能性增加，主并方的并购时机可能会提前，因为联盟中机会主义出现概率越低表明联盟越稳定，联盟解体的可能性就越小，因此，主并企业应该会推迟并购，等待最优时机。同时，最优并购区域也在减小，主并方面对稍纵即逝的机会应该更快地作出决策。

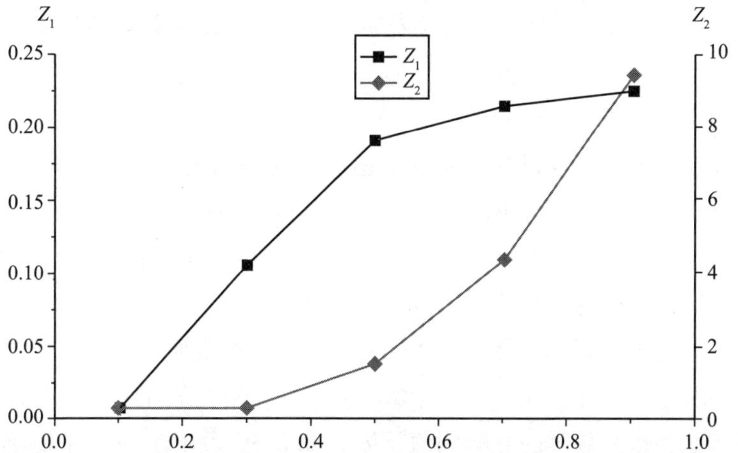

图 5-4-2 联盟中机会主义不出现概率 p 与并购阈值的关系

5.4.3 不同情景下的主并企业最佳并购时机的对比分析

本部分主要是对5.2节和5.3节中通过建模与求解得出的不同情境下的最佳并购时机进行对比分析。

表5-4-1 不同情境下的最佳并购时机的对比

变量	目标企业默许	协议并购	存在竞争对手时	主并方合作并购
公式序号	(5-2-35)	(5-2-57)	(5-3-11)	(5-4-23)
公式内容	$\tau^{*}=\inf\{t\geqslant 0 \mid Z_t\in[Z_1^{*}, Z_2^{*}]\}$	$\tau^{**}=\inf\{t\geqslant 0 \mid Z_t\in[Z_1^{**}, Z_2^{**}]\}$	$\tau^{***}=\inf\{t\geqslant 0 \mid Z_t\in[Z_1^{***}, Z_2^{***}]\}$	$\tau^{****}=\inf\{t\geqslant 0 \mid Z_t\in[Z_1^{****}, Z_2^{****}]\}$
Z值求解公式	(5-3-33)	(5-3-55)	(5-3-9)	(5-4-21)
实例中的Z值	[0.1356, 12.9430]	[0.1221, 4.3182]	[0.3217, 4.0946]	[0.2139, 4.3182]

由表5-4-1可以看出不同情境下得到的主并企业最佳并购时机各不相同，具体而言可以得到如下结论：第一，在超竞争环境下并购财务困境企业时，目标企业协议并购时的并购阈值下限值0.1221小于目标企业持默许态度时的并购阈值下限值0.1356，可以看出当目标企业在并购过程中进行讨价还价时，主并企业会提前并购。因为每次并购谈判都会花费成本，并且由于超竞争环境具有很强的不确定性，为避免处于财务困境的目标企业管理和经营活动变得更差而降低并购后的协同效应，主并企业可能会提前并购。第二，在超竞争环境下并购财务困境企业时，存在竞争对手且目标企业讨价还价时的并购阈值下限值0.3217大于不存在竞争对手时的并购阈值下限值0.1221，可以看出存在竞争对手时，主并企业会推迟并购。因为存在竞争对手时主并企业若要成功并购则需要支付比竞争对手高的并购溢价，并且随着竞争对手给目标企业带来的溢价水平的提高，主并企业的溢价水平也随之提高，这会使主并企业的并购成本增加，甚至大于并购产生的协同效应，因此，主并企业要多加考虑。第三，在超竞争环境下并购财务困境企业时，主并方合作并购时的并购阈值下限值0.2139大于单一主并企业并购时的并购阈值下限值0.1356，可以看出主并方合作并购时，主并方会推迟并购。因为

主并方合作并购时的并购时机是由并购联盟中的领导者决定的，并且并购联盟具有不稳定性，当出现更好的投资机会时并购跟随者很可能违约不进行本次并购，因此，并购领导者要多加调查与考虑，所以主并方更有可能会推迟并购。

5.5　本章小结

本章主要研究超竞争环境下不存在竞争对手时并购财务困境企业的定价与时机选择问题，分别根据并购过程中目标企业持默许态度及协议并购两种不同的情形建模并求解，得出在这两种情形下，主并企业的最佳并购时机及相应的等待期权。本章基于前人的研究，引入了最能代表超竞争环境特征的三个变量［e^{-v}，ξ，$(1-\varpi)$］，以及代表企业困境的因子 f，并在模型中考虑了并购财务困境企业后协同效应产生的滞后性问题，更为合理地计算出并购财务困境企业后得到的合并企业价值，并在此基础上进一步建立了超竞争环境下并购财务困境企业的决策模型。

首先，我们考察了目标企业对并购行为决策持默许态度及协议并购时的企业并购决策问题。在目标企业持默许态度的情况下，并购财务困境企业时，并购活动发生的条件是主并企业给予目标企业的价值补偿只要等于目标企业独自经营的累积价值之和即可，并购财务困境企业所产生的全部协同效应则由主并企业独自获得；在目标企业协议并购的情况下，目标企业会积极参与谈判并主动与主并企业进行讨价还价，从而为自身获取更多的价值补偿。本章通过建立模型与数值模拟分析，主要得到以下研究结论：第一，在超竞争环境且不存在竞争对手条件下并购财务困境企业时，目标企业可能获得来自主并企业的价值补偿比例，以及主并企业的最佳并购时机，同时受到代表超竞争环境的三个因子、企业困境因子、并购双方讨价还价能力等的综合影响。第二，在超竞争环境且不存在竞争对手条件下并购财务困境企业时，主并企业的最佳并购时机取决于并购双方的相对价值比。第三，在超竞争环境且不存在竞争对手条件下并购财务困境企业时，主并企业与目标企业均愿意提前报价，并且主并企业在博弈过程中占有优势地位。第四，在超竞争环境下并购财务困境企业时，随着可能导致双方谈判破裂因素、事件的增多，主并企业可能提前进行并购。第五，在超竞争环境下并购财务困境企业时，随着竞争强度的增加，主并企业更有可能推迟并购。因为随着竞争强度的增加，企业的机遇转瞬即逝，主并企业的产品、技术等更新加速，对目标企业资源的需求可能会减少，因此，主并企业应该等待时机慎重决策。第六，在超竞争环境下并购财务困境企业时，随着竞争不确定性的增加，主并企业有可能推迟并购。因为竞争不确定性的增加会使对目标企业价值的评估更加困难，主并企业不能仅通过市场而掌握目标企业的全部信息，因此，主并企业对于是否并购目标企业更应该持谨慎态度。第七，在超竞争环境下并购财务困境企业时，随着目标企业困境程度的增加，主并企业可能会提前并购。这是因为企业困境程度的增加会使目标企业为减少企业损失，急于完成并购。而对主并企业而言，在超竞争环境下抢夺先机尽早完成并购，尽快产生协同效应对主并企业也是十分有利的，因此，主并企业将会提前进行并购。

其次，我们还研究了超竞争环境下存在竞争对手时并购财务困境企业的定价及时机选择问题。书中引入了竞争对手带来的溢价水平 δ_B，并建立了相应的并购模型，之后分析了竞争对手给目标企业带来的溢价水平 δ_B 对并购阈值产生的影响。本章主要得出以下结论：第一，在超竞争环境且存在竞争对手的条件下并购财务困境企业时，主并企业给予目标企业的价值补偿比例受竞争对手造成溢价水平高低的影响，且补偿比例要大于不存在竞争对手的情况。第二，在超竞争环境下并购财务困境企业时，竞争对手给目标企业带来的溢价水平 δ_B 的提高会延迟并购时机。这是因为竞争对手给目标企业带来的溢价水平提高可能会导致主并企业的溢价水平也随之提高，此时主并企业的并购成本增加，甚至会大于并购产生的协同效应，因此，主并企业要多加考虑。第三，在超竞争环境下并购财务困境企业时，竞争对手给目标企业带来的溢价水平 δ_B 的提高会使主并企业的最佳并购区间变窄，因此，主并企业在面对机遇时应该果断作出并购决策，否则机会极有可能被竞争对手把握。

最后，我们引入了代表主并企业联盟中参与者的重要程度 ε_1 及联盟中合作机会主义不出现的概率 p，建立模型并求解，重点分析了这两个因素对并购阈值的影响，并采用数值举例对模型加以验证。得出以下结论：第一，在超竞争环境下主并方合作并购财务困境企业时，目标企业可以得到来自主并企业联盟给予的价值补偿比例与主并企业的最佳并购时机，均受到竞争强度、企业困境因子、竞争不确定性、主并方联盟中主并企业所占比例等相关因素的综合影响。第二，在超竞争环境下主并方合作并购财务困境企业时，主并企业联盟中领导者的重要程度增强，主并方的并购时机可能会提前。因为主并企业联盟中领导者占据的地位越强势，联盟内部的统一性越强，并购成功的可能性就越大，因此，主并方会提前并购。第三，在超竞争环境下主并方合作并购财务困境企业时，联盟中机会主义出现的概率越低，主并方越可能推迟并购。因为联盟中机会主义出现的概率越低，表明联盟越稳定，联盟解体的可能性就越小，因此，主并企业应该会推迟并购。另外，本章还对 5.2 节、5.3 节及 5.4 节中通过建模与求解得出的不同情境下的最佳并购时机进行对比分析。得出以下结论：第一，在超竞争环境下并购财务困境企业时，与目标企业持默许态度相比，目标企业进行讨价还价时主并企业会提前并购。第二，在超竞争环境下并购财务困境企业时，与不存在竞争对手相比，存在竞争对手时主并企业会推迟并购。第三，在超竞争环境下并购财务困境企业时，与单一主并企业并购相比，主并方合作时会推迟并购。

第 6 章

超竞争环境下的连续并购定价与时机研究

6.1 连续并购及相关概念

“连续并购”这一定义由国外学者 Schipper 和 Thompson 于 1983 年提出，并概念化成了并购计划（acquisition programs）。此外，他们在 1985 年对相应的理论模型做了研究和改进。随后，连续并购获得了越来越多学者的关注，因而对于连续并购的不同定义出现了，主要有以下几种：（1）并购计划（acquisition programs），是早期连续并购的通用定义，这一阶段对实施了众多并购活动的上市公司进行研究；（2）连续并购（serial/continuous acquisitions）或多次并购（multiple acquirers），主要是指在样本期间进行了连续多次并购交易；（3）频繁并购（frequent acquirers），指在较短期限内进行了多次并购事件，其并购频率比一般的连续并购高。关于连续并购时间的界定，不同的学者有不同的见解，对现有文献的连续并购研究样本选取标准进行总结归纳，如表 6－1－1 所示。

表 6－1－1　　连续并购研究样本的界定

作者		样本时间	标准	主要研究内容
国外	Schipper、Thompson（1983）	1967—1970 年	≥3 次（3 年）	并购计划、企业价值
	Fuller（2002）	1990—2000 年	≥5 次（3 年）	连续并购、企业绩效

续表

	作者	样本时间	标准	主要研究内容
国外	Rovit、Lemire（2003）	1986—2001年	大于1次	并购计划、组织学习能力
	Groci、Petmezas（2005）	1990—2002年	≥5次（12年）	连续并购动机
	Doukas、Petmezas（2007）	1980—2004年	≥5次（3年）	连续并购绩效、过度自信
	Billett、Qian（2008）	1985—2002年	≥2次（5年）	连续并购中管理者行为
	Ismail（2005）	1985—2004年	大于1次	连续并购收益
国内	韩立岩等（2007）	2001—2003年	≥4次（3年）	并购绩效、并购频数
	周爱香（2007）	1998—2005年	每年都有并购行为（连续3年或5年间）	连续并购的熵变
	吴超鹏等（2008）	1997—2005年	大于1次	连续并购绩效
	陈瑜（2009）	2002—2006年	大于3次（3年）	频繁并购、管理者行为
	郭冰等（2011）	2004—2008年	大于1次	经验学习、公司治理
	张广宝等（2012）	2008—2010年	每年大于1次	并购频率、过度自信

资料来源：本文作者根据相关资料整理。

6.1.1　连续并购的国外研究现状

国外关于连续并购的探索大致经历了三个阶段：（1）20世纪80年代，在这一阶段，关于连续并购的探索主要集中在并购计划（acquisition programs）公告效应领域；（2）21世纪初，这一阶段研究的兴起以Fuller（2002）探索出的一异常现象（连续并购财富效应递减）为契机，掀起了相关研究的热潮，自此，越来越多的西方学者对连续并购和单次并购之间的差异做了详尽的探索，并运用实证研究方法对连续并购的样本特征和样本在各并购阶段中的相互作用展开了详细的研究；（3）2005年后，管理者行为理论受到了越来越多学者的关注，并被频繁地应用到了连续并购绩效检验的研究之中，由此引起了学术界对于连续并购中CEO行为的聚焦，对CEO的特征变量进行量化并应用到实证模型中对其进行动态研究。

1. 第一阶段：上市公司连续并购的公告效应

并购公告作为这一阶段的聚焦点，就是聚焦上市公司将要发生的多起并购交易的市场反应。Schipper 和 Thompson 作为这一研究阶段的代表性人物，他们于 1983 年就美国 1952—1968 年的 55 家上市公司公布的并购计划进行了研究。研究结果显示，第一次进行公告时，股价反应已然全部实现。Asquith 等（1983）就上市企业的公告并购计划做了进一步的探究，发现45%的企业发起过4 起以上的并购活动，首次公告时并购计划的市场反应并未全部实现。Malatesta 等（1985）指出有并购计划公告行为的上市企业，此后的所有并购交易公告中，获得的异常收益都较为明显。这一时期的研究显示，在西方资本市场上已经有较多的上市公司展开了连续并购活动。研究显示，除了在并购计划公告时能够获得异常收益，在后续的每次并购活动中都能获得一定的收益。这一时间段的研究存在下面两点缺陷：一是研究探讨的重心都放在了公告并购计划的相应市场反应上，而忽略了连续并购概念的界定问题；二是对于连续并购中各交易事件之间是否存在相互作用未做进一步的深入细致的研究。

2. 第二阶段：上市公司连续并购的财富效应

Fuller（2002）通过对上市公司的连续并购事件进行研究，发现了财富效应递减规律，此后，连续并购的研究便进入了全新的第二阶段，发展成为并购研究的热门和焦点。研究发现，消极的市场反应普遍出现在上市公司连续并购活动中。为了对这一现象作出解释，西方学者运用组织行为学理论（主要体现为管理者行为的作用）对连续并购中各并购次数间的相互作用进行了探讨。Fu11er（2002）对连续并购做了明确的界定，即 3 年内进行了不小于 5 起并购活动的上市公司，并将 1990—2000 年作为其研究区间，最终取得了 539 家上市公司的 3135 起并购交易样本。实证研究结果显示，连续并购的公告财富效应随着并购次数的增加逐渐减小，即连续并购的市场反应随着并购阶次的变大而不断变差，或者说连续并购的前期并购活动随着并购次数的增加会对后期并购活动的公告效应产生不断递增的消极作用。

连续并购财富效应递减逐渐受到学术界的关注，兴起了对不同国家、各个时期上市公司连续并购行为的研究。多数的研究都验证了 Fuller 的结论（Croci，2005；Conn，2005）。Croci（2005）就连续并购绩效的持久性做了研究，结果显示，进行连续并购的公司的中短期财富效应没有剧烈的波动变化。Doukas 等（2006）提出管理层的过度自信行为会导致上市公司在短期内发生多起并购。Conn（2005）研究发现，财富效应递减现象只发生在首次并购成功的上市公司中，若首次并购失败，在随后的并购中公司财富效应成上涨趋势，这在一定层面上与学习效应的论点相一致。

3. 第三阶段：上市公司连续并购与管理层行为

随着企业体量和规模的不断扩大，对大企业的整个发展历程进行梳理可以观察到，企业不同发展阶段的领导风格存在很大的差别，此时企业的发展思路和方向也存在较大的差别，所以说领导者作为一个企业的带头人，在决定企业经营管理方针和运营方向上起着至关重要的作用。以 CEO 为代表的管理层作用逐渐受到学术界的关注，随后便有了管理层行为与企业连续并购绩效间关系的探索，Billett 等的研究从公司层面转化到 CEO 层面，并将 CEO 作为因变量进行测量，从而更加准确地研究管理层和连续并购绩效之间的关系。

Roll（1986）首次提出了管理者“自以为是”（Hubris）假说：在并购活动中，管理者会因为过度自信而对目标公司的价值和并购协调效应作出过高的估测，导致企业支付过高的溢价给目标公司，提高了并购活动的发生概率。Malmendier 和 Tate（2005）通过研究发现有过度自信倾向的 CEO 进行并购的次数比没有过度自信倾向的要高出 65%。Malmendier 和 Tate（2008）、Brown 和 Sarma（2007）通过实证研究发现企业并购交易随着管理者过度自信的变大而显著增多，与 Roll 的观点相契合。

Hayward（2002）通过对 1990—1995 年间的 120 家上市公司的 214 起连续并购事件进行研究发现，在首次并购中，若上市公司出现较小亏损，CEO 会乐于进行反思并从中吸取教训、学习经验，此时 CEO 的学习效应最强。

Rovit（2003）将组织学习效应运用到实证研究当中，发现进行连续并购交易超过 20 次的公司绩效比进行连续并购交易小于 4 次的公司要好，即主并方并购绩效与连续并购交易次数间存在一个先降后升的倒“U”形关系。出现这一现象的原因是企业管理者的学习效应，即由于 CEO 本身的优秀素质，他们能从失败的交易中汲取经验，也能通过并购活动来不断提高自身的能力。

Aktas（2007）以首次并购 CAR 的正负作为依据，对 CEO 进行了分类，为正则认为 CEO 是理性的，为负则认为 CEO 是非理性的，发现 CEO 的过度自信行为及学习效应共同作用于连续并购，即首次并购的成功也许会使理性 CEO 出现盲目自大的举动，而非理性 CEO 也可能通过对失败的并购经验的学习而提高自身能力变得理性。Nihat Aktas（2009）运用博弈理论就管理者行为对连续并购 CAR 的影响进行了研究。

本书将发生并购次数大于 1 的定义为连续并购。

6.1.2 连续并购的国内研究现状

国内关于连续并购的研究起步较晚，目前的研究仍然处于初级阶段，多是基于中国本土数据对国外相关理论进行的进一步的实证和探讨。周爱香（2007）基于企业和自然间的紧密联系，通过熵变理论，运用四大类别熵对上市公司连续并购进行了建模预测，向我们展示了并购中的物质和能量交换，解释了上市公司的并购行为与动机。此外，周爱香（2008）对连续并购与间隔并购进行了细分研究，发现两种并购之间存在较大差异。韩立岩（2007）通过对上市公司的某次并购绩效与该次并购交易发生前的五年内进行的总并购交易次数展开实证研究，发现：（1）二者之间呈现倒“U”形关系；（2）高管薪酬与并购绩效之间无直接关系。吴超鹏等（2008）通过对管理者过度自信和学习行为建立模型，提出管理者过度自信、学习行为对连续并购绩效的影响。汪建成（2008）研究了中集集团通过连续并购来获取技术资源，并对获取的技术进行学习和再创造来提高自身的技术能力，加速实现国际化的进程。研究总结了后发企业通过连续并购实现技术能力学习和全球化的关键因素：连续并购作为重要的途径、主被并企业核心技术的高关联度、并购后价值链的全面整合、利用已有优势与被并企业的博弈，以及技术学习和国际化的相互促进。郭冰（2011）运用事件历史分析方法和 Cox 风险比例模型，从组织学习理论的角度出发，研究了经验学习和公司治理对并购战略决策的影响。谢玲红（2011）研究发现，管理者的自信行为与其学习行为对并购绩效都有着显著的影响。余鹏翼（2014）对万向集团进行了案例研究，对中国企业寻求创造性资产形式的连续并购的动因进行了深入探讨，即提高国际竞争力和技术水平、实现生产经营协同效应，同时对万象的成功经营进行了总结，为中国企业海外连续并购提供了借鉴。此外，余鹏翼（2016）提出我国制造业仍处在全球产业价值链的低端位置，而随着信息技术的不断发展，生产要素成本优势逐渐消失，为了摆脱全球产业价值链低端陷阱，成为全球产业价值链的控制者，中国制造业可以通过海外连续并购获得海外先进资源，从而实现产业调整优化和转型升级，进一步引导国内制造业向高新技术产业发展，成为全球产业价值链的掌控者。李森（2015）以复星医药 2004—2013 年间的并购公告事件为样本，将连续并购相关的研究理论运用到复星医药的实际中，分别采用事件研究法和财务分析法等对企业的短期、长期并购绩效进行了评价，证明了企业连续并购战略的有效性。

6.2　超竞争环境下不存在竞争对手的连续并购定价与时机研究

本节主要从两个角度（被并企业持默许态度和被并企业协议并购）对超竞争环境下、没有竞争对手情境下的连续并购定价及连续并购时机问题进行探讨，并做进一步的数值模拟，为后续章节打下基础。

在建立并购决策模型之前，做如下几条前提假设：第一，本书研究的主被并企业的最终目的都是实现自身价值的最大化，且假定并购双方均为理性经济活动者；第二，本书不考虑并购后协同效应的滞后性，即在主并企业成功兼并了被并企业后协同效应即刻产生，且认为本书研究的并购协同效应均为正；第三，本书所进行的并购交易是一个瞬间完成的行为，即一旦连续并购交易实施了，目标企业将完全成为主并企业的一部分；第四，本书用无风险利率来表示折现率；第五，本书的企业累积价值的代表形式为其未来总价值的折现值。

6.2.1　持默许态度下的模型建立及求解

持默许态度表示的是当主并企业愿意支付的价值达到一定值（可以等同于被并企业的累积价值）时，被并企业将直接接受主并企业的报价，不再继续进行讨价还价。

1. 模型假设

（1）市场上存在两个企业，即主并企业1及被并企业2，用 $i\in\{1,2\}$ 表示。企业 i 在时刻 $t\in[0,\infty)$ 的价值为 π_t^i。企业 i 的价值由恒定不变部分和随机变动部分共同组成，用 D_i 代表恒定不变部分（现实中可能表现为资本市场的股票数），用 X_{it} 代表随机变动部分（现实中可能表现为资本市场的股价）。因此，时刻 t 时，企业 i 的市场价值如下：

$$\pi_t^i = X_{it}D_i \qquad (6-2-1)$$

（2）X_{it} 服从标准几何布朗运动，即：

$$\mathrm{d}X_{it} = \alpha_i X_{it}\mathrm{d}_t + \sigma_i X_{it}\mathrm{d}W_{it} \qquad (6-2-2)$$

维纳过程为 $\mathrm{d}W_{it}$，企业 i 的瞬时波动率为 σ_i，企业 i 的期望增长率为 α_i。

（3）m 代表合并企业，当 $t\in[0,\infty)$ 时，其价值为 π_t^m，用 D_m 代表恒定不

变部分，且 $D_m=(1+\bar{\omega}\eta)(D_1+D_2)$，其中，$\bar{\omega}\eta$ 表示间接协同效应；用 Y_{mt} 代表随机变动部分，Y_{mt} 由主被并企业价值的随机部分 X_{it} 决定，且 $Y_{mt}=(1+\mu)X_1^{\gamma}X_2^{1-\gamma}e^{-(v+k)}$。超竞争特征因子：$v$ 表示谈判破裂的原因或次数；$e^{-v}\in[0.5,1]$ 代表因为竞争，企业累积价值的损失因子。$(1-\bar{\omega})$ 表示超竞争环境下的企业面临的竞争强度，$\bar{\omega}$ 越小则竞争强度越大。因为超竞争的显著特征之一就是超强的竞争强度，因此，本书中 $\bar{\omega}$ 的取值范围限制为 $[0,0.5]$。γ 表示连续并购后合并企业价值中主并企业的贡献占比（此处的衡量标准可以选用企业规模），$(1-\gamma)$ 表示连续并购后合并企业价值中被并企业的贡献占比。k 代表管理者过度自信，k 越大，则主并企业管理者过度自信行为越严重。μ 代表连续并购中主并企业管理者的学习行为，μ 越大，则管理者的学习行为越强。

（4）由于超竞争环境下的竞争强度非常大，竞争的不确定性非常高，因此，在 t 时，主并企业对被并公司的价值评估存在一定的偏差。在此，假设在 t 时刻，目标被并企业的价值为：

$$F=(1+\xi)X_{2t}D_2 \tag{6-2-3}$$

其中，$\xi\in[-1,1]$ 为竞争的不确定性带来的被并企业价值增大或减损的因子参数。

（5）折现率 $r>0$，且 $\alpha_i<r$，$i\in\{1,2,Y\}$；连续并购活动可以对市场风险起到一定的回避或抵消作用，即：

$$\alpha_Y<\gamma\alpha_1+(1-\gamma)\alpha_2,\quad \sigma_Y<[\gamma\sigma_1+(1-\gamma)\sigma_2]^2$$

（6）连续并购的实施是一瞬间的，所以本书用固定的成本代表并购成本。为简化计算，并购成本不计入计算。

2. 价值函数说明及求解

令 $Y=(1+\mu)X_1^{\gamma}X_2^{1-\gamma}e^{-(v+k)}$，$Z=\dfrac{X_{1t}}{Y}$，根据伊藤定理可得：

$$dY_t=\alpha_{Y_t}Y_t dt+\sigma_{Y_t}Y_t dW_{Y_t} \tag{6-2-4}$$

$$dZ_t=\alpha_{Z_t}Z_t dt+\sigma_{Z_t}Z_t dW_{Z_t} \tag{6-2-5}$$

同时：

$$\begin{cases}\alpha_Y=\gamma\alpha_1+(1-\gamma)\alpha_2-\dfrac{1}{2}\gamma(1-\gamma)[(\sigma_1-\sigma_2)^2+2\sigma_1\sigma_2(1-\rho)]\\ \sigma_Y^2=[\gamma\sigma_1+(1-\gamma)\sigma_2]^2-2\gamma(1-\gamma)\sigma_1\sigma_2(1-\rho)\\ \alpha_Z=\alpha_1-\alpha_2+\sigma_2(\sigma_2-\sigma_1\rho)\\ \sigma_Z^2=(\sigma_1+\sigma_2)^2-2\sigma_1\sigma_2(1+\rho)\end{cases} \tag{6-2-6}$$

其中，$\rho \in (-1, 1)$ 为维纳过程 W_i 的相关系数。

主并企业在时刻 $\tau \geqslant 0$ 时实施并购，则并购后合并企业的价值为 $V(X_{1t}, X_{2t}) = V(Y_{mt}) = E(\int_{\tau}^{\infty} e^{-rt} Y_{mt} D_m \mathrm{d}t)$，只有当主并企业给予被并企业的补偿价值大于或等于被并企业的自身价值时，被并企业才可能接受并购定价，即当主并企业给予被并企业的价值补偿等于或大于合并后企业持续经营中被并企业的累积价值时，被并企业才会接受并购定价。公式表示如下：

$$V_2(X_{1t}, X_{2t}) = E(\int_{\tau}^{\infty} s_{\tau} e^{-rt} Y_{mt} D_m \mathrm{d}t) \qquad (6-2-7)$$

其中，$V_2(X_{1t}, X_{2t})$ 表示被并企业得到的补偿价值，s_{τ} 表示被并企业获取的、由主并企业支付的价值补偿比例。

当 $V_2(X_{1t}, X_{2t}) = E(\int_{\tau}^{\infty} s_{\tau} e^{-rt} Y_{mt} D_m \mathrm{d}t) = E(\int_{\tau}^{\infty} (1+\xi) e^{-rt} X_{2t} D_2 \mathrm{d}t)$ 时，目标被并企业才有接受并购报价的可能。

此时，主并企业价值期望折现值如下：

$$V_1(X_{1t}, X_{2t}) = E[\int_{\tau}^{\infty} (1-s_{\tau}) e^{-rt} Y_{mt} D_m \mathrm{d}t] = (1-s_{\tau}) \frac{Y_{mt} D_m}{r-\alpha_m} \qquad (6-2-8)$$

根据 Huisman（2001）中的公式 $E(\int_{\tau}^{\infty} e^{-rt} Y_t \mathrm{d}t) = \frac{Y_t}{r-\alpha_Y}$ 得到：

$$s_{\tau}^{*} = \frac{V_1(X_{1\tau}, X_{2\tau})}{V(X_{1\tau}, X_{2\tau})} = (1+\xi)\frac{D_2}{D_m}\frac{r-\alpha_m}{r-\alpha_2}\frac{X_{2\tau}}{Y_{m\tau}} = (1+\xi)\frac{e^{(v+k)}}{(1+\mu)}\frac{D_2}{D_m}\frac{r-\alpha_m}{r-\alpha_2}\frac{X_{2\tau}^{\gamma}}{X_{1\tau}^{\gamma}} \qquad (6-2-9)$$

结论（6-2-1）：由公式（6-2-9）可知，在超竞争条件下，连续并购实施后，被并企业在并购中能够得到的价值补偿比例 s_{τ} 等于目标并企业独立经营到 τ 时的价值的累积值的折现值，以及实施连续并购后的合并企业独立经营到 τ 时的价值的累计值的折现值之比。

$$\frac{\mathrm{d}s_{\tau}^{*}(v)}{\mathrm{d}v} = (1+\xi)\frac{e^{(v+k)}}{(1+\mu)}\frac{D_2}{D_m}\frac{r-\alpha_m}{r-\alpha_2}\frac{X_{2\tau}^{\gamma}}{X_{1\tau}^{\gamma}} > 0 \qquad (6-2-10)$$

结论（6-2-2）：由公式（6-2-10）可知，在超竞争背景下，连续并购时，被并企业获得的来自主并企业的补偿价值占比 s_{τ} 与谈判破裂的原因或次数 v 成正相关关系。由于外部环境是高度不确定的，当并购谈判破裂的原因或次数不断增加时，为了在并购中获得更大的战略优势，连续并购双方企业都更为可能采取相对主动、动态的策略。其中，为了使并购更加顺利的完成，主并企业给予被并企业更高价值补偿的意愿更加强烈。

$$\frac{\mathrm{d}s_{\tau}^{*}(\omega\eta)}{\mathrm{d}(\omega\eta)}=-\frac{e^{(v+k)}}{(1+\mu)}\frac{(1+\xi)}{(1+\omega\eta)^{2}}\frac{D_{2}}{D_{1}+D_{2}}\frac{r-\alpha_{m}}{r-\alpha_{2}}\frac{X_{2\tau}^{\gamma}}{X_{1\tau}^{\gamma}}<0 \quad (6-2-11)$$

结论（6－2－3）：由公式（6－2－11）可知，在超竞争环境下进行连续并购时，随着间接协同效应 $\overline{\omega}\eta$ 的不断减小，即被并企业获得的来自主并企业的价值补偿比例 s_{τ} 与竞争强度（$1-\overline{\omega}$）成负相关关系。这是因为在超竞争环境下，间接协同效应的增大使得合并企业的价值不断增加，而被并企业所获得的价值补偿是其不参与并购自身经营累积价值的折现，即是一个定值，因此，当合并企业增大时，价值补偿比例 s_{τ} 随之减小。

$$\frac{\mathrm{d}s_{\tau}^{*}(\xi)}{\mathrm{d}\xi}=\frac{e^{(v+k)}}{(1+\mu)}\frac{D_{2}}{D_{m}}\frac{r-\alpha_{m}}{r-\alpha_{2}}\frac{X_{2\tau}^{\gamma}}{X_{1\tau}^{\gamma}}>0 \quad (6-2-12)$$

结论（6－2－4）：由公式（6－2－12）可知，目标企业获取的来自主并企业的价值补偿比例 s_{τ} 与不确定性成正相关关系。这是因为随着竞争的不确定性的增大，主并企业面临的并购决策风险也在不断增大，主并企业更愿意支付更高的价值补偿来降低并购风险，确保并购的成功。

$$\frac{\mathrm{d}s_{\tau}^{*}(k)}{\mathrm{d}k}=(1+\xi)\frac{e^{(v+k)}}{(1+\mu)}\frac{D_{2}}{D_{m}}\frac{r-\alpha_{m}}{r-\alpha_{2}}\frac{X_{2\tau}^{\gamma}}{X_{1\tau}^{\gamma}}>0 \quad (6-2-13)$$

结论（6－2－5）：由公式（6－2－13）可知，在超竞争环境下进行连续并购时，随着主并企业管理者过度自信行为 k 的不断加剧，s_{τ} 不断增加。由于管理者的过度自信，使得他们对被并企业持乐观态度，低估了企业并购后的整合难度，高估了并购后自身能力带来的受益，为了确保并购的顺利进行，主并企业更愿意支付更高的并购溢价，因此，给予被并企业的价值补偿比例 s_{τ} 不断增加。

$$\frac{\mathrm{d}s_{\tau}^{*}(\mu)}{\mathrm{d}\mu}=-(1+\xi)\frac{e^{(v+k)}}{(1+\mu)^{2}}\frac{D_{2}}{D_{m}}\frac{r-\alpha_{m}}{r-\alpha_{2}}\frac{X_{2\tau}^{\gamma}}{X_{1\tau}^{\gamma}}<0 \quad (6-2-14)$$

结论（6－2－6）：由公式（6－2－14）可知，在超竞争环境下进行连续并购时，被并企业得到的价值补偿比例 s_{τ} 是主并企业学习行为 μ 的减函数。由于主并企业在连续并购中能够对以往的并购经验进行学习，从而提高对接下来的并购活动的判断和价值评估，从而作出更有利于自身价值最大化的决策。

3. 并购阈值的确定

本节将运用随机微分方程的相关知识对主并企业的最佳并购时机及期权定价进行计算。

假设主并企业在 $t=\tau^*$ 时达到最优并购时机：

$$G^*(X_{1t}, X_{2t}) = \sup_{\tau\in T}E\left[\int_0^T e^{-rt}X_{1t}D_1\mathrm{d}t + e^{-r\tau}V_{主}(X_{1\tau}, X_{2\tau})\right]$$
$$= E\left[\int_0^{\tau^*} e^{-rt}X_{1t}D_1\mathrm{d}t + e^{-r\tau^*}V_{主}(X_{1\tau^*}, X_{2\tau^*})\right] \quad (6-2-15)$$

由 Φksendal 可知，方程（6－2－15）为非时齐（time-homogeneous）的最优停时问题，且随机过程 $H_t=(s+t, X_{1t}, X_{2t}, P_t)$ 服从以下条件：

$$\mathrm{d}H_t = \begin{bmatrix} 1 \\ \alpha_1 X_{1t} \\ \alpha_2 X_{2t} \\ e^{-rt}D_1X_{1t} \end{bmatrix}\mathrm{d}t + \begin{bmatrix} 0 \\ \sigma_1 X_{2t} \\ \sigma_2 X_{2t} \\ 0 \end{bmatrix}\mathrm{d}Wt \quad (6-2-16)$$

W_t 为四维布朗运动。

令：

$$G^*(X_{1t}, X_{2t}) = \sup_{\tau}E\left[\int_0^{\tau} e^{-rt}X_{1t}D_1\mathrm{d}t + e^{-r\tau}V_1(X_{1\tau}, X_{2\tau})\right]$$
$$= \sup_{\tau}E[P_\tau + e^{-r\tau}V_1(X_{1\tau}, X_{2\tau})] = \sup_{\tau}E[G(H_\tau)] \quad (6-2-17)$$

$$G(H) = e^{-rs}V_1(X_{1t}, X_{2t}) + P \quad (6-2-18)$$

利用 Φksendal（2000，theorem 9.2.14）求解以上问题可得：

$$\begin{cases} \Omega_X F = 0 \\ \lim\limits_{\substack{\frac{x_1}{x_2}\to Z^* \\ \frac{x_1}{x_2}\in D}} F(s, x_1, x_2) = g(s, Z^*), \ Z^*\in\partial D \end{cases} \quad (6-2-19)$$

偏微分算子为 Ω_x，同时：

$$\Omega_{(X_{1t},X_{2t})}F = \frac{\partial F}{\partial s} + \alpha_1X_{1t}\frac{\partial F}{\partial X_{1t}} + \alpha_2X_{2t}\frac{\partial F}{\partial X_{2t}} + e^{-rt}X_{1t}D_1\frac{\partial F}{\partial P} + \frac{1}{2}\sigma_1^2X_{1t}^2\frac{\partial^2 F}{\partial X_{1t}^2}$$
$$+ \frac{1}{2}\sigma_2^2X_{2t}^2\frac{\partial^2 F}{\partial X_{1t}^2} + \sigma_1\sigma_2\rho X_{1t}X_{2t}\frac{\partial^2 F}{\partial X_{1t}X_{2t}} = 0 \quad (6-2-20)$$

$F(\cdot)$ 可转化为：

$$F(s, X_{1t}, X_{2t}, P) = e^{-rs}X_{2t}\varphi(Z) + P$$

因为 $Z=\dfrac{X_{1t}}{X_{2t}}$，所以 $F(\cdot)$ 的各偏导数符合以下条件：

$$\frac{\partial F}{\partial s}=-re^{-rs}X_{2t}\varphi(Z),\ \frac{\partial F}{\partial X_{1t}}=e^{-rs}\varphi'(Z),\ \frac{\partial F}{\partial X_{2t}}=e^{-rs}[\varphi(Z)-Z\varphi'(Z)],$$

$$\frac{\partial^2 F}{\partial X_{1t}^2}=e^{-rs}\frac{\varphi''(Z)}{X_{2t}},\ \frac{\partial^2 F}{\partial X_{2t}^2}=e^{-rs}Z^2\frac{\varphi''(Z)}{X_{2t}},\ \frac{\partial^2 F}{\partial X_{1t}X_{2t}}=-e^{-rs}Z\frac{\varphi''(Z)}{X_{2t}},\ \frac{\partial F}{\partial P}=1$$

则（6－2－20）式能简化为：

$$\Omega_{(X_{1t},X_{2t})}F=e^{-rs}X_{2t}\Big\{-r\varphi(Z)+\alpha_1 Z\varphi'(Z)+\alpha_2[\varphi(Z)+Z\varphi'(Z)]+ZD_1+\frac{1}{2}\sigma_1^2Z^2\varphi''(Z)+\frac{1}{2}\sigma_2^2Z^2\varphi''(Z)-\sigma_1\sigma_2\rho Z^2\varphi''(Z)\Big\}=0 \tag{6－2－21}$$

$$\Leftrightarrow\frac{1}{2}\sigma_Z^2Z^2\varphi''(Z)+(\alpha_1-\alpha_2)Z\varphi'(Z)-(r-\alpha_2)\varphi(Z)+ZD_1=0 \tag{6－2－22}$$

（6－2－22）式一般形式的解为：

$$\varphi(Z)=A_1Z^{\beta_1}+B_1Z^{\beta_2}+\frac{D_1}{r-\alpha_1}Z \tag{6－2－23}$$

β_1 和 β_2 为方程 $\phi(\beta)\equiv\frac{1}{2}\sigma_Z^2\beta(\beta-1)+(\alpha_1-\alpha_2)\beta-(r-\alpha_2)=0$ 的两个根，A_1 和 B_1 均为常数。

有：

$$\varphi(Z)=\begin{cases}A_1Z^{\beta_1}+\dfrac{D_1Z}{r-\alpha_1}, & Z<Z_1^*\\ \psi(Z), & Z_1^*\leqslant Z\leqslant Z_2^*\\ B_1Z^{\beta_2}+\dfrac{D_1Z}{r-\alpha_1}, & Z>Z_2^*\end{cases} \tag{6－2－24}$$

$A_1>0$，$B_1>0$，$Z_1^*<Z_2^*$，其中 Z_1^* 和 Z_2^* 为并购的两个不同的临界值，即在 $t=\tau$ 时，其中 $\tau=\inf\left\{t\geqslant 0\left|\frac{X_1}{X_2}\in[Z_1^*,\ Z_2^*]\right.\right\}$，主并企业可以通过展开并购来实现自身并购收益最优。

并购展开后，主并企业的并购收益为：

$$\begin{aligned}V_1(X_{1\tau},\ X_{2\tau})&=(1-s_\tau)V(X_{1\tau},\ X_{2\tau})\\&=\frac{Y_{m\tau}D_m}{r-\alpha_m}-(1+\xi)\frac{X_{2\tau}D_2}{r-\alpha_2}\\&=X_{2\tau}^\gamma\Big[(1+\mu)e^{-(v+k)}Z_\tau^\gamma\frac{D_m}{r-\alpha_m}-(1+\xi)\frac{D_2}{r-\alpha_2}\Big]\end{aligned} \tag{6－2－25}$$

令：

$$\psi(Z_\tau)=(1+\mu)e^{-(v+k)}Z_\tau^\gamma\frac{D_m}{r-\alpha_m}-(1+\xi)\frac{D_2}{r-\alpha_2}\tag{6-2-26}$$

由 Dixit 与 Pindyck（1994）的价值匹配条件（value-matching）及满足平滑粘贴条件（smooth-pasting），得：

$$\begin{cases}\varphi(Z_1^*)=\psi(Z_1^*)\\ \varphi'(Z_1^*)=\psi'(Z_1^*)\\ \varphi(Z_2^*)=\psi(Z_2^*)\\ \varphi'(Z_2^*)=\psi'(Z_2^*)\end{cases}$$

$$\begin{cases}A_1(Z_1^*)^{\beta_1}+\dfrac{D_1Z_1^*}{r-\alpha_1}=(1+\mu)(Z_1^*)^\gamma e^{-(v+k)}\dfrac{D_m}{r-\alpha_m}-(1+\xi)\dfrac{D_2}{r-\alpha_2}\\ \beta_1A_1(Z_1^*)^{\beta_1-1}+\dfrac{D_1}{r-\alpha_1}=\gamma(1+\mu)(Z_1^*)^{\gamma-1}e^{-(v+k)}\dfrac{D_m}{r-\alpha_m}\\ B_1(Z_2^*)^{\beta_2}+\dfrac{D_1Z_2^*}{r-\alpha_1}=(1+\mu)(Z_2^*)^\gamma e^{-(v+k)}\dfrac{D_m}{r-\alpha_m}-(1+\xi)\dfrac{D_2}{r-\alpha_2}\\ \beta_2B_1(Z_2^*)^{\beta_2-1}+\dfrac{D_1}{r-\alpha_1}=\gamma(1+\mu)(Z_2^*)^{\gamma-1}e^{-(v+k)}\dfrac{D_m}{r-\alpha_m}\end{cases}\tag{6-2-27}$$

化简得：

$$\begin{cases}\dfrac{D_1(Z_1^*)}{r-\alpha_1}-\dfrac{\gamma-\beta_1}{1-\beta_1}e^{-(v+k)}(1+\mu)\dfrac{D_m}{r-\alpha_m}(Z_1^*)^\gamma+(1+\xi)\dfrac{\beta_1}{\beta_1-1}\dfrac{D_2}{r-\alpha_2}=0\\ \dfrac{D_1(Z_2^*)}{r-\alpha_1}-\dfrac{\gamma-\beta_2}{1-\beta_2}e^{-(v+k)}(1+\mu)\dfrac{D_m}{r-\alpha_m}(Z_2^*)^\gamma+(1+\xi)\dfrac{\beta_2}{\beta_2-1}\dfrac{D_2}{r-\alpha_2}=0\\ A_1=\dfrac{\dfrac{1-\gamma}{1-\beta_1}(1+\mu)(Z_1^*)^\gamma e^{-(v+k)}\dfrac{D_m}{r-\alpha_m}+\dfrac{(1+\xi)}{\beta_1-1}\dfrac{D_2}{r-\alpha_2}}{(Z_1^*)^{\beta_1}}\\ B_1=\dfrac{\dfrac{1-\gamma}{1-\beta_2}(1+\mu)(Z_2^*)^\gamma e^{-(v+k)}\dfrac{D_m}{r-\alpha_m}+\dfrac{(1+\xi)}{\beta_2-1}\dfrac{D_2}{r-\alpha_2}}{(Z_2^*)^{\beta_2}}\end{cases}$$

$$(6-2-28)$$

由上式计算得 Z_1^*、Z_2^*、A_1 和 B_1。

则得原问题的解为：

$$F(X_{1t},\ X_{2t})=\begin{cases}e^{-rt}\left[AX_{2t}^{1-\beta_1}X_{1t}^{\beta_1}+X_{1t}\dfrac{D_1}{r-\alpha_1}\right], & 0<\dfrac{X_{1t}}{X_{2t}}<Z_1^*\\ e^{-rt}\left[e^{-(v+k)}(1+\mu)\dfrac{D_m}{r-\alpha_m}X_{1t}^{\gamma}X_{2t}^{1-\gamma}-(1+\xi)\dfrac{D_2X_{2t}}{r-\alpha_2}\right], & Z_1^*<\dfrac{X_{1t}}{X_{2t}}<Z_2^*\\ e^{-rt}\left[BX_{2t}^{1-\beta_2}X_{1t}^{\beta_2}+X_{1t}\dfrac{D_1}{r-\alpha_1}\right], & \dfrac{X_{1t}}{X_{2t}}>Z_2^*\end{cases}$$

(6－2－29)

主并企业并购的最佳时机符合以下要求：

$$\tau^*=\inf\{t\geqslant 0\mid Z_t\in[Z_1^*,\ Z_2^*]\}\qquad(6-2-30)$$

结论（6－2－7）：超竞争环境下连续并购的最佳并购时机与主被并企业的价值比例 Z 存在直接关系，与并购双方累积价值的固定部分无关。

4. 战略并购博弈分析

本小节将运用 Fudenberg 等的方法展开对超竞争条件下连续并购中并购双方间的动态博弈过程的进一步分析。

假设在 t 时刻，主被并企业的策略集均为：

$$S_i(t)=\{同意，不同意\},\ i\in\{1,\ 2\}$$

可以看出，在连续并购时，只有参与并购的双方都对并购达成同意的意愿时，才可能展开并购活动。表 6－2－1 为详细的支付矩阵。

表 6－2－1　　连续并购双方支付博弈矩阵

主并企业 \ 被并企业	同意	不同意
同意	$[V_{M_1}(X_{1t},\ X_{2t}),\ V_{M_2}(X_{1t},\ X_{2t})]$	$[V_{L_1}(X_{1t},\ X_{2t}),\ V_{F_2}(X_{1t},\ X_{2t})]$
不同意	$[V_{F_1}(X_{1t},\ X_{2t}),\ V_{L_2}(X_{1t},\ X_{2t})]$	$[V_{F_1}(X_{1t},\ X_{2t}),\ V_{F_2}(X_{1t},\ X_{2t})]$

报价说明：先报价者为领导者，其收益函数为 $V_{L_i}(X_{1t},\ X_{2t})$，$i\in\{1,\ 2\}$；后报价者为跟随者，跟随者的收益函数表示为 $V_{F_i}(X_{1t},\ X_{2t})$，$i\in\{1,\ 2\}$。

首先，讨论主并企业在 t 时刻率先出价（同意态度），而目标企业不跟随（不同意态度），主被并企业双方的收益函数为：

$$\begin{cases} V_{L_1}(X_{1t},\ X_{2t}) = (1+\mu)X_{1t}^{\gamma}X_{2t}^{1-\gamma}e^{-(v+k)}\dfrac{D_m}{r-\alpha_m} - (1+\xi)\dfrac{X_{2t}D_2}{r-\alpha_2} \\ \qquad = X_{2t}^{\gamma}\left[(1+\mu)e^{-(v+k)}Z_t^{\gamma}\dfrac{D_m}{r-\alpha_m} - (1+\xi)\dfrac{D_2}{r-\alpha_2}\right] \\ V_{F_2}(X_{1t},\ X_{2t}) = (1+\xi)\dfrac{X_{2t}D_2}{r-\alpha_2} = X_{1t}\left[(1+\xi)\dfrac{D_2}{r-\alpha_2}\dfrac{1}{Z_t}\right] \end{cases} \tag{6-2-31}$$

其次，讨论目标被并企业在 t 时刻率先出价（同意态度），而主并企业不跟随（不同意态度），主被并企业双方的收益函数为：

$$\begin{cases} V_{L_2}(X_{1t},\ X_{2t}) = X_{1t}\left[(1+\mu)e^{-(v+k)}Z_t^{\gamma}\dfrac{D_m}{r-\alpha_m} - \dfrac{D_1}{r-\alpha_1}\right] \\ V_{F_1}(X_{1t},\ X_{2t}) = X_{2t}\dfrac{D_1}{r-\alpha_1}\dfrac{1}{Z_t} \end{cases} \tag{6-2-32}$$

最后，讨论在 t 时刻主被并企业同时提出报价（同意态度），假设此时主并企业的讨价还价能力为 η，则被并企业的讨价还价能力为 $1-\eta$，则连续并购双方的收益函数分别如下：

$$\begin{cases} V_{M_1}(X_{1t},\ X_{2t}) = \eta * \left[(1+\mu)X_1^{\gamma}X_2^{1-\gamma}e^{-(v+k)}\dfrac{D_m}{r-\alpha_m} - (1+\xi)\dfrac{X_2D_2}{r-\alpha_2}\right] + (1-\eta) * \dfrac{X_1D_1}{r-\alpha_1} \\ \qquad = \eta V_{L_1}(X_{1t},\ X_{2t}) + (1-\eta)V_{F_1}(X_{1t},\ X_{2t}) \\ V_{M_2}(X_{1t},\ X_{2t}) = \eta * \left[(1+\mu)X_1^{\gamma}X_2^{1-\gamma}e^{-v}\dfrac{D_m}{r-\alpha_m} - \dfrac{X_1D_1}{r-\alpha_1}\right] + (1-\eta) * (1+\xi)\dfrac{X_2D_2}{r-\alpha_2} \\ \qquad = \eta V_{L_2}(X_{1t},\ X_{2t}) + (1-\eta)V_{F_2}(X_{1t},\ X_{2t}) \end{cases}$$

$$(6-2-33)$$

因为本章讨论的是被并企业处于默许状态的连续并购，所以 $\eta=1$，$(1-\eta)=0$。即：

$$\begin{cases} V_{M_1}(X_{1t},\ X_{2t}) = V_{L_1}(X_{1t},\ X_{2t}) \\ V_{M_2}(X_{1t},\ X_{2t}) = V_{L_2}(X_{1t},\ X_{2t}) \end{cases} \tag{6-2-34}$$

本书假设并购产生正的协同效应，因此：

$$(1+\mu)X_1^{\gamma}X_2^{1-\gamma}e^{-(v+k)}\frac{D_m}{r-\alpha_m} > (1+\xi)\frac{X_2D_2}{r-\alpha_2} + \frac{X_1D_1}{r-\alpha_1} \tag{6-2-35}$$

可以得到如下不等式组：

$$\begin{cases} V_{L_1}(X_{1t},\ X_{2t}) > V_{F_1}(X_{1t},\ X_{2t}) \\ V_{L_2}(X_{1t},\ X_{2t}) > V_{F_2}(X_{1t},\ X_{2t}) \end{cases} \tag{6-2-36}$$

通过以上的计算可以看出：超竞争环境下的连续并购中，在被并企业持默许态度下，当并购双方同时报价时双方获得的价值最大，实现了双赢，因而并购双方都更愿意提前报价。面对超竞争这样一种高度变化、高度不确定的环境，企业不再采取简单的静态策略来迎合环境，更多的是随着环境的变化，不断地采取更加灵活、动态的互动策略来适应动态的环境，不断提高自身竞争力，从而更加准确地找准机遇、及时抓住时机来达成自身战略目标。

以上的分析显示当 $Z_1^* < \frac{X_{1t}}{X_{2t}} < Z_2^*$ 时，主被并企业的纳什均衡策略集合表现为（同意，同意），主并企业通过连续并购得到的收益如下：

$$V_{主}(X_{1\tau},\ X_{2\tau}) = X_{2\tau}^{\gamma}\left[(1+\mu)e^{-(v+k)}Z_{\tau}^{\gamma}\frac{D_m}{r-\alpha_m} - (1+\xi)\frac{D_2}{r-\alpha_2}\right]$$

$$= (1+\mu)e^{-(v+k)}\frac{D_m}{r-\alpha_m}X_{1\tau}^{\gamma}X_{2\tau}^{1-\gamma} - (1+\xi)\frac{D_2X_{2\tau}^{\gamma}}{r-\alpha_2} \quad (6-2-37)$$

当 $0 < \frac{X_{1t}}{X_{2t}} < Z_1^*$ 或 $\frac{X_{1t}}{X_{2t}} > Z_2^*$ 时，连续并购不能使主并企业获得的价值实现最优，因此，等待便成为了主并企业的最优战略抉择，即延迟已有的期权。

主并企业价值函数：

$$F(X_{1t},\ X_{2t}) = \begin{cases} e^{-rt}\left[AX_{2t}^{1-\beta_1}X_{1t}^{\beta_1} + X_{1t}\frac{D_1}{r-\alpha_1}\right], & 0 < \frac{X_{1t}}{X_{2t}} < Z_1^* \\ e^{-rt}\left[BX_{2t}^{1-\beta_2}X_{1t}^{\beta_2} + X_{1t}\frac{D_1}{r-\alpha_1}\right], & \frac{X_{1t}}{X_{2t}} > Z_2^* \end{cases} \quad (6-2-38)$$

主并企业在区间 $0 < \frac{X_{1t}}{X_{2t}} < Z_1^*$ 或 $\frac{X_{1t}}{X_{2t}} > Z_2$ 上相应的期权价值为：

$$O(X_{1t},\ X_{2t}) = \begin{cases} AX_{2t}^{1-\beta_1}X_{1t}^{\beta_1}, & 0 < \frac{X_{1t}}{X_{2t}} < Z_1^* \\ BX_{2t}^{1-\beta_2}X_{1t}^{\beta_2}, & \frac{X_{1t}}{X_{2t}} > Z_2^* \end{cases} \quad (6-2-39)$$

结论（6-2-8）：在超竞争条件下进行连续并购时，主并企业在区间（0，Z_1^*）和区间（Z_2^*，$+\infty$）上分别存在两个不同的等待期权。

6.2.2 被并企业协议并购条件下的模型建立及求解

协议并购是指并购双方为了争取更多的利益而更加积极地参与并购，更确切地表现为对于并购决策被并企业不再持默许的被动态度，而是更加积极主动地参与到并购谈判中。例如，爱康实业集团于2015年7月14日以2.629亿元对爱康薄膜实施了100%股权并购的邀约，通过一段时间的博弈，于2015年8月25日以2.618亿元完成了收购；奥维通信（002231.SZ）于2015年5月14日以15.4亿元并购雪鲤鱼100%的股权失败，通过双方的博弈，最终于2016年3月3日以18.6亿元成功收购雪鲤鱼100%的股权。通过实例可以看出，在谈判中主并双方的谈判能力决定了其通过谈判是获利还是受损。本小节主要对被并企业协议并购这一情形下的最优定价及最佳并购时机展开研究。

1. 价值分配

本节的假设基于上一节的模型，有以下不同点：并购双方对于并购后合并企业中各自的利益比例分配进行积极地谈判和磋商，从而获得更多的收益。因此，本节用讨价还价能力的参数因子 θ 表示连续并购中目标企业的谈判能力，θ 的大小代表了被并企业讨价还价能力的大小，$\theta\in[0,1]$。

假设在 τ 时刻主并企业执行并购决策，则被并企业获得的来自主并企业的价值补偿比例 $s_\tau\in(0,1)$ 如下：

$$\sup_{s_\tau}\{s_\tau V(X_{1t},X_{2t})-E[\int_\tau^{+\infty}(1+\xi)e^{-rt}X_{2t}D_{2t}\mathrm{d}t]\}^{\theta}\{(1-s_\tau)V(X_{1t},X_{2t})-E[\int_\tau^{+\infty}e^{-rt}X_{1t}D_{1t}\mathrm{d}t]\}^{1-\theta} \tag{6-2-40}$$

根据Nash（1950）得知（6-2-31）式的最优解为：

$$s_\tau^{**}=\frac{\theta V(X_{1t},X_{2t})-\theta\dfrac{X_{1t}D_1}{r-\alpha_1}+(1-\theta)(1+\xi)\dfrac{X_{2t}D_2}{r-\alpha_2}}{V(X_{1t},X_{2t})}=\frac{\dfrac{(1+\xi)D_2X_{2t}}{r-\alpha_2}+\theta\left[\dfrac{D_mY_{mt}}{r-\alpha_m}-\dfrac{D_1X_{1t}}{r-\alpha_1}-(1+\xi)\dfrac{D_2X_{2t}}{r-\alpha_2}\right]}{\dfrac{D_mY_{mt}}{r-\alpha_m}} \tag{6-2-41}$$

因为协同效应为正，所以：

$$V(X_{1t},X_{2t})>\frac{D_1X_{1t}}{r-\alpha_1}+(1+\xi)\frac{D_2X_{2t}}{r-\alpha_2} \tag{6-2-42}$$

则连续并购创造的总价值为：

$$\Delta V(X_{1t},X_{2t})=V(X_{1t},X_{2t})-\frac{D_1X_{1t}}{r-\alpha_1}-(1+\xi)\frac{D_2X_{2t}}{r-\alpha_2}>0 \tag{6-2-43}$$

整理得：

$$s_\tau^{**} = \frac{\theta V(X_{1t},\ X_{2t}) - \theta \frac{X_{1t}D_1}{r-\alpha_1} + (1-\theta)(1+\xi)\frac{X_{2t}D_2}{r-\alpha_2}}{V(X_{1t},\ X_{2t})}$$

$$= \frac{(1+\xi)\frac{X_{2t}D_2}{r-\alpha_2} + \theta \Delta V(X_{1t},\ X_{2t})}{V(X_{1t},\ X_{2t})}$$

$$= s_\tau^* + \theta \frac{\Delta V(X_{1t},\ X_{2t})}{V(X_{1t},\ X_{2t})} > s_\tau^* \qquad (6-2-44)$$

结论（6－2－9）：当被并企业的讨价还价能力增强时，得到的价值补偿比例会增大，而被并企业持默许态度可以看作讨价还价能力为0的协议并购。

同理，对各参数分别进行求导分析：

$$\frac{\mathrm{d}s_\tau^{**}(\theta)}{\mathrm{d}\theta} = \frac{\Delta V(X_{1t},\ X_{2t})}{V(X_{1t},\ X_{2t})} > 0 \qquad (6-2-45)$$

结论（6－2－10）：被并企业得到的，来自主并企业的价值补偿比例 s_τ 与其自身的谈判能力成正比关系。因此，为了自身利益，被并企业适当提升自身的讨价还价能力是十分必要的。

$$\frac{\mathrm{d}s_\tau^{**}(v)}{\mathrm{d}v} = e^{(v+k)} \frac{(1-\theta)(1+\xi)\frac{X_{2t}D_2}{r-\alpha_2} - \theta\frac{X_{1t}D_1}{r-\alpha_1}}{(1+\mu)\frac{D_m}{r-\alpha_m}X_{1t}^{\gamma}X_{2t}^{1-\gamma}} \qquad (6-2-46)$$

令 $\frac{\mathrm{d}s_\tau^{**}(v)}{\mathrm{d}v}=0$，推出 $\theta = \frac{(1+\xi)\frac{X_{2t}D_2}{r-\alpha_2}}{(1+\xi)\frac{X_{2t}D_2}{r-\alpha_2} + \frac{X_{1t}D_1}{r-\alpha_1}}$

当 $\frac{\mathrm{d}s_\tau^{**}(v)}{\mathrm{d}v}<0$ 时，$\theta > \frac{(1+\xi)\frac{X_{2t}D_2}{r-\alpha_2}}{(1+\xi)\frac{X_{2t}D_2}{r-\alpha_2} + \frac{X_{1t}D_1}{r-\alpha_1}}$，即随着谈判破裂的原因或次数增多，被并企业得到的价值补偿减小。

当 $\frac{\mathrm{d}s_\tau^{**}(v)}{\mathrm{d}v}>0$ 时，$0<\theta < \frac{(1+\xi)\frac{X_{2t}D_2}{r-\alpha_2}}{(1+\xi)\frac{X_{2t}D_2}{r-\alpha_2} + \frac{X_{1t}D_1}{r-\alpha_1}}$，即随着谈判破裂的原因或次数增多，被并企业得到的价值补偿增大。

结论（6－2－11）：伴随着目标企业谈判能力的提高，被并企业获得的来自主并企业的价值补偿比例 s_τ 和谈判破裂的原因或次数 e^{-v} 之间呈现先增后减的倒"U"形关系。

当目标企业自身所具备的讨价还价能力处于较低水平时，企业内部的影响因素对并购决策起着主导作用，但随着讨价还价能力的不断增强，主并企业对外部影响元素（政策、经济、文化等导致谈判破裂的外部因素）的关注会不断增多，当这一关注超过一定水平时，外部因素将会超过内部因素转变成并购的主导因素。

因此，被并企业把讨价还价能力控制在区间 $\left(0,\ \dfrac{(1+\xi)\dfrac{X_{2t}D_2}{r-\alpha_2}}{(1+\xi)\dfrac{X_{2t}D_2}{r-\alpha_2}+\dfrac{X_{1t}D_1}{r-\alpha_1}}\right)$ 内是最佳选择。

$$\frac{\mathrm{d}s_\tau^{**}(\omega\eta)}{\mathrm{d}(\omega\eta)}=-\frac{1}{(1+\omega\eta)^2}e^{(v+k)}\frac{(1-\theta)(1+\xi)\dfrac{X_{2t}D_2}{r-\alpha_2}-\theta\dfrac{X_{1t}D_1}{r-\alpha_1}}{(1+\mu)\dfrac{(D_1+D_2)}{r-\alpha_m}X_{1t}^{\gamma}X_{2t}^{1-\gamma}} \tag{6-2-47}$$

令 $\dfrac{\mathrm{d}s_\tau^{**}(\omega\eta)}{\mathrm{d}(\omega\eta)}=0$，得到 $\theta=\dfrac{(1+\xi)\dfrac{X_{2t}D_2}{r-\alpha_2}}{(1+\xi)\dfrac{X_{2t}D_2}{r-\alpha_2}+\dfrac{X_{1t}D_1}{r-\alpha_1}}$

当 $\dfrac{\mathrm{d}s_\tau^{**}(\omega\eta)}{\mathrm{d}(\omega\eta)}<0$ 时，$0<\theta<\dfrac{(1+\xi)\dfrac{X_{2t}D_2}{r-\alpha_2}}{(1+\xi)\dfrac{X_{2t}D_2}{r-\alpha_2}+\dfrac{X_{1t}D_1}{r-\alpha_1}}$，此时，竞争强度不断增大，$s_\tau$ 不断增大。

当 $\dfrac{\mathrm{d}s_\tau^{**}(\omega\eta)}{\mathrm{d}(\omega\eta)}>0$ 时，$\theta>\dfrac{(1+\xi)\dfrac{X_{2t}D_2}{r-\alpha_2}}{(1+\xi)\dfrac{X_{2t}D_2}{r-\alpha_2}+\dfrac{X_{1t}D_1}{r-\alpha_1}}$，此时，竞争强度不断增大，$s_\tau$ 不断减小。

结论（6-2-12）：伴随着目标企业谈判能力的不断提升，被并企业获得的来自主并企业的价值补偿 s_τ 和竞争强度之间呈现先增后减的倒"U"形关系。

$$\frac{\mathrm{d}s_{\tau}^{**}(\xi)}{\mathrm{d}\xi}=e^{(v+k)}\frac{(1-\theta)\frac{X_{2t}D_2}{r-\alpha_2}}{(1+\mu)\frac{D_m}{r-\alpha_m}X_{1t}^{\gamma}X_{2t}^{1-\gamma}}>0 \tag{6-2-48}$$

结论（6－2－13）：被并企业获得的来自主并企业的价值补偿比例 s_{τ} 和竞争不确定性 ξ 之间呈现正相关关系，且这种关系不受主被并双方所具备的讨价还价能力的影响。

$$\frac{\mathrm{d}s_{\tau}^{**}(k)}{\mathrm{d}k}=e^{(v+k)}\frac{(1-\theta)(1+\xi)\frac{X_{2t}D_2}{r-\alpha_2}-\theta\frac{X_{1t}D_1}{r-\alpha_1}}{(1+\mu)\frac{D_m}{r-\alpha_m}X_{1t}^{\gamma}X_{2t}^{1-\gamma}} \tag{6-2-49}$$

令$\frac{\mathrm{d}s_{\tau}^{**}(k)}{\mathrm{d}k}=0$，得到$\theta=\frac{(1+\xi)\frac{X_{2t}D_2}{r-\alpha_2}}{(1+\xi)\frac{X_{2t}D_2}{r-\alpha_2}+\frac{X_{1t}D_1}{r-\alpha_1}}$

当$\frac{\mathrm{d}s_{\tau}^{**}(k)}{\mathrm{d}k}<0$时，$\theta>\frac{(1+\xi)\frac{X_{2t}D_2}{r-\alpha_2}}{(1+\xi)\frac{X_{2t}D_2}{r-\alpha_2}+\frac{X_{1t}D_1}{r-\alpha_1}}$，此时，随着超竞争环境下连续并购主并企业管理者过度自信行为的增加，被并企业获得的来自主并企业的价值补偿比例不断减小。

当$\frac{\mathrm{d}s_{\tau}^{**}(k)}{\mathrm{d}k}>0$时，$0<\theta<\frac{(1+\xi)\frac{X_{2t}D_2}{r-\alpha_2}}{(1+\xi)\frac{X_{2t}D_2}{r-\alpha_2}+\frac{X_{1t}D_1}{r-\alpha_1}}$，此时，随着超竞争环境下连续并购中主并企业管理者过度自信行为的加剧，被并企业获得的来自主并企业的价值补偿比例 s_{τ} 会呈现不断增加的趋势。

结论（6－2－14）：当目标企业自身所具备的谈判能力不断提高时，s_{τ} 与超竞争环境下连续并购中主并企业管理者过度自信行为之间呈现先增大后减小的趋势。

$$\frac{\mathrm{d}s_{\tau}^{**}(\mu)}{\mathrm{d}\mu}=-e^{(v+k)}\frac{(1-\theta)(1+\xi)\frac{X_{2t}D_2}{r-\alpha_2}-\theta\frac{X_{1t}D_1}{r-\alpha_1}}{(1+\mu)^2\frac{D_m}{r-\alpha_m}X_{1t}^{\gamma}X_{2t}^{1-\gamma}} \tag{6-2-50}$$

令$\frac{ds_{\tau}^{**}(\mu)}{d\mu}=0$，推出$\theta=\frac{(1+\xi)\frac{X_{2t}D_2}{r-\alpha_2}}{(1+\xi)\frac{X_{2t}D_2}{r-\alpha_2}+\frac{X_{1t}D_1}{r-\alpha_1}}$

当$\frac{ds_{\tau}^{**}(\mu)}{d\mu}<0$时，$0<\theta<\frac{(1+\xi)\frac{X_{2t}D_2}{r-\alpha_2}}{(1+\xi)\frac{X_{2t}D_2}{r-\alpha_2}+\frac{X_{1t}D_1}{r-\alpha_1}}$，此时，当主并企业管理层的学习能力不断提升时，$s_{\tau}$ 呈现不断变小的趋势。

当$\frac{ds_{\tau}^{**}(\mu)}{d\mu}>0$时，$\theta>\frac{(1+\xi)\frac{X_{2t}D_2}{r-\alpha_2}}{(1+\xi)\frac{X_{2t}D_2}{r-\alpha_2}+\frac{X_{1t}D_1}{r-\alpha_1}}$，此时，随着超竞争环境下连续并购中主并企业管理者学习能力的提高，被并企业获得的来自主并企业的价值补偿比例不断增加；

结论（6-2-15）：伴随着目标企业谈判本领的不断提升，s_{τ} 与超竞争条件下连续并购中主并企业管理者学习行为之间呈现先减小后增大的“U”形关系。

由结论（6-2-9）~结论（6-2-15）可得：被并企业应该提高自身讨价还价能力，同时将讨价还价能力控制在一定范围内，从而在连续并购中获得更多的收益为。

连续并购实施后，主并企业的累积价值为：

$$V_{主}(X_{1t},X_{2t})=(1-s_{\tau}^{**})V(X_{1t},X_{2t})$$
$$=\left[1-\frac{\theta V(X_{1t},X_{2t})-\theta\frac{X_{1t}D_1}{r-\alpha_1}+(1-\theta)(1+\xi)\frac{X_{2t}D_2}{r-\alpha_2}}{V(X_{1t},X_{2t})}\right]V(X_{1t},X_{2t})$$
$$=(1-\theta)V(X_{1t},X_{2t})+\theta\frac{X_{1t}D_1}{r-\alpha_1}-(1-\theta)(1+\xi)\frac{X_{2t}D_2}{r-\alpha_2}$$
$$=(1-\theta)\Delta V(X_{1t},X_{2t})+\frac{X_{1t}D_1}{r-\alpha_1}\qquad(6-2-51)$$

结论（6-2-16）：协议并购期间，主并企业的累积价值由两部分共同组成，即独立经营的累积价值及通过在并购中不断地讨价还价而获得的异常收入。

2. 并购阈值的确定

依据被并企业持默许态度下的方法进行求解，设

$$\varphi(Z)=\begin{cases}A_2Z^{\beta_1}+\dfrac{D_1Z}{r-\alpha_1}, & Z<Z_1^{**}\\ \psi(Z), & Z_1^{**}\leqslant Z\leqslant Z_2^{**}\\ B_2Z^{\beta_2}+\dfrac{D_1Z}{r-\alpha_1}, & Z>Z_2^{**}\end{cases} \tag{6-2-52}$$

根据价值匹配条件及平滑粘贴条件得：

$$\begin{cases}A_2(Z_1^{**})^{\beta_1}+\dfrac{D_1Z_1^{**}}{r-\alpha_1}=(1-\theta)(1+\mu)(Z_1^{**})^{\gamma}e^{-(v+k)}\dfrac{D_m}{r-\alpha_m}+\theta\dfrac{Z_1^{**}D_1}{r-\alpha_1}\\ \qquad -(1-\theta)(1+\xi)\dfrac{D_2}{r-\alpha_2}\\ \beta_1A_2(Z_1^{**})^{\beta_1-1}=\gamma(1-\theta)(1+\mu)(Z_1^{**})^{\gamma-1}e^{-(v+k)}\dfrac{D_m}{r-\alpha_m}-(1-\theta)\dfrac{D_1}{r-\alpha_1}\\ B_2(Z_2^{**})^{\beta_2}+\dfrac{D_1Z_2^{**}}{r-\alpha_1}=(1-\theta)(1+\mu)(Z_2^{**})^{\gamma}e^{-(v+k)}\dfrac{D_m}{r-\alpha_m}+\theta\dfrac{Z_2^{**}D_1}{r-\alpha_1}\\ \qquad -(1-\theta)(1+\xi)\dfrac{D_2}{r-\alpha_2}\\ \beta_2B_2(Z_2^{**})^{\beta_2-1}=\gamma(1-\theta)(1+\mu)(Z_2^{**})^{\gamma-1}e^{-(v+k)}\dfrac{D_m}{r-\alpha_m}-(1-\theta)\dfrac{D_1}{r-\alpha_1}\end{cases} \tag{6-2-53}$$

$$\begin{cases}\dfrac{D_1(Z_1^{**})}{r-\alpha_1}-\dfrac{\beta_1-\gamma}{\beta_1-1}(1+\mu)(Z_1^{**})^{\gamma}e^{-(v+k)}\dfrac{D_m}{r-\alpha_m}+\dfrac{\beta_1}{\beta_1-1}(1+\xi)\dfrac{D_2}{r-\alpha_2}=0\\ \dfrac{D_1(Z_2^{**})}{r-\alpha_1}+\dfrac{\beta_2-\gamma}{\beta_2-1}(1+\mu)(Z_2^{**})^{\gamma}e^{-(v+k)}\dfrac{D_m}{r-\alpha_m}+\dfrac{\beta_2}{\beta_2-1}(1+\xi)\dfrac{D_2}{r-\alpha_2}=0\\ A_2=\dfrac{(1-\theta)\dfrac{1}{\beta_1-1}\left[(\gamma-1)(1+\mu)(Z_1^{**})^{\gamma}e^{-(v+k)}\dfrac{D_m}{r-\alpha_m}+(1+\xi)\dfrac{D_2}{r-\alpha_2}\right]}{(Z_1^{**})^{\beta_1}}\\ B_2=\dfrac{(1-\theta)\dfrac{1}{\beta_2-1}\left[(\gamma-1)(1+\mu)(Z_2^{**})^{\gamma}e^{-(v+k)}\dfrac{D_m}{r-\alpha_m}+(1+\xi)\dfrac{D_2}{r-\alpha_2}\right]}{(Z_2^{**})^{\beta_2}}\end{cases} \tag{6-2-54}$$

因为主并企业的等待期权价值大于或等于零，所以 A_2、B_2 要大于0，由方程组（6-2-54）可以求出 Z_1^{**}、Z_2^{**}、A_2 和 B_2 的数值。

因此，主并企业最佳并购时机解的一般函数形式如下：

$$F(X_{1t},\ X_{2t})=\begin{cases} e^{-rt}\left[A_2X_{1t}^{\beta_1}X_{2t}^{1-\beta_1}+X_{1t}\dfrac{D_1}{r-\alpha_1}\right], & 0<\dfrac{X_{1t}}{X_{2t}}<Z_1^* \\ e^{-rt}\left[(1-\theta)\left[e^{-(v+k)}(1+\mu)\dfrac{D_m}{r-\alpha_m}X_{1t}^{\gamma}X_{2t}^{1-\gamma}-\dfrac{D_1X_{1t}}{r-\alpha_1}\right.\right. & \\ \left.\left.-(1+\xi)\dfrac{D_2X_{2t}}{r-\alpha_2}\right]+\dfrac{D_1X_{1t}}{r-\alpha_1}\right], & Z_1^*<\dfrac{X_{1t}}{X_{2t}}<Z_2^* \\ e^{-rt}\left[B_2X_{2t}^{1-\beta_2}X_{1t}^{\beta_2}+X_{1t}\dfrac{D_1}{r-\alpha_1}\right], & \dfrac{X_{1t}}{X_{2t}}>Z_2^* \end{cases} \tag{6-2-55}$$

其中，最佳并购时机：

$$\tau^{**}=\inf\{t\geqslant 0\mid Z_t\in[Z_1,\ Z_2^{**}]\} \tag{6-2-56}$$

等待期权价值：

$$O(x_1,\ x_2)=\begin{cases} A_2X_{1t}^{\beta_1}X_{2t}^{1-\beta_1}, & \dfrac{X_{1t}}{X_{2t}}\in(0,\ Z_1^{**}) \\ B_2X_{1t}^{\beta_2}X_{2t}^{1-\beta_2}, & \dfrac{X_{1t}}{X_{2t}}\in(Z_2^{**},\ \infty) \end{cases} \tag{6-2-57}$$

得出结论（6－2－16）：协议并购期间，最佳的连续并购时机除了受超竞争因子与连续并购因子的共同影响，还受连续并购双方讨价还价能力的作用，此时，主并企业同样存在两个不同的等待期权。

6.2.3　参数分析与数值模拟

本节将对上述章节的模型作进一步的模拟计算，并对超竞争环境下影响连续并购时机选择的重要参数作深入分析。

6.2.3.1　被并企业持默许态度

1. 参数说明

假定在连续并购的过程中只有一个主并企业 1 及一个被并企业 2 参与。主并企业 1 的各个参数设定：波动率 $\sigma_1=0.3$，价值增长率 $\alpha_1=0.03$；被并企业 2 的各个参数设定：波动率 $\sigma_2=0.2$，价值增长率 $\alpha_2=0.01$；相关系数 $\rho=0.5$。以上参数可以通过对主被并企业双方的并购相关历史数据进行整理分析得到。主并企业价值的固定部分 $D_1=1$，被并企业价值的固定部分 $D_2=0.5$。关于连续并购后，主并企业所占合并企业的权重 $\gamma=0.8$。此外，设超竞争环境下，竞争强度 $(1-\overline{\omega})=0.9$；谈判破裂参数因子 $e^{-\nu}=0.6$；连续并购管理者过度自信参数因子 $e^{-k}=0.5$；连续并购管理者学习行为参数因子 $\mu=2$；竞争的不确定性 $\xi=0.5$；直接协同效应 $\eta=0.4$，η 可通过对相关市场数据进行评估得到。这里假设 $\alpha=0.4$，无风险利率 $r=0.05$。

由参数得：

$$\begin{cases}\alpha_Y=0.0204\\ \sigma_Y^2=0.0688\\ \alpha_Z=0.03\\ \sigma_Z^2=0.07\end{cases}$$

因为 β_1 和 β_2 是方程 $\phi(\beta)\equiv\frac{1}{2}\sigma_z^2\beta(\beta-1)+(\alpha_1-\alpha_2)\beta-(r-\alpha_2)=0$ 的两根，解得：$\beta_1=1.3046$；$\beta_2=-0.8760$。

将 $\beta_1=1.3046$、$\beta_2=-0.8760$ 代入（6-2-28）式，得到：

$Z_1^*=0.9881$；$Z_2^*=4.6796$；$A_1=10.3038$；$B_1=73.3163$。

所以可以得到主并企业1的最佳并购时机为：

$$\tau^*=\inf\{t\geqslant 0\mid Z_t\in[0.9881,\ 4.6796]\}$$

主并企业的价值函数为：

$$F(X_{1t},\ X_{2t})=$$

$$\begin{cases}e^{-0.05t}(10.3038X_{1t}^{1.3046}X_{2t}^{-0.3046}+50X_{1t}), & \frac{X_{1t}}{X_{2t}}\in(0,\ 0.9881)\\ e^{-0.05t}(79.0541X_{2t}^{0.8}X_{1t}^{0.2}+20X_{1t}-11.25X_{2t}), & \frac{X_{1t}}{X_{2t}}\in[0.9881,\ 4.6796]\\ e^{-0.05t}(73.3163X_{2t}^{1.876}X_{1t}^{-0.876}+50X_{1t}), & \frac{X_{1t}}{X_{2t}}\in(4.6796,\ \infty)\end{cases}$$

主并企业的等待期权价值函数为：

$$O(X_{1t},\ X_{2t})=\begin{cases}10.3038X_{1t}^{1.3046}X_{2t}^{-0.3046}, & \frac{X_{1t}}{X_{2t}}\in(0,\ 0.9881)\\ 73.3163X_{1t}^{-0.876}X_{2t}^{1.876}, & \frac{X_{1t}}{X_{2t}}\in(4.6796,\ \infty)\end{cases}$$

2. 参数分析

其他因子参数不是本研究关注的重点，因此，只对表现超竞争特点的三个因子［$(1-\bar{\omega})$，ξ，e^{-v}］和表现连续并购特点的两个因子［$(1+\mu)$、e^{-k}］对连续并购时机的影响做进一步的分析。表6－2－2为其他相关参数的设定。

表6－2－2　主被并企业相关参数取值

企业角色	D_i	α_i	σ_i	ρ	γ	r	λ
主并企业	1	0.03	0.3	0.5	0.8	0.05	0.5
被并企业	0.5	0.01	0.2		0.2		

（1）价值损失因子e^{-v}。由表6－2－3及图6－2－1可知：在超竞争环境下，并购阈值下限Z_1随着价值损失因子e^{-v}的增大而减小；相反的，阈值上限Z_2则随着价值损失因子e^{-v}的增大而增大。即随着超竞争环境下连续并购中导致双方谈判破裂事件发生次数的减少，为了使并购价值最大化，主并企业更有可能将并购活动提前进行。

表6－2－3　因子e^{-v}与并购阈值的关系

$e^{-\lambda}$	0.5	0.6	0.7	0.8	0.9	1
Z_1	1.6464	0.9881	0.7055	0.5460	0.4433	0.3717
Z_2	1.0325	4.6796	11.2505	22.8066	41.8176	71.4338

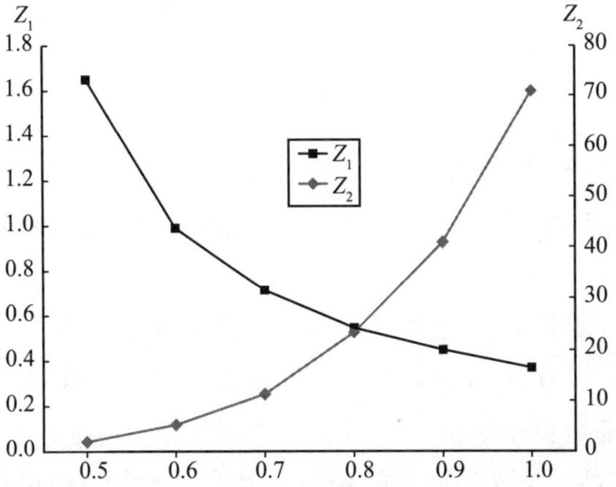

图6－2－1　因子e^{-v}与连续并购阈值的关系

（2）竞争强度（$1-\bar{\omega}$）。由于本书是在超竞争环境下进行研究的，所以来自外界各方面的竞争力强度是很大的，即竞争强度因子的取值大于0.5。由表6－2－4及图6－2－2可知：在超竞争环境下，并购阈值下限 Z_1 随着竞争强度因子（$1-\bar{\omega}$）的增大而增大；相反的，阈值上限 Z_2 则随着竞争强度因子（$1-\bar{\omega}$）的增大而减小。即随着竞争强度的增大，为了获得更大的并购收益，通过延迟并购时机来进一步等待被并企业提升后再实施并购成为主并企业的更优选择。随着时机的推迟，主并企业自身产品、技术也在不断更新，同时并购区间在不断减小，此时对目标企业的资源需求也在不断变化。因此，主并企业应在等待时机、谨慎决策的同时，及时抓住决策机遇，以免错失良机。

表6－2－4　　竞争强度（$1-\bar{\omega}$）与并购阈值的关系

（$1-\bar{\omega}$）	0.5	0.6	0.7	0.8	0.9	1
Z_1	0.7515	0.7740	0.8345	0.9049	0.9881	1.0879
Z_2	10.5956	8.7963	7.2262	5.8615	4.6796	3.6583

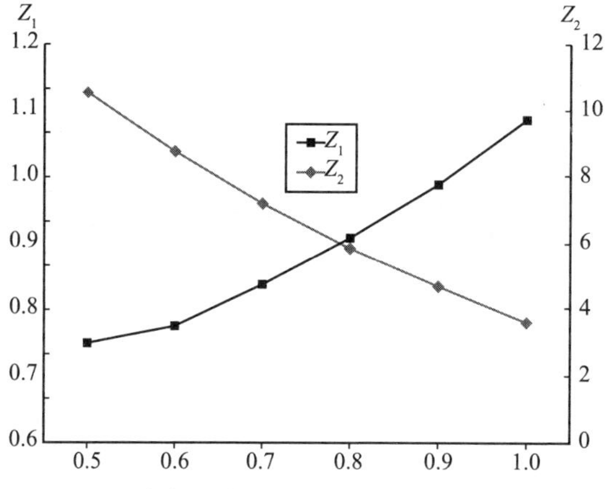

图6－2－2　竞争强度（$1-\bar{\omega}$）与连续并购阈值的关系

（3）竞争的不确定性 ξ。超竞争环境下的竞争不确定性巨大，假定竞争不确定性因子 $\xi\in[-0.5,\ 0.5]$，由表6－2－5及图6－2－3可知：在超竞争环境下，并购阈值下限 Z_1 随着竞争不确定性因子 ξ 的增大而增大；相反的，阈值上限 Z_2 则随着竞争不确定性因子 ξ 的增大而减小。由于不确定性的存在主要影响了被并企业的价值评估，因而随着竞争不确定性的增大，主并企业对被并企业所了解的信息就越少，此时主并企业更可能采取更为谨慎的决策（推迟并购时机），从而获得更多的信息以便对被并企业作出合理的价值评估。

表 6-2-5　　竞争的不确定性 ξ 与并购阈值的关系

ξ	-1	-0.5	0	0.5	0.6	0.7	0.8	0.9	1
Z_1	0	0.2067	0.548	0.9881	1.0872	1.19	1.2964	1.4064	1.5201
Z_2	5.623	5.3246	5.0112	4.6796	4.6043	4.5402	4.4689	4.3964	4.3226

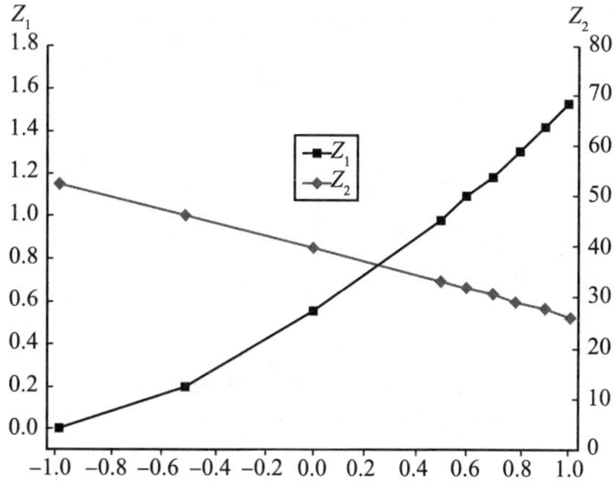

图 6-2-3　竞争的不确定性 ξ 与连续并购阈值的关系

（4）因子 e^{-k} 对并购时机的影响。由表 6-2-6 及图 6-2-4 可知：在超竞争环境下，并购阈值下限 Z_1 随着价值损失因子 e^{-k} 的增大而减小；相反的，阈值上限 Z_2 则随着价值损失因子 e^{-k} 的增大而增大。即超竞争环境下连续并购中随着主并方管理层过度自信行为的增加，表现出对并购活动狂妄自大的心理在不断增加，表现在实际并购活动中就是对并购活动的不重视，因此，不能及时把握并购机遇。

表 6-2-6　　因子 e^{-k} 与并购阈值的关系

e^{-k}	0.5	0.6	0.7	0.8	0.9	1
Z_1	0.9881	0.8522	0.7486	0.6669	0.6007	0.5460
Z_2	4.6796	6.8431	9.6059	13.0928	17.4423	22.8066

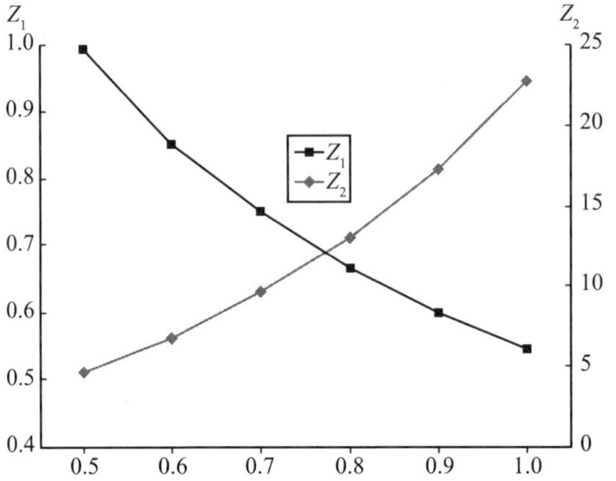

图 6-2-4　因子 e^{-k} 与连续并购阈值的关系

（5）因子（$1+\mu$）对并购时机的影响。由表 6-2-7 及图 6-2-5 可知：在超竞争环境下，并购阈值下限 Z_1 随着学习效应因子（$1+\mu$）的增大而减小；相反的，阈值上限 Z_2 则随着学习效应因子（$1+\mu$）的增大而增大。即当主并企

表 6-2-7　　因子（$1+\mu$）与并购阈值的关系

（$1+\mu$）	4	5	6	7	8	9	10
Z_1	1.9096	0.9881	0.6669	0.5	0.3976	0.3284	0.2787
Z_2	-0.5849	4.6796	13.0928	29.3564	58.0818	105.374	179.06

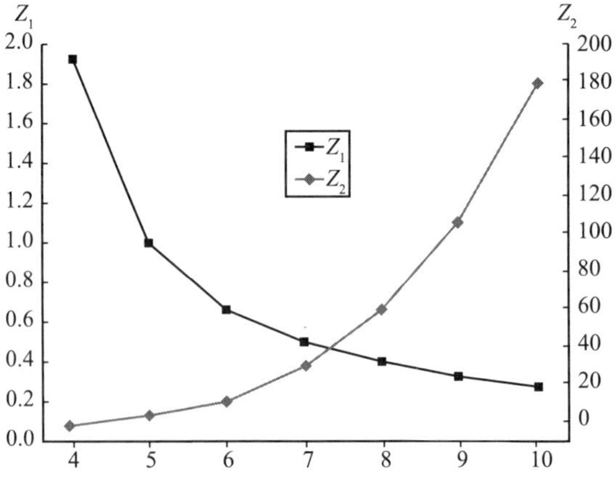

图 6-2-5　因子（$1+\mu$）与并购阈值的关系

业管理层的学习效应提升时，主并方推迟并购的意愿更强烈。主并企业管理层更愿意通过对以往的并购经验进行学习，从而更加全面地利用和分析已掌握的被并企业的信息，以作出更佳的并购决策。

6.2.3.2　被并企业协议并购

其余数值设置同上一小节，在此，进一步设定被并企业的讨价还价能力为 $\theta=0.4$。由（6－2－54）式可得：$Z_1^{**}=0.9881$；$Z_2^{**}=4.6796$；$A_2=6.1823$；$B_2=43.9898$。

价值函数：

$$F(X_{1t},\ X_{2t})=$$

$$\begin{cases} e^{-0.05t}(6.1823X_{1t}^{1.3046}X_{2t}^{-0.3046}+50X_{1t}), & \dfrac{X_{1t}}{X_{2t}}\in(0,\ 0.9881) \\ e^{-0.05t}(47.4324X_{2t}^{0.8}X_{1t}^{0.2}+20X_{1t}-11.25X_{2t}), & \dfrac{X_{1t}}{X_{2t}}\in[0.9881,\ 4.6796] \\ e^{-0.05t}(43.9898X_{2t}^{1.876}X_{1t}^{-0.876}+50X_{1t}), & \dfrac{X_{1t}}{X_{2t}}\in(4.6796,\ \infty) \end{cases}$$

等待期权价值：

$$O(X_{1t},\ X_{2t})=\begin{cases} 6.1823X_{1t}^{1.3046}X_{2t}^{-0.3046}, & \dfrac{X_{1t}}{X_{2t}}\in(0,\ 0.9881) \\ 43.9898X_{1t}^{-0.876}X_{2t}^{1.876}, & \dfrac{X_{1t}}{X_{2t}}\in(4.6796,\ \infty) \end{cases}$$

θ 本不是本书的研究重点，在此对于被并企业讨价还价能力 θ 不做具体的分析。

6.3　超竞争环境下存在竞争对手的连续并购定价与时机研究

本节以6.2节为基础，对两个主并企业（A、B）同时并购一个目标企业（C）的连续并购活动做进一步研究，其中，主并企业 A 和 B 一方是另一方的竞争对手。

6.3.1 模型建立与求解

1. 模型假设

基于上一章进行假设补充：当市场上存在两个互为竞争对手的主并企业 A 和 B 时，主并企业对被并企业 C 的累积价值会产生溢价效应。即对于企业 A 而言，由于竞争对手企业 B 的存在，被并企业 C 的企业价值存在一个溢价（设由于企业 B 的存在，A 对被并企业 C 的溢价水平为 δ_B），此时，C 的价值调整为 $F_{CA}=(1+\delta_B)(1+\xi)D_CX_{Ct}$；同样的，对于 B 来说，由于竞争对手 A 对 C 的价值产生了一个溢价，其溢价水平用 δ_A 表示，则 C 的价值调整为 $F_{CB}=(1+\delta_A)(1+\xi)D_CX_{Ct}$。设 θ_A 为企业 C 相对企业 A 的，θ_B 为企业 C 相对企业 B 的讨价还价能力；$s_{\tau A}$ 为企业 A 给予企业 C 的价值补偿比例，$s_{\tau B}$ 为企业 B 给予企业 C 的价值补偿比例。由于连续并购过程比较复杂，情景变化也比较多，本章只对主并企业 A、B 同时参与各个并购交易进行研究，且假设 A、B 两企业的其他情况基本相同。

由于两个主并企业 A 和 B 互为竞争对手，只需要讨论其中一方即可，因此，本章只对主并企业 A 进行讨论。

2. 建模与求解

（1）价值分配。

$$s_{\tau A}^{***}=\sup_{s_{\tau_A}}\left[s_{\tau_A}V(X_{At},X_{Ct})-E\left[\int_{\tau_A}^{+\infty}(1+\delta_B)(1+\xi)e^{-rt}X_{Ct}D_C\mathrm{d}t\right]\right]^{\theta_A}*\left[(1-s_{\tau_A})V(X_{At},X_{Ct})-E\left[\int_{\tau_A}^{+\infty}e^{-rt}X_{At}D_A\mathrm{d}t\right]\right]^{1-\theta_A}\tag{6-3-1}$$

进一步求解得：

$$s_{\tau_A}^{***}=\frac{\theta_AV(X_{At},X_{Ct})-\theta_A\dfrac{X_{At}D_A}{r-\alpha_A}+(1-\theta_A)(1+\delta_B)(1+\xi)\dfrac{X_{Ct}D_C}{r-\alpha_C}}{V(X_{At},X_{Ct})}$$

$$=\frac{(1+\delta_B)(1+\xi)\dfrac{X_{Ct}D_C}{r-\alpha_C}+\theta_A\Delta V(X_{At},X_{Ct})}{V(X_{At},X_{Ct})}\tag{6-3-2}$$

其中，$\Delta V(X_{At},X_{Ct})=V(X_{At},X_{Ct})-\dfrac{D_AX_{At}}{r-\alpha_A}-(1+\delta_B)(1+\xi)\dfrac{D_CX_{Ct}}{r-\alpha_C}>0$

与公式（6－2－44）进行对比，得：$s_{\tau_A}^{***}>s_{\tau}^{**}$。

结论（6－3－1）：与不存在竞争对手相比，由于竞争对手（溢价）的存在，目标企业的价值补偿比例更大。

对各参数作进一步的分析（均假定其他参数为某一定值）。

$$\frac{ds_{\tau_A}^{***}(\theta_A)}{d\theta_A}=\frac{\Delta V(X_{At},\ X_{Ct})}{V(X_{At},\ X_{Ct})}>0 \tag{6-3-3}$$

结论（6-3-2）：s_τ^{***} 随着其谈判能力的增强而增大。

$$\frac{ds_{\tau_A}^{***}(\delta_B)}{d\delta_B}=e^{v+k}\frac{(1-\theta_A)(1+\xi)(r-\alpha_m)\dfrac{X_{Ct}D_C}{r-\alpha_C}}{(1+\mu)D_mX_{At}^{\gamma}X_{Ct}^{1-\gamma}}>0 \tag{6-3-4}$$

结论（6-3-3）：被并企业获得的、由主并企业支付的价值补偿比例（s_τ^{***}）随其获得的来自竞争对手的溢价水平的提升而不断增大。在实际的连续并购中，两个主并方为了最终能够成功并购，都会积极地参与并购决策，甚至愿意提高对目标企业的溢价，由此提高了 s_τ^{***}。

$$\frac{ds_{\tau_A}^{***}(\xi)}{d\xi}=e^{v+k}\frac{(1-\theta_A)(1+\delta_B)(r-\alpha_m)\dfrac{X_{Ct}D_C}{r-\alpha_C}}{(1+\mu)D_mX_{At}^{\gamma}X_{Ct}^{1-\gamma}}>0 \tag{6-3-5}$$

结论（6-3-4）：被并企业获得的、由主并企业支付的价值补偿比例与环境的竞争不确定性成正相关关系。与不存在竞争对手相比，由于竞争对手的存在带来了更高的并购溢价，因此，被并企业获得的来自主并企业的价值补偿比例的增幅更大。

$$\frac{ds_{\tau_A}^{***}(v)}{dv}=e^{(v+k)}\frac{(1-\theta_A)(1+\delta_B)(1+\xi)\dfrac{X_{Ct}D_C}{r-\alpha_C}-\theta_A\dfrac{X_{At}D_A}{r-\alpha_A}}{(1+\mu)\dfrac{D_m}{(r-\alpha_m)}X_{At}^{\gamma}X_{Ct}^{1-\gamma}}>\frac{ds_{\tau_A}^{**}(v)}{dv} \tag{6-3-6}$$

令$\dfrac{ds_\tau^{***}(v)}{dv}=0$，得 $\theta_A=\dfrac{(1+\delta_B)(1+\xi)\dfrac{X_{Ct}D_C}{r-\alpha_C}}{(1+\delta_B)(1+\xi)\dfrac{X_{Ct}D_C}{r-\alpha_C}+\dfrac{X_{At}D_A}{r-\alpha_A}}$

当$\dfrac{ds_\tau^{***}(v)}{dv}<0$ 时，$\theta_A>\dfrac{(1+\delta_B)(1+\xi)\dfrac{X_{Ct}D_C}{r-\alpha_C}}{(1+\delta_B)(1+\xi)\dfrac{X_{Ct}D_C}{r-\alpha_C}+\dfrac{X_{At}D_A}{r-\alpha_A}}$，此时，被并企业获得的、由主并企业支付的价值补偿比例与谈判破裂的原因或谈判破裂发生的次数存在负相关关系。

当$\frac{ds_\tau^{***}(v)}{dv}>0$时，$0<\theta_A<\frac{(1+\delta_B)(1+\xi)\frac{X_{Ct}D_C}{r-\alpha_C}}{(1+\delta_B)(1+\xi)\frac{X_{Ct}D_C}{r-\alpha_C}+\frac{X_{At}D_A}{r-\alpha_A}}$，此时，被并企业获得的、由主并企业支付的价值补偿比例与谈判破裂的原因或谈判破裂发生的次数存在正相关关系。

结论（6-3-5）：当被并企业的谈判能力不断提升时，s_τ^{***} 与谈判破裂的原因或次数之间呈现先增后减的倒"U"形关系；这种关系由于竞争对手的存在变得更加显著。

$$\frac{ds_\tau^{***}(\omega\eta)}{d(\omega\eta)}=-\frac{1}{(1+\omega\eta)^2}\frac{(1-\theta_A)(1+\delta_B)(1+\xi)\frac{X_{Ct}D_C}{r-\alpha_C}-\theta_A\frac{X_{At}D_A}{r-\alpha_A}}{e^{-(v+k)}(1+\mu)(D_A+D_C)X_{At}^{\gamma}X_{Ct}^{1-\gamma}}<\frac{ds_\tau^{**}(\omega\eta)}{d(\omega\eta)} \tag{6-3-7}$$

令$\frac{ds_\tau^{***}(\omega\eta)}{d(\omega\eta)}=0$，得$\theta_A=\frac{(1+\delta_B)(1+\xi)\frac{X_{Ct}D_C}{r-\alpha_C}}{(1+\delta_B)(1+\xi)\frac{X_{Ct}D_C}{r-\alpha_C}+\frac{X_{At}D_A}{r-\alpha_A}}$

当$\frac{ds_\tau^{***}(\omega\eta)}{d(\omega\eta)}>0$时，$\theta_A>\frac{(1+\delta_B)(1+\xi)\frac{X_{Ct}D_C}{r-\alpha_C}}{(1+\delta_B)(1+\xi)\frac{X_{Ct}D_C}{r-\alpha_C}+\frac{X_{At}D_A}{r-\alpha_A}}$，此时，$s_\tau^{***}$ 随着竞争强度的增大而减小；

当$\frac{ds_\tau^{***}(\omega\eta)}{d(\omega\eta)}<0$时，$0<\theta_A<\frac{(1+\delta_B)(1+\xi)\frac{X_{Ct}D_C}{r-\alpha_C}}{(1+\delta_B)(1+\xi)\frac{X_{Ct}D_C}{r-\alpha_C}+\frac{X_{At}D_A}{r-\alpha_A}}$，此时，被并企业获得的来自主并企业的价值补偿比例随着超竞争环境下竞争强度的增大而增大。

结论（6-3-6）：当被并企业的谈判能力不断提升时，被并企业获得的、由主并企业支付的价值补偿比例 s_τ^{***} 与竞争强度间呈现先增后减的倒"U"形关系；这种关系由于竞争对手的存在变得更加显著。

$$\frac{\mathrm{d}s_{\tau_A}^{***}(k)}{\mathrm{d}k}=e^{(v+k)}\frac{(1-\theta_A)(1+\delta_B)(1+\xi)\frac{X_{Ct}D_C}{r-\alpha_C}-\theta_A\frac{X_{At}D_A}{r-\alpha_A}}{(1+\mu)\frac{D_m}{(r-\alpha_m)}X_{At}^{\gamma}X_{Ct}^{1-\gamma}}>\frac{\mathrm{d}s_{\tau_A}^{**}(k)}{\mathrm{d}k}\tag{6-3-8}$$

令$\frac{\mathrm{d}s_{\tau}^{**}(k)}{\mathrm{d}k}=0$，得 $\theta_A=\frac{(1+\delta_B)(1+\xi)\frac{X_{Ct}D_C}{r-\alpha_C}}{(1+\delta_B)(1+\xi)\frac{X_{Ct}D_C}{r-\alpha_C}+\frac{X_{At}D_A}{r-\alpha_A}}$

当$\frac{\mathrm{d}s_{\tau}^{***}(k)}{\mathrm{d}k}<0$ 时，$\theta_A>\frac{(1+\delta_B)(1+\xi)\frac{X_{Ct}D_C}{r-\alpha_C}}{(1+\delta_B)(1+\xi)\frac{X_{Ct}D_C}{r-\alpha_C}+\frac{X_{At}D_A}{r-\alpha_A}}$，此时，随着超竞争环境下连续并购中主并企业管理者过度自信行为的增加，s_{τ}^{***} 减小；

当$\frac{\mathrm{d}s_{\tau}^{***}(k)}{\mathrm{d}k}>0$ 时，$0<\theta_A<\frac{(1+\delta_B)(1+\xi)\frac{X_{Ct}D_C}{r-\alpha_C}}{(1+\delta_B)(1+\xi)\frac{X_{Ct}D_C}{r-\alpha_C}+\frac{X_{At}D_A}{r-\alpha_A}}$，此时，随着主并企业管理者过度自信行为的增加，$s_{\tau}^{***}$ 增大。

结论（6－3－7）：当被并企业的谈判能力不断提升时，s_{τ}^{***} 与主并企业管理者的过度自信行为之间呈现先增后减的倒“U”形关系；这种关系由于竞争对手的存在变得更加显著。

$$\frac{\mathrm{d}s_{\tau}^{***}(\mu)}{\mathrm{d}\mu}=-e^{(v+k)}\frac{(1-\theta_A)(1+\delta_B)(1+\xi)\frac{X_{Ct}D_C}{r-\alpha_C}-\theta_A\frac{X_{At}D_A}{r-\alpha_A}}{(1+\mu)^2\frac{D_m}{(r-\alpha_m)}X_{At}^{\gamma}X_{Ct}^{1-\gamma}}\tag{6-3-9}$$

令$\frac{\mathrm{d}s_{\tau}^{***}(\mu)}{\mathrm{d}\mu}=0$，得到 $\theta_A=\frac{(1+\delta_B)(1+\xi)\frac{X_{Ct}D_C}{r-\alpha_C}}{(1+\delta_B)(1+\xi)\frac{X_{Ct}D_C}{r-\alpha_C}+\frac{X_{At}D_A}{r-\alpha_A}}$

当$\frac{\mathrm{d}s_{\tau}^{***}(\mu)}{\mathrm{d}\mu}<0$ 时，$0<\theta_A<\frac{(1+\delta_B)(1+\xi)\frac{X_{Ct}D_C}{r-\alpha_C}}{(1+\delta_B)(1+\xi)\frac{X_{Ct}D_C}{r-\alpha_C}+\frac{X_{At}D_A}{r-\alpha_A}}$，此时，随着主并企业管理者学习行为与 s_{τ}^{***} 为负相关关系；

当$\dfrac{ds_{\tau}^{***}(\mu)}{d\mu}>0$时，$\theta_A>\dfrac{(1+\delta_B)(1+\xi)\dfrac{X_{Ct}D_C}{r-\alpha_C}}{(1+\delta_B)(1+\xi)\dfrac{X_{Ct}D_C}{r-\alpha_C}+\dfrac{X_{At}D_A}{r-\alpha_A}}$，此时，随着主并企业管理者学习行为的增加，被并企业获得的来自主并企业的价值补偿比例不断增加。

结论（6-3-8）：当θ_A不断得到提升时，s_{τ}^{***}与主并企业管理者学习行为之间呈现先减小后增大的"U"形关系；这种关系由于竞争对手的存在变得更加显著。

连续并购后，主并企业的累积价值为：

$$
\begin{aligned}
V_A(X_{At},X_{Ct}) &= (1-s_{\tau_A}^{***})V(X_{At},X_{Ct}) \\
&= \left[1-\frac{\theta_A V(X_{At},X_{Ct})-\theta_A\dfrac{X_{At}D_A}{r-\alpha_A}+(1-\theta_A)(1+\delta_B)(1+\xi)\dfrac{X_{Ct}D_C}{r-\alpha_C}}{V(X_{At},X_{Ct})}\right] \\
&\quad V(X_{At},X_{Ct}) \\
&= (1-\theta_A)V(X_{At},X_{Ct})+\theta_A\frac{X_{At}D_A}{r-\alpha_A}-(1-\theta_A)(1+\delta_B)(1+\xi)\frac{X_{Ct}D_C}{r-\alpha_C} \\
&= (1-\theta_A)\Delta V(X_{At},X_{Ct})+\frac{X_{At}D_A}{r-\alpha_A}
\end{aligned}
\tag{6-3-10}
$$

（2）并购阈值的确定。

设

$$
\varphi(Z)=\begin{cases}
A_3Z^{\beta_1}+\dfrac{D_AZ}{r-\alpha_A}, & Z<Z_1^{***} \\
\psi(Z), & Z_1^{***}\leqslant Z\leqslant Z_2^{***} \\
B_3Z^{\beta_2}+\dfrac{D_AZ}{r-\alpha_A}, & Z>Z_2^{***}
\end{cases}
\tag{6-3-11}
$$

价值公式整理得：

$$
\begin{aligned}
V_A(X_{At},X_{Ct}) &= (1-\theta_A)V(X_{At},X_{Ct})+\theta_A\frac{X_{At}D_A}{r-\alpha_A}-(1-\theta_A)(1+\delta_B)(1+\xi)\frac{X_{Ct}D_C}{r-\alpha_C} \\
&= X_{Ct}\left[(1-\theta_A)(1+\mu)Z^{\gamma}e^{-(v+k)}\frac{D_m}{r-\alpha_m}+\theta_A\frac{ZD_A}{r-\alpha_A}\right. \\
&\quad \left.-(1-\theta_A)(1+\delta_B)(1+\xi)\frac{D_C}{r-\alpha_C}\right]
\end{aligned}
\tag{6-3-12}
$$

$$\psi(Z)=(1-\theta_A)(1+\mu)Z^{\gamma}e^{-(v+k)}\frac{D_m}{r-\alpha_m}+\theta_A\frac{ZD_A}{r-\alpha_A}-(1-\theta_A)(1+\delta_B)(1+\xi)\frac{D_C}{r-\alpha_C}\qquad(6-3-13)$$

根据价值匹配条件、平滑粘贴条件：

$$\begin{cases}A_3(Z_1^{***})^{\beta_1}+\dfrac{D_AZ_1^{***}}{r-\alpha_A}=(1-\theta_A)(1+\mu)e^{-(v+k)}\dfrac{D_m}{r-\alpha_m}(Z_1^{***})^{\gamma}e^{-(v+k)}\\ \qquad+\theta_A\dfrac{Z_1^{***}D_A}{r-\alpha_A}-(1-\theta_A)(1+\delta_B)(1+\xi)\dfrac{D_C}{r-\alpha_C}\\ \beta_1A_3(Z_1^{***})^{\beta_1-1}+\dfrac{D_A}{r-\alpha_A}=\gamma(1-\theta_A)(1+\mu)e^{-(v+k)}\dfrac{D_m}{r-\alpha_m}(Z_1^{***})^{\gamma-1}+\theta_A\dfrac{D_A}{r-\alpha_A}\\ B_3(Z_2^{***})^{\beta_2}+\dfrac{D_AZ_2^{***}}{r-\alpha_A}=(1-\theta_A)(1+\mu)\dfrac{D_m}{r-\alpha_m}(Z_2^{***})^{\gamma}e^{-(v+k)}+\theta_A\dfrac{Z_2^{***}D_A}{r-\alpha_A}\\ \qquad-(1-\theta_A)(1+\delta_B)(1+\xi)\dfrac{D_C}{r-\alpha_C}\\ \beta_2B_3(Z_2^{***})^{\beta_2-1}+\dfrac{D_A}{r-\alpha_A}=(1-\gamma)(1-\theta)(1+\mu)\dfrac{D_m}{r-\alpha_m}(Z_2^{***})^{\gamma-1}e^{-(v+k)}\\ \qquad+\theta_A\dfrac{D_A}{r-\alpha_A}\end{cases}$$

(6-3-14)

$$\begin{cases}\dfrac{D_AZ_1^{***}}{r-\alpha_A}-\dfrac{\beta_1-\gamma}{\beta_1-1}(1+\mu)e^{-(v+k)}\dfrac{D_m}{r-\alpha_m}(Z_1^{***})^{\gamma}+\dfrac{\beta_1}{\beta_1-1}(1+\delta_B)(1+\xi)\dfrac{D_C}{r-\alpha_C}=0\\ \dfrac{D_AZ_2^{***}}{r-\alpha_A}-\dfrac{\beta_2-\gamma}{\beta_2-1}(1+\mu)e^{-(v+k)}\dfrac{D_m}{r-\alpha_m}(Z_2^{***})^{\gamma}+\dfrac{\beta_2}{\beta_2-1}(1+\delta_B)(1+\xi)\dfrac{D_C}{r-\alpha_C}=0\\ A_3=\dfrac{\dfrac{(1-\theta_A)}{\beta_1-1}\left[(\gamma-1)(1+\mu)e^{-(v+k)}\dfrac{D_m}{r-\alpha_m}(Z_1^{***})^{\gamma}+(1+\xi)(1+\delta_B)\dfrac{D_C}{r-\alpha_C}\right]}{(Z_1^{***})^{\beta_1}}\\ B_3=\dfrac{\dfrac{(1-\theta_A)}{\beta_2-1}\left[(\gamma-1)(1+\mu)e^{-(v+k)}\dfrac{D_m}{r-\alpha_m}(Z_2^{***})^{\gamma}+(1+\xi)(1+\delta_B)\dfrac{D_C}{r-\alpha_C}\right]}{(Z_2^{***})^{\beta_2}}\end{cases}$$

(6-3-15)

Z_1^{***}、Z_2^{***}、A_3 和 B_3 可由方程组（6－3－15）求出。

原问题的解：

$$F(X_{At}, X_{Ct}) = \begin{cases} e^{-rt}\left[A_3 X_{Ct}^{1-\beta_1} X_{At}^{\beta_1} + X_{At}\dfrac{D_A}{r-\alpha_A}\right], & 0 < \dfrac{X_{At}}{X_{Ct}} < Z_1^{***} \\ e^{-rt}\left[(1-\theta_A)e^{-(v+k)}(1+\mu)\dfrac{D_m}{r-\alpha_m}X_{At}^{\gamma}X_{At}^{1-\gamma} + \theta_A\dfrac{D_A X_{At}}{r-\alpha_A}\right. & \\ \left. -(1-\theta_A)(1+\delta_B)(1+\xi)\dfrac{D_C X_{Ct}}{r-\alpha_C}\right], & Z_1^{***} < \dfrac{X_{At}}{X_{Ct}} < Z_2^{***} \\ e^{-rt}\left[B_3 X_{Ct}^{1-\beta_2} X_{At}^{\beta_2} + X_{At}\dfrac{D_A}{r-\alpha_A}\right], & \dfrac{X_{At}}{X_{Ct}} > Z_2^{***} \end{cases}$$

最佳并购时机：

$$\tau_A^{***} = \inf\{t \geqslant 0 \mid Z_t \in [Z_1^{***}, Z_2^{***}]\} \qquad (6-3-16)$$

6.3.2 参数分析与数值模拟

1. 参数说明

由于本书研究的是 A、B 两主并企业基本相同且同时参与各个并购事件的欠款，所以令 $\delta_B = 0.5$，其他参数设置同 6.2 节，见表 6－3－1。

表 6－3－1　　主被并企业相关参数取值

企业角色	D_i	α_i	σ_i	ρ	γ	r	λ	$(1+\mu)$	η	$(1-\bar{\omega})$	ξ	e^{-v}	e^{-k}
主并企业	1	0.03	0.3	0.5	0.8	0.05	0.5	5	0.4	0.9	0.5	0.6	0.5
被并企业	0.5	0.01	0.2		0.2								

根据参数得：

$$\begin{cases} 50Z_1^{***} - 174.6144(Z_1^{***})^{0.8} + 120.4592 = 0 \\ 50Z_2^{***} - 94.1681(Z_2^{***})^{0.8} + 13.133 = 0 \end{cases}$$

$$\Rightarrow\begin{cases}Z_1^{***}=1.8203\\Z_2^{***}=4.1319\end{cases}$$

$$\Rightarrow\begin{cases}A_3=10.1485\\B_3=151.5506\end{cases}$$

A 的最佳并购时机：

$$\tau^*=\inf\{t\geqslant 0\mid Z_t\in[1.8203,\ 4.1319]\}$$

A 的价值函数：

$$F^*(t,\ X_{At},\ X_{Ct})=$$

$$\begin{cases}e^{-0.05t}(10.1485X_{At}^{1.3046}X_{Ct}^{-0.3046}+50X_{At}), & \dfrac{X_{At}}{X_{Ct}}\in(0,\ 1.8203)\\ e^{-0.05t}(79.0541X_{At}^{0.8}X_{Ct}^{0.2}+20X_{At}-16.875X_{Ct}), & \dfrac{X_{At}}{X_{Ct}}\in(1.8203,\ 4.1319)\\ e^{-0.05t}(151.5506X_{At}^{-0.876}X_{Ct}^{1.876}+50X_{At}), & \dfrac{X_{At}}{X_{Ct}}\in(4.1319,\ \infty)\end{cases}$$

主并企业 A 的等待期权价值可以表示为：

$$O(X_{At},\ X_{Ct})=\begin{cases}10.1485X_{At}^{1.3046}X_{Ct}^{-0.3046}, & \dfrac{X_{At}}{X_{Ct}}\in(0,\ 1.8203)\\ 151.5506X_{At}^{-0.876}X_{Ct}^{1.876}, & \dfrac{X_{At}}{X_{Ct}}\in(4.1319,\ \infty)\end{cases}$$

2. 参数分析

我们分析的重点是超竞争特征因子 $[e^{-v},\ (1-\bar{\omega}),\ \xi]$、连续并购特征因子 $[e^{-k},\ (1+\mu)]$ 以及对手给予被并企业的溢价水平（δ_B）与并购时机间的关系。在其他参数不变的情况下，对超竞争特征因子、连续并购因子以及竞争对手给予被并企业的溢价水平与主并企业 A 并购阈值间的关系进行分析。

（1）因子 e^{-v}。由图 6－3－1 可知：在超竞争环境下存在竞争对手时，并购阈值下限 Z_1 与超竞争环境下引起谈判破裂的原因或次数因子 v 之间呈现正相关关系，阈值上限 Z_2 与超竞争环境下引起谈判破裂的原因或次数因子 v 之间呈现负相关关系。即：随着超竞争环境下连续并购中导致双方谈判破裂事件发生的次数的增多，为了使并购价值最大化，主并企业更有可能将并购活动延迟。

表 6-3-2　　因子 $e^{-\gamma}$ 与并购阈值的关系

$e^{-\lambda}$	0.5	0.6	0.7	0.8	0.9	1
Z_1	1.4	0.954	0.71857	0.5729	0.474	0.40278
Z_2	8.4156	22.351	49.8884	98.5329	178.6216	303.412

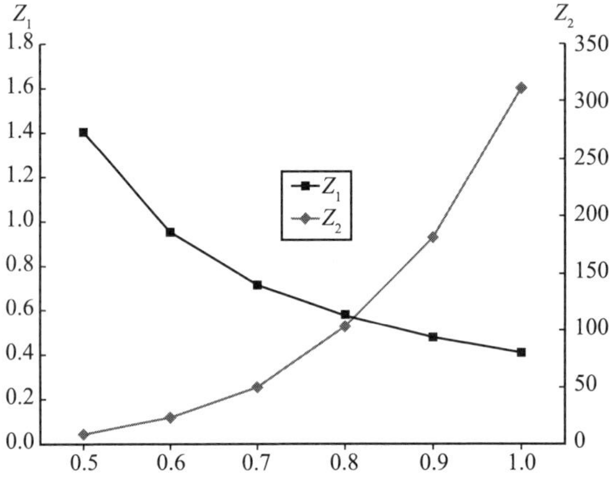

图 6-3-1　因子与并购阈值的关系

（2）因子（$1-\bar{\omega}$）。因为本文的研究是放在超竞争这一情境下进行的，因此竞争强度因子取值大于0.5。由图2可知：在超竞争环境下，并购阈值下限 Z_1 与竞争强度因子（$1-\bar{\omega}$）之间呈正相关关系，阈值上限 Z_2 则随着竞争强度因子（$1-\bar{\omega}$）之间呈负相关关系。即：为了能够更准确地估算目标企业的价值，使并购收益更大，面对竞争强度的不断增大，主并企业更愿意延迟并购时机，以期获得更加精准的目标企业信息，然而面对高强度的竞争使得主并企业的并购阈值区间不断减小，因此在谨慎决策时，主并企业也要注重时机的把握。

表 6-3-3　　竞争强度（$1-\bar{\omega}$）与并购阈值的关系

$(1-\bar{\omega})$	0.5	0.6	0.7	0.8	0.9	1
Z_1	0.7327	0.7783	0.8296	0.877	0.954	1.0305
Z_2	47.1348	39.5756	32.9892	27.278	22.351	18.1245

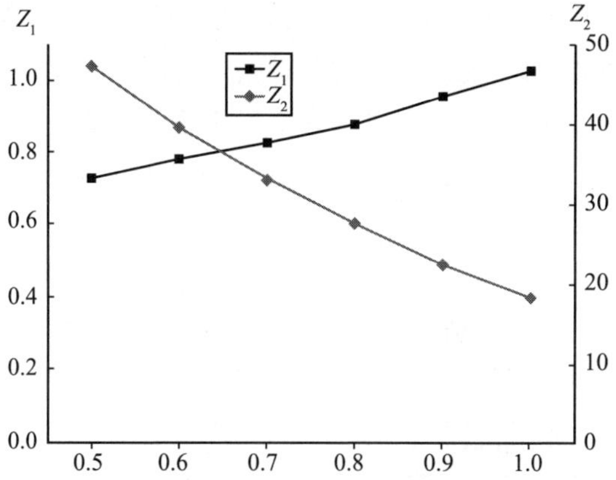

图 6－3－2　竞争强度（$1-\bar{\omega}$）与并购阈值的关系

（3）因子 ξ。由图 6－3－3 可知：在超竞争环境下，并购阈值下限 Z_1 与竞争不确定性因子 ξ 之间呈现正相关关系；阈值上限 Z_2 则随着竞争不确定性因子 ξ 之间呈现负相关关系。因为不确定性的增大，主并企业更难准确的获得被并企业的信息，从而使得对被并企业价值评估的准确性降低，为了应对这一局面，主并企业更可能通过各方渠道来获得更多的信息后再做决策，此时并购时机自然就被推迟了。

表 6－3－4　　竞争的不确定性 ξ 与并购阈值的关系

ξ	－1	－0.5	0	0.5	0.6	0.7	0.8	0.9	1
Z_1	0	0.2139	0.546	0.954	1.0435	1.13546	1.2298	1.3266	1.4257
Z_2	23.696	23.2546	22.8066	22.351	22.259	22.167	22.074	21.981	21.888

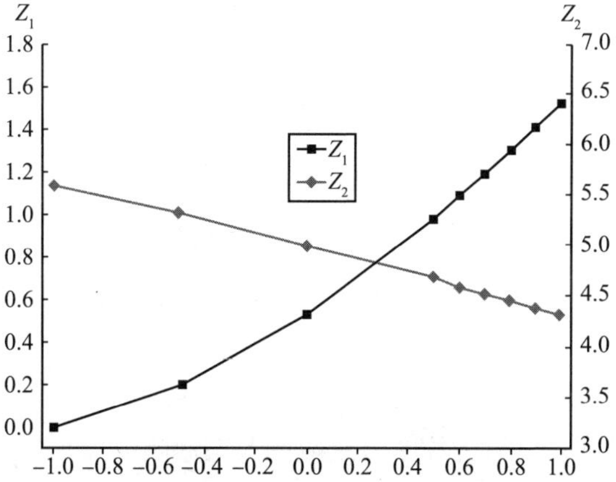

图 6－3－3　竞争的不确定性 ξ 与并购阈值的关系

(4) 因子 e^{-k}。由图6－3－4可知：在超竞争环境下，并购阈值下限 Z_1 与管理层过度自信行为 k 之间呈现正相关关系；阈值上限 Z_2 与管理层过度自信行为 k 之间呈现负相关关系。由于管理层过度自信行为增大，表现出的狂妄自大心理增大和自以为是的行为活动增多，更具体的就是对连续并购活动的不重视，从而容易错失机遇。

表6－3－5　　因子 e^{-k} 与并购阈值的关系

e^{-k}	0.5	0.6	0.7	0.8	0.9	1
Z_1	0.954	0.6842	0.5292	0.4388	0.3587	0.3071
Z_2	22.351	57.637	126.12	247.15	446.43	756.94

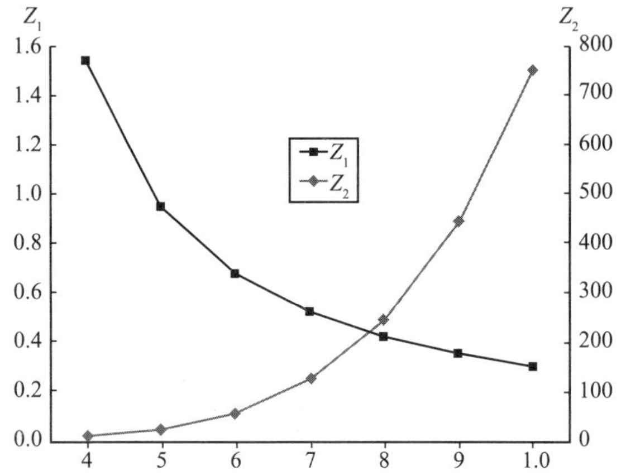

图6－3－4　因子 e^{-k} 与并购阈值的关系

(5) 因子（$1+\mu$）。由图6－3－5可知：在超竞争环境下，并购阈值下限 Z_1 与管理层学习效应因子 μ 之间呈现负相关关系；阈值上限 Z_2 与管理层学习效应因子 μ 之间呈现正相关关系。随着主并企业管理层学习行为的增大，表现出对并购的主动性增大，更愿意结合以往的经验对并购进行评估，同时对已有信息的把握也更加全面和仔细，因此只有在充分的分析之后，才会做出决策，表现的就是连续并购时机的相对推迟。

图6－3－4与图6－3－5的比较可以发现，连续并购的定价与时机问题受到主并企业管理层过度自信行为和学习效应的共同影响，管理层过度自信行为 k 的增大使得并购区间减小，管理层学习效应 μ 的增大使得并购区间增大，而并购阈

值区间的变化变化方向将取决于管理层过度自信效应和学习效应何者占优。

表6-3-6　因子 $(1+\mu)$ 与并购阈值的关系

$(1+\mu)$	4	5	6	7	8	9	10
Z_1	1.5425	0.954	0.6842	0.5292	0.4288	0.3587	0.3071
Z_2	6.3378	22.351	57.637	126.12	247.15	446.43	756.95

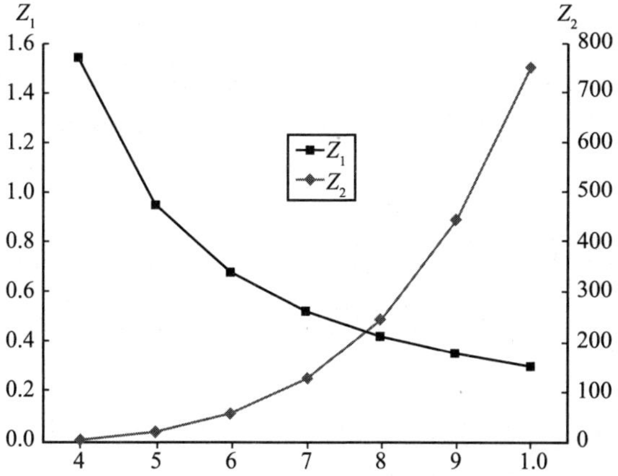

图6-3-5　因子 $(1+\mu)$ 与并购阈值的关系

（6）溢价水平 δ_B。由图6-3-6可知：在超竞争环境下，连续并购阈值下限 Z_1 与竞争对手给被并企业带来的溢价水平因子 δ_B 之间呈现正相关关系；阈值上限 Z_2 则与竞争对手给被并企业带来的溢价水平因子 δ_B 之间呈现负相关关系。即：随着竞争对手给被并企业带来的溢价水平的增大，主并企业更愿意选择推迟并购。这可能是因为，竞争对手所给的溢价水平增加，会导致主并企业给予被并企业的溢价水平增加，此时主并企业 A 更可能推出并购等待更加合适的并购时机，但并购区间逐渐边窄，也要求主并企业面对机遇要及时把握，迅速做出决策。

表6-3-7　因子 δ_B 与并购阈值的关系

δ_B	0	0.1	0.2	0.3	0.4	0.5	0.6	0.7	0.8	0.9	1
Z_1	0.546	0.6221	0.701	0.7827	0.867	0.954	1.0435	1.13546	1.2298	1.3266	1.4257
Z_2	22.807	22.716	22.625	22.534	22.443	22.351	22.259	22.167	22.074	21.981	21.888

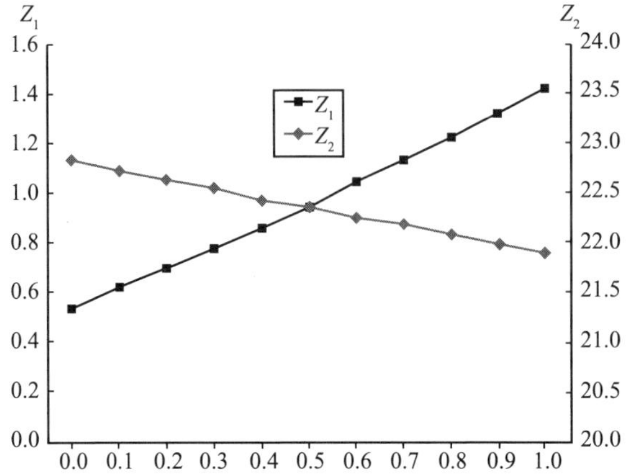

图 6-3-6　溢价水平 δ_B 与并购阈值的关系

6.4　超竞争环境下多目标企业的连续并购定价与时机研究

6.2 节和 6.3 节就单个目标企业情景下的连续并购定价与时机问题做了探讨。然而，现实并购中主并企业更多的是面对多个目标企业（以两个目标企业为例），而不是单个目标企业，此时主并企业若只考虑单个并购事件，只能够实现单个并购的最优，而不一定能保证整个连续并购的利益最大化。因此，在存在多个目标企业时，主并企业应该把站在主并企业利益最大化的基础上对整个并购集合进行系统地分析和考察。本节将研究拓展到多个目标企业的情形，主要对没有竞争对手的多个目标企业的连续并购定价及时机问题进行研究，并对此进行建立模型求解和数值模拟分析。

6.4.1　模型建立与求解

1. 模型假设

（1）假定在市场上存在一个主并企业 1、两个被并企业 2 与 3，用 $i\in\{1, 2, 3\}$ 表示；且两个被并企业的规模不一样（2 的规模是 3 的 n 倍，$n>1$）。为了方便计算，不考虑除企业规模外的其他因素对并购协同效应及并购成本的影响，并购协同效应及并购成本与被并企业的规模成正比。企业 i 在时刻 $t\in[0, \infty)$ 的

价值为 $\pi_t^i = X_{it} D_i$。企业 i 的价值由恒定不变部分和随机变动部分共同组成，用 D_i 代表恒定不变部分（现实中可能表现为资本市场的股票数），用 X_{it} 代表随机变动部分（现实中可能表现为资本市场的股价）。

（2）当对两个被并企业同时实施独立并购时的情形与6.3节内容相同。因此，在这里只讨论对两个被并企业实施关联并购时的定价与时机选择问题。并购企业2后，合并企业价值为 $\pi_t^{12} = X_{12t} D_{12}$，恒定不变部分用 D_{12} 表示，$D_{12} = (1 + \bar{\omega}\eta_1)(D_1 + D_2)$，$\eta_1$ 为协同效应参数；随机变动部分用 Y_{12t} 表示，Y_{12t} 由主被并企业价值随机部分 X_{it} 决定，且 $Y_{12t} = (1 + \mu) X_1^{\gamma} X_2^{1-\gamma} e^{-(v+k)}$。协同效应实现后，企业1将对企业3实施并购，并购企业3后，合并企业价值为 $\pi_t^{123} = X_{123t} D_{123}$。其中，固定部分用 D_{123} 表示，且 $D_{123} = (1 + \bar{\omega}\eta_2)(D_{12} + D_3)$，$\eta_2$ 表示协同效应参数；随机部分用 Y_{123t} 表示，Y_{123t} 由合并企业主随机部分 X_{12t} 和被并企业价值随机部分 X_{3t} 决定，且 $Y_{123t} = (1 + \mu) X_{12}^{\gamma} X_3^{1-\gamma} e^{-(v+k)}$。对于主并企业而言，并购不同的企业需要的整合时间和成本是有差异的。因此，假设企业1并购企业2后到实现协同效应需要的时间 T_1 服从指数分布，该分布的随机参数为 $\lambda_1 > 0$，密度函数为 $f_1(t) = \lambda_1 e^{-\lambda_1 t}$，因而协同效应出现所需时间的期望值为 $\frac{1}{\lambda_1}$。企业1并购企业3后到实现协同效应需要的时间 T_2 服从指数分布，该分布的随机参数为 $\lambda_2 > 0$，密度函数为 $f_2(t) = \lambda_2 e^{-\lambda_2 t}$，因而协同效应出现所需时间的期望值为 $\frac{1}{\lambda_2}$。

（3）在进行并购时，主并企业1相对目标企业2的讨价还价能力为 θ_{12}，主并企业1相对目标企业3的讨价还价能力为 θ_{13}，其中，θ_{12}、$\theta_{13} \in (0, 1)$；对目标企业2和目标企业3实施并购时，由于要进行事前信息收集和事后整合等的固定成本分别为 C_1，C_2。

2. 建模与求解

将动态规划融入最优停时方法中，进行模型求解。

令 $Y = (1 + \mu) X_1^{\gamma} X_2^{1-\gamma} e^{-(v+k)}$，由伊藤定理知：

$$dY_t = \alpha_Y Y_t dt + \sigma_Y Y_t dW_Y \tag{6-4-1}$$

同时：

$$\alpha_Y = \gamma\alpha_1 + (1-\gamma)\alpha_2 - \frac{1}{2}\gamma(1-\gamma)[(\sigma_1 - \sigma_2)^2 + 2\sigma_1\sigma_2(1-\rho)] \tag{6-4-2}$$

$$\sigma_Y^2 = [\gamma\sigma_1 + (1-\gamma)\sigma_2]^2 - 2\gamma(1-\gamma)\sigma_1\sigma_2(1-\rho) \tag{6-4-3}$$

其中，$\rho \in (-1, 1)$ 是维纳过程 W_i 的相关系数。

（1）价值分配。

第四阶段，并购实施完成。假设先对目标企业 2 展开并购，再对目标企业 3 展开并购，并选择在时刻 τ 对企业实施并购，现在已经到了对企业 2 和企业 3 的并购都已完成且实现了协调效应的时刻 $\tau + T_1 + T_2$。此时，合并企业累积价值的期望值为：

$$V_{4T}(Y_{4T}) = E\left[\int_0^{+\infty} e^{-rt} Y_{123t} D_{123} \mathrm{d}t\right] = \frac{Y_{123t} D}{r - \alpha_{123}} \qquad (6-4-4)$$

其中，r 表示的是无风险利率。

第三阶段，对企业 3 实施并购。对并购时间段 $[\tau + T_1, \tau + T_1 + T_2)$ 进行分析，此时，已对 2 实施了并购（实现协同），对 3 的并购交易已实施完成了，只是协同效应还没有实现。本阶段合并后的主并企业 1 的累积价值在 $\tau + T_1$ 时刻的期望值为：

$$\begin{aligned} V_{3T}(Y_{3T}) &= E\left[\int_0^{T_2} e^{-rt}(Y_{12t} D_{12} + X_3 D_3)\mathrm{d}t + e^{-rT_2} V_{4T}(Y_{4T})\right] \\ &= \frac{Y_{123t} D}{r - \alpha_{123}} - \frac{\overline{\omega}\eta_2 (D_{12} + D_3) Y_{123t}}{r + \lambda_2 - \alpha_{123}} \end{aligned} \qquad (6-4-5)$$

第二阶段，对企业 2 实施并购。对并购时间段 $[\tau, \tau + T_1)$ 进行分析，此时，已经对企业 2 实施了并购，但尚未出现协同效应。因为主并企业 1 在 $\tau + T_1$ 时刻对被并企业 3 展开了并购，因此，此时计算主并企业 1 的累积价值时，主并企业 1 给予目标企业 3 的并购价格要被进一步考虑。假设主并企业 1 给予被并企业 3 的并购价格为 P_{13}，下面最优化问题的解则是并购价格 P_{13}的均衡值：

$$\sup_{P>0}\left[P_{13} - E\left(\int_0^{\infty} e^{-rt} D_3 X_{3t} \mathrm{d}t\right)\right]^{1-\theta_{13}} \times \left[V_{3T}(Y_{3T}) - E\left(\int_0^{\infty} e^{-rt} D_{12} X_{12t} \mathrm{d}t\right) - P_{13}\right] \qquad (6-4-6)$$

对式（6－4－6）进行求导，得出并购价格 P_{13}为：

$$P_{13}^* = \left(\frac{D_3}{r - \alpha_{123}} + (1 - \theta_{13})\overline{\omega}\eta_2 (D_{12} + D_3) L(\lambda_2)\right) Y_{123} \qquad (6-4-7)$$

其中，$L(\lambda_2) = \frac{1}{r - \alpha_{123}} - \frac{1}{r + \lambda_2 - \alpha_{123}}$。

由式（6－4－7）可以看出，主并企业 1 对目标企业 3 支付的并购价格由两部分构成，即目标企业 3 独立经营的累积价值，以及企业 3 通过讨价还价获得的收益（主并企业 1 给予目标企业 3 的并购溢价）。当目标企业 3 获得的并购价值补偿大于自身独立经营的累积价值时并购才会发生（即并购溢价大于等于零）。

因此，要产生正向的并购协同效应，才能使目标企业3的并购价格 P_{13}^* 大于独立经营价值，即协同系数满足：

$$(\eta_1,\ \eta_2)=[\eta_1,\ \eta_2 \mid \bar{\omega}\eta_2(D_{12}+D_3)>0] \tag{6-4-8}$$

本阶段合并企业累积价值在时刻 τ 的期望值为：

$$V_{2T}(Y_{2T}) = E[\int_0^{T_1} e^{-rt}(D_1+D_2)Y_{123}\mathrm{d}t + e^{-rT_1}V_{3T}(Y_{3T}) - P_{13}^*(Y_{T_1})] \tag{6-4-9}$$

通过计算得：$V_{2T}(Y_{2T}) = Y_{123}\dfrac{D_1+D_2}{r-\alpha_{12}} + Y_{123}\bar{\omega}\eta_1(D_1+D_2)L(\lambda_1)$

$$+\theta_{13}Y_{123}\bar{\omega}\eta_2(D_{12}+D_3)L(\lambda_1,\ \lambda_2) \tag{6-4-10}$$

其中，
$$L(\lambda_1)=\frac{1}{r-\alpha_{12}}-\frac{1}{r+\lambda_1-\alpha_{12}}$$

$$L(\lambda_1,\ \lambda_2)=\frac{1}{r-\alpha_{12}}-\frac{1}{r+\lambda_1-\alpha_{12}}-\frac{1}{r+\lambda_2-\alpha_{123}}+\frac{1}{r+\lambda_1+\lambda_2-\alpha_{123}}$$

第一阶段，并购实施前。本阶段对主并企业1的最佳并购时机进行分析，企业1在 τ 时刻对企业2实施并购，假设企业2的并购价值为 P_{12}，P_{12} 是下面最优化问题的解：

$$\sup_{P>0}[P_{12} - E(\int_0^{\infty} e^{-rt}D_2Y_{123}\mathrm{d}t)]^{1-\theta_{12}} \times [V_{2T}(Y_{2T}) - E(\int_0^{\infty} e^{-rt}D_1Y_{123}\mathrm{d}t) - P_{12}]^{\theta_{12}} \tag{6-4-11}$$

对上式进行求导，得出并购价格 P_{12} 为：

$$P_{12}^* = Y_{123}\left[\frac{D_2}{r-\alpha_{12}} + (1-\theta_{12})\bar{\omega}\eta_1(D_1+D_2)L(\lambda_1)\right.$$
$$\left. + (1-\theta_{12})\theta_{13}\bar{\omega}\eta_2(D_{12}+D_3)L(\lambda_1,\ \lambda_2)\right] \tag{6-4-12}$$

由式（6-4-12）可知，目标企业2获得的并购价值由目标企业2独立经营的累积价值及企业2通过谈判获得的额外收益（1支付给2的并购溢价）两部分构成，当企业2获得的并购价值大于自身独立经营的累积价值时并购才会发生。其中，主并企业1支付给目标企业2的并购溢价的多少取决于他们在博弈谈判过程中对协同收益分配讨价还价能力的大小。其中，协同收益不仅包括主并企业1与目标企业2的预期协同收益 $\bar{\omega}\eta_2Y_{123}(D_1+D_2)L(\lambda_1)$，还包括后续对目标企业3进行并购的过程中而获得的部分预期协同收益 $\theta_{13}\bar{\omega}\eta_2(D_{12}+D_3)Y_{123}L(\lambda_1,\ \lambda_2)$。

根据式（6-4-7）可知，企业3实际获得的兼并溢价为（$1-\theta_{13})\bar{\omega}\eta_2(D_{12}+D_3)Y_{123}L(\lambda_2)$，与此处目标企业3获得的协同补偿（$1-\theta_{13})\bar{\omega}\eta_2(D_{12}+D_3)Y_{123}L(\lambda_1,\lambda_2)$）有出入，这是因为主并企业1在与目标企业3就并购价格P_{13}进行谈判磋商时，已经完成了对目标企业2的并购，因此，目标企业2的随机数λ_1对P_{13}没有影响，即目标企业3获得的额外溢价为（$1-\theta_{13})\bar{\omega}\eta_2(D_{12}+D_3)Y_{123}L(\lambda_2)$。

在主并企业1与目标企业2就并购价格进行谈判磋商时，目标企业2的协同效应还未实现，此时的随机性将会对后续并购产生影响，所以时刻τ时，随机参数λ_1是主并企业1并购目标企业3的影响因素之一，即此时目标企业3获得的协同补偿等于（$1-\theta_{13})\bar{\omega}\eta_2(D_{12}+D_3)Y_{123}L(\lambda_1,\lambda_2)$。因为$L(\lambda_1,\lambda_2)\leqslant L(\lambda_2)$，所以先并购目标企业2所获得协同效应的不确定性降低了主并企业在后续并购中对目标企业协同价值的评估。

因此，要产生正向的并购协同效应，才能使目标企业2的并购价格P_{12}^*大于独立经营价值，即协同系数满足：

$$(\eta_1,\eta_2)=[\eta_1,\eta_2\mid\bar{\omega}\eta_1(D_1+D_2)L(\lambda_1)+\theta_{13}\bar{\omega}\eta_2(D_{12}+D_3)L(\lambda_1,\lambda_2)>0] \quad (6-4-13)$$

由式（6-4-8）、式（6-4-13）可知：

$$\eta_2>0,\ \eta_1=\{\eta_1\mid\omega\eta_1(D_1+D_2)L(\lambda_1)+\theta_{13}\bar{\omega}\eta_2(D_{12}+D_3)L(\lambda_1,\lambda_2)>0,\ \eta_2>0\} \quad (6-4-14)$$

结论（6-4-1）：由式（6-4-14）可知，在关联并购中，前期并购只需满足并购补偿价值大于被并企业独立经营的累积价值即可发生，而不一定需要产生正向协调效应；而在后续并购中，必须产生正向协同效应并购才会发生。这是因为，把多个并购交易当作一个系统来看待时，为的是最终的利益最大化，那么前期并购的短期妥协或损失能够为后期获得更大的收益提供基础则是合理的。

该阶段，合并企业的累积价值期望值为：

$$V_{1T}(Y_{1T})=\sup E\left[\int_0^{\tau}e^{-rt}Y_{123}D_1\mathrm{d}t+e^{-r\tau}V_{2T}(Y_{2T})-P_{12}^*-C\right] \quad (6-4-15)$$

其中，$C=C_1+C_2$。

此时，主并企业1的并购价值为其独立经营的累积价值与关联并购后实现的协同价值的总和。

（2）并购阈值。

令$Y_{123}=Z$，通过最优停时、价值匹配与平滑粘贴条件

$$A(Z^{****})^{\beta}+\frac{D_1}{r-\alpha_1}Z^{****}=\left[\frac{D}{r-\alpha_1}+[\theta_{12}\bar{\omega}\eta_1(D_1+D_2)]L(\lambda_1)+\theta_{12}\theta_{13}[\bar{\omega}\eta_2(D_{12}+D_3)]L(\lambda_1,\ \lambda_2)\right]Z^{****}-C$$

对 Z^{****} 进行求导得：

$$Z^{****}=\frac{\beta}{\beta-1}\frac{C}{\theta_{12}\bar{\omega}\eta_1(D_1+D_2)L(\lambda_1)+\theta_{12}\theta_{13}\bar{\omega}\eta_2(D_{12}+D_3)L(\lambda_1,\ \lambda_2)} \tag{6-4-16}$$

$$A=\frac{\theta_{12}\bar{\omega}\eta_1(D_1+D_2)L(\lambda_1)+\theta_{12}\theta_{13}\bar{\omega}\eta_2(D_{12}+D_3)L(\lambda_1,\ \lambda_2)}{\beta(Z^{****})^{\beta-1}} \tag{6-4-17}$$

其中，$\beta=\frac{1}{2}-\frac{\alpha_{123}}{\sigma_{123}^2}+\sqrt{\left(\frac{1}{2}-\frac{\alpha_{123}}{\sigma_{123}^2}\right)^2+\frac{2r}{\sigma_{123}^2}}$

结论（6-4-2）：由式（6-4-16）知，主并企业的并购阈值受竞争强度、主并企业的讨价还价能力及主被并方的不确定性的共同作用。

主并企业1的最佳并购时机为：$\tau^*=\inf\{t\geqslant 0\mid Z_t\geqslant Z^{****}\}$ （6-4-18）

主并企业1的价值函数为：

$$V_1(Z_t)=\begin{cases}AZ_t^{\beta}+\frac{D_1Z_t}{r-\alpha_1}, & Z_t<Z^{****}\\ \left[\frac{D_1}{r-\alpha_1}+[\theta_{12}\bar{\omega}\eta_1(D_1+D_2)]L(\lambda_1)+\theta_{12}\theta_{13}[\bar{\omega}\eta_2(D_{12}+D_3)]L(\lambda_1,\ \lambda_2)\right]Z_t-C, & Z_t\geqslant Z^{****}\end{cases} \tag{6-4-19}$$

结论（6-4-3）：由式（6-4-18）、式（6-4-19）可知，当并购阈值小于 Z^{****} 时不实施并购，此时的等待价值为企业1独立运营的累积价值 $\frac{D_1Z_t}{r-\alpha_1}$ 与等待期权价值 AZ_t^{β} 之和；当并购阈值大于 Z^{****} 时实施并购，主并企业1将依次并购目标企业2和目标企业3，其中并购执行价格为 $Z_t\left[\frac{D_1}{r-\alpha_1}+[\theta_{12}\bar{\omega}\eta_1(D_1+D_2)](\lambda_1)+\theta_{12}\theta_{13}[\bar{\omega}\eta_2(D_{12}+D_3)]L(\lambda_1,\ \lambda_2)\right]-C$。

6.4.2 应用实例及分析

本节将对上述章节的模型作进一步的模拟计算，并对超竞争环境下影响连续并购时机选择的重要参数作深入分析。

以下相关参数的设定能够通过对参与并购企业的相关数据的整理与总结，并借鉴其他并购案例得到。主并企业1：价值增长率 $\alpha_1=0.03$，波动率 $\sigma_1=0.3$。被并企业2：价值增长率 $\alpha_2=0.02$，波动率 $\sigma_2=0.2$，主并企业1相对被并企业2的讨价还价能力 $\theta_{12}=0.6$。通过企业并购相关历史数据整理分析可得到以上参数，连续并购后主并企业所占合并企业的权重 $\gamma_{12}=0.6$。被并企业3：价值增长率 $\alpha_3=0.01$，波动率 $\sigma_3=0.2$，主并企业1相对被并企业3的讨价还价能力 $\theta_{13}=0.8$。通过企业并购相关历史数据整理分析可得到以上参数，连续并购后主并企业所占合并企业的权重 $\gamma_{13}=0.8$。令主并企业1的不变部分 $D_1=4$，被并企业2的不变部分 $D_2=2$，被并企业3的不变部分 $D_3=3$，相关系数 $\rho=0.5$。此外，设超竞争环境下，竞争强度 $(1-\bar{\omega})=0.8$；谈判破裂参数因子 $e^{-v}=0.6$；连续并购管理者过度自信参数因子 $e^{-k}=0.5$；连续并购管理者学习行为参数因子 $\mu=2$；竞争的不确定性参数因子 $\xi=0.5$；直接协同效应参数因子 $\eta_1=0.3$，$\eta_2=0.5$；无风险利率 $r=0.05$，固定成本 $C_1=C_2=100$，协同效应随机参数 $\lambda_1=0.05$，$\lambda_2=0.1$。

1. 先并购企业2再并购企业3

根据上述给定的参数条件、模型假设及式（6-4-2）、式（6-4-3），计算得：

$$\begin{cases}\alpha_{12}=0.0176\\ \sigma_{12}^2=0.0532\\ \alpha_{123}=0.0115\\ \sigma_{123}^2=0.0431\end{cases} \tag{6-4-20}$$

$$\begin{cases}L(\lambda_1)=18.7283\\ L(\lambda_2)=20.9514\\ L(\lambda_1,\ \lambda_2)=14.6528\\ \beta=1.9878\end{cases} \tag{6-4-21}$$

将式（6－4－20）、式（6－4－21）中的数据带入文中进行计算可得：

$$\begin{cases} V_{4T}(Y_{4T}) = 266.7185Z_t \\ V_{3T}(Y_{3T}) = 279.6973Z_t \\ P_{13}^* = 81.7421Z_t \\ V_{2T}(Y_{2T}) = 202.8994Z_t \\ P_{12}^* = 68.8141Z_t \\ A = 0.2928 \\ Z^{****} = 18.93 \end{cases} \tag{6-4-22}$$

$$V_1(Z_t) = \begin{cases} 0.2928Z_t^{1.9878} + 103.7613Z_t, & Z_t < 18.93 \\ 114.3898Z_t - 100, & Z_t \geqslant 18.93 \end{cases} \tag{6-4-23}$$

依次并购企业2和企业3的价值函数图如图6－4－1所示。

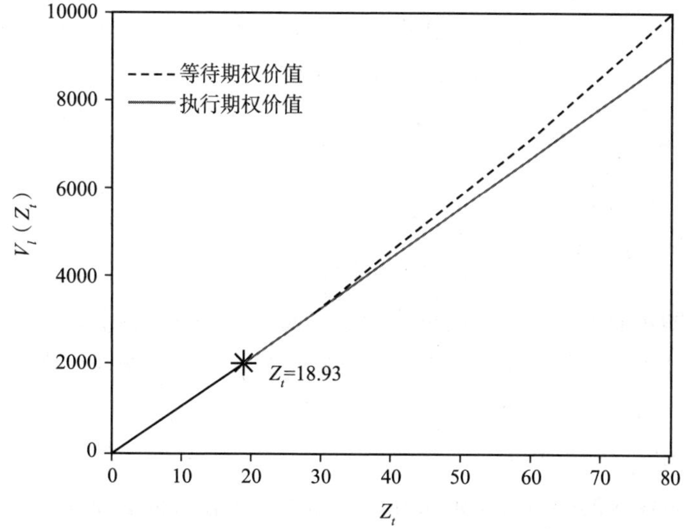

图6－4－1　依次并购企业2和企业3的价值函数图

2. 先并购企业3再并购企业2

根据上述给定的参数条件、模型假设及式（6－4－2）、式（6－4－3），计算得：

$$\begin{cases}\alpha_{12}=0.0204\\ \sigma_{12}^{2}=0.0688\\ \alpha_{123}=0.0135\\ \sigma_{123}^{2}=0.0438\end{cases} \tag{6-4-24}$$

$$\begin{cases}L(\lambda_1)=26.0678\\ L(\lambda_2)=15.8243\\ L(\lambda_1,\ \lambda_2)=19.8712\\ \beta=1.9594\end{cases} \tag{6-4-25}$$

将式（6－4－24）、式（6－4－25）中的数据带入文中进行计算可得：

$$\begin{cases}V_{4T}(Y_{4T})=281.9277Z_t\\ V_{3T}(Y_{3T})=277.0082Z_t\\ P_{13}^{*}=58.4479Z_t\\ V_{2T}(Y_{2T})=261.673Z_t\\ P_{12}^{*}=106.3887Z_t\\ A=1.0914\\ Z^{****}=10.36\end{cases} \tag{6-4-26}$$

$$V_1(Z_t)=\begin{cases}1.0914Z_t^{1.9594}+109.529Z_t, & Z_t<10.36\\ 129.678Z_t-100, & Z_t\geqslant 10.36\end{cases} \tag{6-4-27}$$

依次并购企业 3 和企业 2 的价值函数图如图 6－4－2 所示。

通过计算可知，如果主并企业 1 先并购目标企业 2 再并购目标企业 3，则并购阈值为 $Z_{2\to3}^{****}=18.93$；如果主并企业 1 先并购目标企业 3 再并购目标企业 2，则并购阈值为 $Z_{3\to2}^{****}=10.36$。因为 $Z_{2\to3}^{****}>Z_{3\to2}^{****}$，即主并企业 1 依次并购目标企业 2 和目标企业 3 的阈值大于依次并购目标企业 3 和目标企业 2 的并购阈值，所以，主并企业 1 的并购策略是在时刻 $\tau^{*}=\inf\{t\geqslant0\mid Z_t\geqslant10.36\}$ 时首先对目标企业 3 实施并购，待并购协同效应实现后再对目标企业 2 实施并购，此时的并购价格为 $P_{13}^{*}=605.5202$，再以价格 $P_{12}^{*}=1102.1869$ 并购企业 2。

因为 $Z=Y_{123t}=(1+\mu)X_{12}^{\gamma}X_3^{1-\gamma}e^{-(v+k)}=(1+\mu)((1+\mu)X_1^{\gamma}X_2^{1-\gamma}e^{-(v+k)})^{\gamma}X_3^{1-\gamma}e^{-(v+k)}$，所以主并企业的并购阈值（并购策略选择）受代表连续并购的管理层的学习效应和过度自信及代表超竞争的谈判破裂参数因子的综合影响。

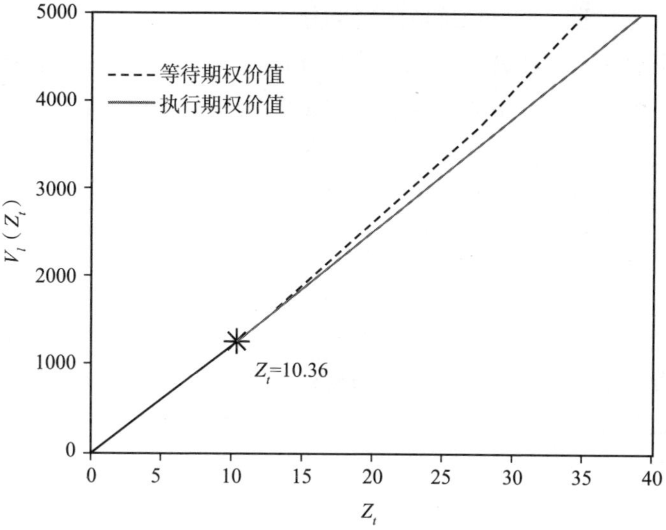

图6-4-2　依次并购企业3和企业2的价值函数图

6.5　本章小结

本章以超竞争为背景，对连续并购的定价与时机问题展开了较为详尽的研究。本书的创新点有：从单一目标企业和多个目标企业两种情形建立模型，使研究更加全面；已有研究很少考虑超竞争环境这一现实环境背景，而本书引入了代表超竞争环境的三个变量，使之更符合现实环境；此外，本书还考虑了连续并购效应对定价与时机的影响，使结果更加准确。

6.2节主要研究不存在竞争对手时连续并购的定价与时机选择问题，分别对目标企业持默许态度和目标企业积极讨价还价两种情况进行建模求解。主要得出以下结论：第一，超竞争环境下连续并购发生后，被并企业在并购中能够得到的价值补偿比例 s_τ 等于被并企业自身经营到 τ 时刻的累积价值折现值与并购后合并企业经营到 τ 时刻的累计价值折现值之比。第二，在超竞争环境下进行连续并购时，主并企业给予被并企业的价值补偿比例 s_τ 随着导致双方谈判破裂因素或次数 v 的增大而增大。第三，在超竞争环境下进行连续并购时，间接协同效应 $\bar{\omega}\eta$ 的不断减小。第四，在超竞争环境下进行连续并购时，随着主并企业管理者过度自信行为 k 的不断加剧，被并企业获得的来自主并企业的价值补偿比例 s_τ 不断增加。第五，超竞争环境下连续并购的最佳并购时机与主被并企业的价值比例 Z 存在直接关系，与并购双方累积价值固定部分无关。第六，超竞争环境下连续并购中，对主并企业而言，在区间（0，Z_1^*）和区间（Z_2^*，$+\infty$）上分别存在两个不同的等待期权。第七，被并企业应该增大自身的讨价还价能力，同时将讨价还价能力控制在一定范围内，从而在并购中获得更多的价值补偿，实现连续并购中自身利益最大化。第八，在被并企业协议并购的条件下，主并企业的最佳连续并购时机不仅与超竞争各因素及连续并购因子有关，还与并购双方的讨价还价能力相关，此时，主并企业同样存在两个不同的等待期权。

6.3 节主要对存在竞争对手时连续并购的决策问题进行建模求解。我们得出的结论主要有：第一，由于竞争对手的存在，被并企业在一定程度上得到了一种溢价效果，此时被并企业得到来自主并企业的价值补偿比例就更大，且被并企业获得的来自主并企业的价值补偿比例随着竞争对手给予被并企业的溢价水平的增长而增大。第二，被并企业获得的来自主并企业的价值补偿比例随着其讨价还价能力的增强而增大。第三，随着被并企业讨价还价能力的增大，被并企业获得的来自主并企业的价值补偿比例与超竞争因子（导致双方谈判破裂的因素或次数、竞争强度），以及管理者行为因子（管理者过度自信行为）之间呈现先增后减的倒“U”形关系，且这种关系由于竞争对手的存在变得更加显著。第四，当被并企业的讨价还价能力不断增大时，被并企业获得的来自主并企业的价值补偿比例与主并企业管理者学习行为之间呈现先减小后增大的“U”形关系；这种关系由于竞争对手的存在变得更加显著。第五，随着竞争对手提供的溢价效果增大，主并企业选择推迟并购的意愿增强。

6.4 节就超竞争环境下多目标企业的连续并购定价与时机选择问题进行了建模与求解。本章得到的结论主要有：第一，在关联并购中，目标是实现整体利益最大化，因此，在前期并购中只需满足并购补偿价值大于被并企业独立经营的累积价值便可能会发生，而不一定需要产生正向协调效应；而在后续并购中，必须产生正向协同效应并购才会发生。第二，企业的价值函数为分段函数，当并购阈值小于 Z^{****} 时不实施并购，当并购阈值大于 Z^{****} 时实施并购。第三，企业 1 的最佳并购时机受超竞争因子、连续并购因子、讨价还价能力及不确定性的综合影响。

通过与以往研究对比，不难发现，本书的研究背景更加契合当代高速发展的经济环境，现实意义更强；以往的研究多是通过对管理层行为对财务状况的影响来判断其对连续并购的影响，本书则直接研究管理层行为对连续并购定价与时机的作用，对并购活动的现实指导意义更强。

第 7 章

结论与展望

7.1 结　　论

超竞争时代的来临使得企业原有的竞争优势呈现出短期性与临时性的特点，许多企业不得不拓宽生产经营领域，加速投资与并购步伐，以期能够取得生存与发展。超竞争环境下的并购呈现出不确定性、动态性、高价值、连续性、频度快、合作多但同时竞争激烈等特点，同时由于并购收益的不确定性、并购成本的不可逆性、并购时机的灵活性，再加上期权价值存在多重不确定性、期权执行价格不固定及期权间存在交互性，使得并购给企业经营带来巨大的风险。鉴于此，主被并企业应该更加慎重，选取最优并购时机，合理估算目标企业价值，实现并购收益最大化。

在超竞争环境这一大的背景下，我们使用期权博弈、实物期权、博弈等理论研究了目标公司并购时机决策与期权价值问题。我们首先考查市场上只存在一个主并企业与存在两个主并企业的情况下，兼顾超竞争环境的特征、超竞争环境下企业并购行为特征及超竞争环境下并购定价与时机的新特点，从被并企业管理层持默许态度与协议磋商两个角度入手，分别建立并购定价与时机选择模型，并对其中的重要参数作分析评价，最后通过数值举例进行结论验证与说明。在此研究基础上，我们具体考虑跨国并购、并购财务困境企业、连续并购等具体情况，为现实中的企业并购提供理论借鉴与参考。

在本书的模型与框架部分，我们首先引入最能代表超竞争环境特征的因子 $[e^{-\lambda}, (1-\bar{\omega}), \xi]$，其次分被并企业持默许态度与积极参与讨价还价两种情况分别建模与求解期权价值。得出的结论主要有：（1）主并企业在兼并后给予被并企业的价值补偿比例 s_τ 等于被并企业不参与并购继续经营至 τ 时刻的企业价值的折现值与企业发生兼并后所形成的新公司经营至 τ 时刻的企业价值的折现值之比。（2）现实中，企业更愿意去寻求变化，更愿意去主动采取并购策略。随着可能导致双方谈判破裂因素、事件的增多，主并企业给予被并企业的补偿比例增大。（3）补偿比例是兼并间接协同效益的减函数。即随着兼并协同效益的增加，被并企业在新公司形成后所得的补偿比例减少。（4）随着竞争的不确性变大，补偿比例也随之增加。超竞争环境下主并企业在并购过程中所承担的风险增大，为确保并购成功，主并企业当然愿意提高补偿比例。（5）超竞争环境下主并企业的最优兼并时机与导致双方谈判破裂因素发生的次数、间接协同及竞争的不确定因素有关，与企业的相对价值 Z 有关，与参与并购双方企业价值的固定部分无关。（6）双方博弈中，每一轮报价，主被并企业都更愿意充当“领导者”，都愿意首先报价而与表现两方实力的参数 γ 无关。进而将条件扩展，在被并企业管理层参与磋商的情况下，所得补偿比例与自己的讨价还价能力正相关。考虑到市场上存在两个主并企业的情况，得出被并企业的所得企业价值补偿比例因竞争溢价的原因而变大。随着竞争不确定性的增加，被并企业所得的补偿比例也随之增大；但与无竞争对手的情况相比，由于存在并购溢价，使补偿比例的增幅变大。随着竞争对手溢价比例的增加，主并公司并购阈值的上下限都趋于下降，因为溢价越高，被并企业越易接受，反过来会刺激主并企业继续提高溢价比例，进而将并购时机提前。

在给出的研究框架下，我们考虑了跨国并购、并购财务困境企业和连续并购这三种常见的并购情况。

1. 跨国并购

我们重点分析了超竞争环境下跨国并购的显著特征，进而引出超竞争环境下的跨国并购定价与时机选择问题。基于前人的研究，跨国并购先引入最能代表超竞争环境特征的三个变量（导致双方谈判破裂的因素或谈判破裂发生的次数、竞争强度及竞争的不确定性），以及能够代表跨国并购特征的变量（认知距离）到跨国并购定价与时机选择模型中，使并购模型更加符合现实情况。同时，本书从不同支付方式的角度，分别对一次性支付跨国并购与多阶段支付跨国并购作了具体的定价与时机选择决策分析，使并购模型更加符合超竞争环境下跨国并购的实际情况。

我们考虑了不存在竞争对手的情况，分别从被并企业对并购持默许及积极讨价还价两种不同的态度出发进行建模求解。同时，此处也考虑了协同效应产生的时间滞后性，从而使得所求的模型与现实情况更加吻合。本部分也对存在竞争对手的情况进行了建模求解。本部分得出的结论主要包括：第一，超竞争环境下跨国并购中主并企业给予被并企业的价值补偿比例，以及主并企业的最佳并购时机均受到竞争强度、认知距离、竞争不确定性、跨国并购双方讨价还价能力等相关因素的综合影响。第二，超竞争环境下跨国并购主被并企业双方的相对价值比值对跨国并购中的最佳并购时机选择问题起到决定性作用，该情境下的跨国并购最优时机选择与任一相关企业的绝对企业累积价值并没有直接关系。第三，超竞争环境下跨国并购中存在两个不等的等待期权值，也就是说存在两个不同的最佳并购时机。当跨国并购过程中主被并企业相对价值从低于并购阈值下限值增加到该下限值或从高于并购阈值上限值降低到该上限值时，主并企业应当实施并购。第四，超竞争环境下跨国并购中并购双方均愿意提前报价，同时主并企业在博弈过程中占有较优地位。第五，相对不存在竞争对手的情况，超竞争环境下存在竞争对手时跨国并购中主并企业给予被并企业的价值补偿比例，以及主并企业的最佳并购时机受到竞争强度、认知距离、竞争不确定性、并购双方讨价还价能力等相关因素的影响均表现得更为明显。第六，超竞争环境下存在竞争对手的跨国并购中主并企业给予被并企业的价值补偿比例，以及主并企业的最佳并购时机还受到竞争对手造成溢价水平高低的影响。具体而言，随着竞争对手造成溢价水平的提高，被并企业价值补偿比例将变大，同时并购时机将延后，最佳并购区间变窄。因此，主并企业在面对机遇时应该果断作出并购决策。

对于超竞争环境下跨国并购中多阶段支付方式下的并购定价与时机选择问题，我们建立了相应的模型并求解。本部分得出的结论主要包括：第一，超竞争环境下跨国并购中多阶段支付方式跨国并购中所需确定的主要数值，如被并企业最优现金流、最优合作成本、最优提前支付值及最优额外支付值均受到竞争强度、竞争不确定性及认知距离等相关因素的综合影响。第二，超竞争环境下跨国并购中多阶段支付方式下主并企业的最佳并购时机取决于某个最优的被并企业价值。当被并企业价值达到这一最优值时，立即执行并购决策。第三，超竞争环境下跨国并购中多阶段支付方式情形比一次性支付方式情形更为复杂，还需要确定事前支付值、额外支付值及绩效标准值等具体数值。

2. 并购财务困境企业

对于并购财务困境企业，这部分的创新点主要包括：从单一主并企业和主并方合作两种情形建立模型，使研究更加全面。已有研究很少考虑超竞争环境这一现实环境背景，而本书引入了代表超竞争环境的三个变量，使之更符合现实环境；目前的研究模型大多忽略了目标企业财务状况这一重要因素，这会导致对目标企业价值的评估不准确，从而导致主并企业的最优并购定价与并购时机不准确，因而本书引入代表企业财务状况的因子，使研究结果更准确、研究结论更有借鉴意义。另外，在超竞争环境下传统单一主并方并购财务困境企业的并购决策中，为区别于已有研究，本书从是否存在竞争对手两种情况进行建模及求解，同时本书考虑了并购后协同效应产生的滞后性问题，使研究更符合现实情况。目前的研究大多针对单一主并企业进行研究，而现实中并购财务困境企业时很多是以多个主并企业合作的形式进行并购的，但对此种并购方式却鲜有研究，因而本书根据 Cobb – Douglas 生产函数构建了超竞争环境下主并方合作并购决策模型，并对其进行求解及分析。

本部分首先研究不存在竞争对手时并购财务困境企业的并购定价与时机选择问题，分别对目标企业持默许态度和目标企业积极讨价还价两种情况进行建模求解。得出以下结论：第一，在超竞争环境且不存在竞争对手情形下并购财务困境企业时，目标企业可能获得的来自主并企业的价值补偿比例及主并企业的最佳并购时机同时受到代表超竞争环境的三个因子、企业困境因子、并购双方讨价还价能力等的综合影响。第二，在超竞争环境且不存在竞争对手情形下并购财务困境企业时，主并企业的最佳并购时机由并购双方相对价值的比值决定。第三，在超竞争环境且不存在竞争对手情形下并购财务困境企业时，并购双方均愿意提前报价，同时主并企业在博弈过程中占有较优地位。第四，在超竞争环境下并购财务困境企业时，随着可能导致双方谈判破裂因素、事件的增多，主并企业可能提前进行并购。第五，在超竞争环境下并购财务困境企业时，随着竞争强度的增加，主并企业将更有可能推迟并购时机。第六，在超竞争环境下并购财务困境企业时，随着竞争不确定性增加，主并企业有可能推迟并购时机。第七，在超竞争环境下并购财务困境企业时，随着目标企业困境程度的增加，主并企业可能会提前并购。

其次，主要对存在竞争对手时并购财务困境企业的决策问题进行建模求解。得出的结论主要有：第一，在超竞争环境且存在竞争对手情形下并购财务困境企业时，主并企业给予目标企业的价值补偿比例受到竞争对手给目标企业带来溢价水平高低的影响，且价值补偿比例要大于不存在竞争对手的情况。第二，竞争对手给目标企业带来的溢价水平的增加会使主并企业的最佳并购时机推迟。第三，随着竞争对手给目标企业带来的溢价水平的增加，主并企业的最佳并购区间变窄，因此，主并企业应果断作出并购决策，否则机会极有可能被竞争对手把握。

最后，针对超竞争环境下主并企业合作并购财务困境企业的定价与时机选择问题进行建模与求解。得到的结论主要有：第一，在超竞争环境下的主并方合作并购财务困境企业时，目标企业可以得到的来自主并企业联盟的价值补偿比例与最优并购时机均受到表示超竞争环境三个因素、企业困境因子、主并方联盟中主并企业所占比例等相关因素的综合影响。第二，在超竞争环境下的主并方合作并购财务困境企业时，主并企业联盟中领导者的重要程度增强，主并方的并购时机可能会提前。第三，在超竞争环境下的主并方合作并购财务困境企业时，联盟中机会主义出现的概率增加，主并方可能提前并购。

3. 连续并购

连续并购问题基于以往的研究，将最能展示超竞争环境特点的三个特征变量因子（谈判破裂的原因或次数、竞争强度和不确定性）、最能够展示连续并购特点的特征变量因子（学习效应、管理者过度自信）引入连续并购模型，增强了模型的现实适用性。同时，本书又分别从单一目标企业和多个目标企业两个角度对超竞争环境下连续并购的决策做了具体分析，使之与现实情况更加吻合。

首先，本书主要研究不存在竞争对手时连续并购的定价与时机选择问题，分别对目标企业持默许态度和目标企业积极讨价还价两种情况进行建模求解。得出以下结论：第一，超竞争环境下连续并购发生后，被并企业在并购中能够得到的价值补偿比例 s_τ 等于被并企业自身经营到 τ 时刻的累积价值折现值与并购后合并企业经营到 τ 时刻的累计价值折现值之比。第二，在超竞争环境下进行连续并购时，主并企业给予被并企业的价值补偿比例 s_τ 随着导致双方谈判破裂的因素或次数 v 的增大而增大。第三，在超竞争环境下进行连续并购时，随着间接协同效应 $\bar{\omega}\eta$ 的不断减小。第四，在超竞争环境下进行连续并购时，随着主并企业管理者过度自信行为 k 的不断加剧，被并企业获得的来自主并企业的价值补偿比例 s_τ 不断增加。第五，超竞争环境下连续并购的最佳并购时机与主被并企业的价值比例 Z 存在直接关系，与并购双方累积价值固定部分无关。第六，超竞争环境下连续并购中，对主并企业而言，在区间（0，Z_1^*）和区间（Z_2^*，$+\infty$）上分别存在两个不同的等待期权。第七，被并企业应该增大自身讨价还价能力，同时将讨价还价能力控制在一定范围内，从而在并购中获得更多的价值补偿，实现连续并购中自身利益最大化。第八，在被并企业协议并购的条件下，主并企业的最佳连续并购时机不仅与超竞争各因素及连续并购因子有关，还与并购双方的讨价还价能力有关，此时，主并企业同样存在两个不同的等待期权。

其次，本书对存在竞争对手时连续并购的决策问题进行了建模求解。得出的结论主要有：第一，由于竞争对手的存在，被并企业在一定程度上得到了一种溢价效果，此时被并企业得到来自主并企业的价值补偿比例就更大，且被并企业获得的来自主并企业的价值补偿比例随着竞争对手给予被并企业的溢价水平的增长而增大。第二，被并企业获得的来自主并企业的价值补偿比例随着其讨价还价能力的增强而增大。第三，随着被并企业讨价还价能力的增大，被并企业获得的来自主并企业的价值补偿比例与超竞争因子（导致双方谈判破裂的因素或次数、竞争强度），以及管理者行为因子（管理者过度自信行为）之间呈现先增后减的倒“U”形关系，且这种关系由于竞争对手的存在变得更加显著。第四，当被并企业的讨价还价能力不断增大时，被并企业获得的来自主并企业的价值补偿比例与主并企业管理者学习行为之间呈现先减小后增大的“U”形关系；这种关系由于竞争对手的存在变得更加显著。第五，随着竞争对手提供的溢价效果增大，主并企业选择推迟并购的意愿增强。

最后，就超竞争环境下多目标企业的连续并购定价与时机选择问题进行了建模与求解。本章得到的结论主要有：第一，在关联并购中，目标是实现整体利益最大化，因此，在前期并购中只需满足并购补偿价值大于被并企业独立经营的累积价值便可能会发生，而不一定需要产生正向协调效应；而在后续并购中，必须产生正向协同效应并购才会发生。第二，企业的价值函数为分段函数，当并购阈值小于 Z^{****} 时不实施并购，当并购阈值大于 Z^{****} 时实施并购。第三，企业 1 的最佳并购时机受超竞争因子、连续并购因子、讨价还价能力及不确定性的综合影响。

通过与以往研究对比，不难发现，本书的研究背景更加契合当代高速发展的经济环境，现实意义更强；以往的研究多是通过对管理层行为对财务状况的影响来判断其对连续并购的影响，本书则直接研究管理层行为对连续并购定价与时机的作用，对并购活动的现实指导意义更强。

7.2 展　　望

本书结合超竞争环境的具体特征，以及企业并购定价与时机选择问题，通过建模分析与数值模拟，得出了一些结论。但由于个人知识、能力及条件限制，研究仍有一些不足，在今后的研究中有待进一步完善。本书结合超竞争环境的主要显著特征对跨国并购一次性支付方式和多阶段支付方式下的企业并购定价与时机选择问题进行了建模与求解，得出了一些实用的结论。从理论层面来看，这些结论不仅完善了跨国并购定价与时机选择模型，同时也丰富了跨国并购相关理论。从现实层面来看，这些模型结论可以指导企业的管理者在进行跨国并购决策过程中更为准确地对被并企业进行价值评估，同时也能够更好地控制并购时机，从而提升跨国并购的成功概率。本书结合超竞争环境的显著特征对超竞争环境下单一主并方和主并方合作并购财务困境企业的定价与时机选择问题进行了建模与求解，且得出了一些实用的结论。从理论层面来看，本书的研究结论不仅完善了企业并购定价与时机选择模型，同时也丰富了相关的并购理论。从现实层面来看，本书的研究模型及结论可以指导企业的管理者如何在目标企业困境并购决策过程中更为准确地评估存在财务困境的目标企业的价值，把握最佳的并购时机，从而提高并购成功的可能性，并实现并购收益最大化。

第一，现实中的企业总会存在一定的财务杠杆。财务杠杆对企业并购时机与定价有何影响？怎么影响？可以作为后续研究的切入点。

第二，本书使用的贴现率是外生给定的，这与现实不符，下一步研究可将条件进一步放宽。

第三，本书没有考虑并购参与企业的委托代理问题。在现代企业制度下，管理层与代理人员利益并非完全一致，决策者是企业的管理层，受益人为公司股东，所以代理情况下的企业并购定价与时机肯定会呈现出新的特点。

第四，本书并没有考虑到跨国并购双方的委托代理问题。而在现实中，企业制度越来越表现为决策者和受益人的分离。因此，代理情况下的跨国并购定价与时机选择问题必将会呈现出不一样的特征。

第五，跨国并购中，对于被并企业 $t=\tau_2$ 时刻价值服从均匀分布的假定与现实情况贴合度不够高。下一步研究可对此做深入挖掘。

第六，本书只对连续并购管理层行为做了初步的研究。今后可以对连续并购的其他方面（财富效应、公告效应等）做进一步的研究。

第七，本书没有考虑主并企业与被并企业之间的关联度，以及各被并企业间的关联度对连续并购决策的影响。今后可以对其相关性做进一步的细致研究。

以上七个问题在超竞争环境下也同样会呈现出新的特点，所以后续的研究工作可进一步从超竞争环境下这一角度展开。

参考文献

[1] 安强身，张守凤．合作竞争的企业柔性战略 [J]．统计与决策，2006，6 (12)：155-157.

[2] 安瑛晖，张维．期权博弈理论的方法模型分析与发展 [J]．管理科学学报，2001，4 (1)：38-44.

[3] 陈丹梅，李仲飞．委托代理框架下项目投资的最优合同设计 [J]．中国管理科学，2016，24 (5)：92-99.

[4] 陈继祥，霍沛军，王忠民．超竞争下的企业战略协同 [J]．上海交通大学学报（社科版），2000，4 (8)：86-89.

[5] 陈瑜．中国上市公司频繁并购现象研究 [D]．厦门大学，2009.

[6] 陈真．超竞争环境下企业的竞合战略管理 [J]．云南社会科学，2003 (S2)：230-232.

[7] 陈之昶，达庆利．超竞争环境下企业竞争战略的选择 [J]．企业改革与管理，2010，4 (24)：5-7.

[8] 段世霞，扈文秀．基于期权博弈的企业兼并时机研究 [J]．运筹与管理，2010，19 (3)：151-160.

[9] 葛静燕，黄培清，王子萍．基于博弈论的闭环供应链协调问题 [J]．系统管理学报，2007，26 (5)：549-552.

[10] 葛翔宇，唐春霞，周艳丽．产品发明专利池的定价研究——基于跳扩散实物期权理论的模拟分析 [J]．中国管理科学，2014，22 (S1)：368-374.

[11] 关健，吴鑫．超竞争环境下多阶段支付跨国并购定价与时机选择的期权博弈分析 [J]．系统工程，2016 (11)：24-29.

[12] 郭冰，吕巍，周颖．公司治理、经验学习与企业连续并购*——基于我国上市公司并购决策的经验证据 [J]．财经研究，2011 (10)：124-134.

[13] 郭炜．企业并购讨价还价的动态博弈决策研究 [J]．武汉理工大学学

报，2006，28（4）：128－130.

［14］韩立岩，陈庆勇．并购的频繁程度意味着什么——来自我国上市公司并购绩效的证据［J］．经济学（季刊），2007，6（4）：1185－1200.

［15］何沐文，刘金兰，高奇特．不确定环境下自然资源开发项目投资评价模型［J］．管理科学学报，2013，16（6）：46－55.

［16］扈文秀，边璐，张江朋．基于不完全溢价信息的并购时机期权博弈研究［J］．运筹与管理，2010，19（6）：86－92.

［17］扈文秀，边璐，张江朋．基于不完全溢价信息的并购时机期权博弈研究［J］．运筹与管理，2010，19（6）：86－92.

［18］姜秀珍，全林．目标企业在反收购中的定价机制设计［J］．上海交通大学学报，2006，40（4）：681－683.

［19］雷星晖，李来俊．竞争环境下基于期权博弈的R&D投资决策研究［J］．管理科学，2004（4）：285－289.

［20］李森．复星医药连续并购绩效研究［D］．北京交通大学，2015.

［21］刘克飞．超竞争环境下电信运营商竞合策略研究［J］．河北经贸大学学报，2015，2（36）：108－111.

［22］迈克尔·波特．竞争战略［M］．北京：华夏出版社，2001：33－47.

［23］孟佳佳，董大海，刘瑞明．动态能力与竞争优势：研究述评与展望［J］．中外企业家，2012，2（34）：1－4.

［24］聂辉华．制度均衡：一个博弈论的视角［J］．管理世界，2008（8）：158－167.

［25］牛静，扈文秀，穆庆榜，刘魏博阳．基于实物期权的基础设施投资担保负担测度及其风险管理研究［J］．管理评论，2012，24（8）：11－20.

［26］彭进军．股份制企业兼并与收购［M］．北京：中国人民大学出版社，1999.

［27］齐安甜，张维．基于成长期权的企业价值评估模型［J］．管理工程学报，2003，17（1）：65－69.

［28］齐安甜，张维．基于期间收益的企业并购谈判模型［J］．管理科学学报，2004，7（1）：73－79.

［29］齐安甜，张维．企业并购拍卖机制设计与竞标价格的确定［J］．管理工程学报，2003（2）：65－73.

［30］齐安甜，张维．企业并购投资的期权特征及经济评价［J］．系统工程，

2001，19（5）：43－48.

［31］齐安甜，张维．企业并购投资的期权特征及经济评价［J］．系统工程，2003，22（5）：14－28.

［32］齐安甜，张维．实物期权框架下的企业并购价值评估［J］．系统工程学报，2004，19（4）：403－407.

［33］孙耀唯．企业并购谋略［M］．北京：中华工商联合出版社，1997.

［34］唐国平，郭俊，吴德军．资产质量、实物期权与价值体现［J］．管理科学，2015，28（1）：83－95.

［35］汪建成，刘晓龙．后发企业如何通过连续并购提升技术能力与加速国际化——基于中集集团的案例研究［J］．中国会议，2008，11：4105－4121.

［36］王发银．超竞争环境下企业组织控制能力研究［D］．哈尔滨工业大学，2007.

［37］王锋．竞合战略：超竞争环境下企业竞争战略调适的理性选择［J］．改革与战略，2011，2（27）：58－61.

［38］王文宾．演化博弈论研究的现状与展望［J］．统计与决策，2009（3）：158－161.

［39］吴超鹏，吴世农，郑方镳．管理者行为与连续并购绩效的理论与实证研究*［J］．管理世界，2008（7）：126－133.

［40］吴昊，杨梅英，陈良猷．超竞争环境下企业的纵向效率边界分析［J］．北京航空航天大学学报（社科版），2003，2（16）：32－36.

［41］吴华清，梁梁，吴杰，杨锋．DEA 博弈模型的分析与发展［J］．中国管理科学，2010（3）：158－161.

［42］夏新平，潘红波，余明桂．企业并购决策临界点的期权博弈分析［J］．管理学报，2004，1（2）：187－192.

［43］谢玲红，刘善存，邱菀华．学习型管理者的过度自信行为对连续并购绩效的影响［J］．管理评论，2011（7）：149－154.

［44］辛磊，贾妍．基于博弈论的供应链战略合作伙伴选择*［J］．系统工程，2011，29（4）：123－126.

［45］徐斌，俞静．基于期权视角的兼并价格确定的博弈分析［J］．管理工程学报，2011，25（1）：192－196.

［46］徐召红，杨蕙馨．动态能力与企业竞争优势的关系及作用机理［J］．经济问题探索，2013（9）：150－156.

[47] 徐自彬．超竞争环境下基于期权博弈的企业并购定价与时机研究［D］．中南大学，2012.

[48] 杨李华．企业混合兼并时机与条件及在国有企业产权转让中的应用［J］．中国管理科学，2006，14（10）：673－678.

[49] 余鹏翼，陈志超．中国企业如何提升海外连续并购的绩效？——来自万向集团的研究发现［J］．中国会议，2014（11）：374－382.

[50] 余鹏翼，曾楚宏．全球价值链重构与中国制造业海外连续并购战略转型研究*［J］．南京社会科学，2016（11）：16－21.

[51] 张聪群．超竞争环境下产业集群内中小企业转型研究——基于企业动态能力视角［J］．科技进步与对策，2014，14（31）：92－97.

[52] 张广宝，施继坤．并购频率与管理层私利—基于过度自信视角的经验分析［J］．山西财经大学学报，2012，3（6）：96－104.

[53] 张纳军．超竞争与高新技术企业的竞争策略［J］．中国科技产业，2002（6）：47－49.

[54] 张守凤，罗荣桂，江涛．基于超竞争环境的企业战略选择——柔性战略［J］．科学与管理，2005（3）：27－28.

[55] 张守凤．基于超竞争环境下的企业柔性战略研究［D］．武汉理工大学，2005.

[56] 张运生，曾德明，张利飞．竞争条件下企业战略投资时机的实物期权分析［J］．管理科学学报，2008，11（4）：30－37.

[57] 赵国强，徐晓辉，蒲勇健．授权决策的期权特征与模型解析［J］．中国管理科学，2015，23（8）：54－62.

[58] 周爱香．论连续并购与间隔并购样本的差异［J］．价值工程，2008，6：166－168.

[59] 周爱香．企业连续并购的熵变解析［D］．暨南大学，2007.

[60] 周艳丽，吴洋，葛翔宇．一类高新技术企业专利权价值的实物期权评估方法——基于跳扩散过程和随机波动率的美式期权的建模与模拟［J］．中国管理科学，2016，24（6）：19－28.

[61] 周永圣，尚彩英，杨浩雄．基于博弈论的协同运输利益分配策略研究［J］．管理评论，2010，22（10）：86－75.

[62] A V Sakhartovb，T B Folta. Time To Exit：Rational Behavioral，And Organizational Delays［J］. Strategic Management Journal，2015，36（7）：1939－

1959.

[63] Alcino Azevedoa, Dean Paxsonb. Developing Real Option Game Models [J]. European Journal of Operational Research, 2014 (237): 909 -920.

[64] Baburoglu O N. The vortical environment: The fifth in the Emery – Trist levels of organizational environments [J]. Human Relations, 1988, 41 (3): 181 -210.

[65] Barraclough K, Robinson D T, Smith T, et al. Using option prices to infer overpayments and synergies in M&A transactions [J]. Review of Financial Studies, 2013, 26 (3): 695 -722.

[66] Billett, M, Qian. Are Overconfidence Manager Born or Made? Evidence of Self – Attribution Bias from Frequent Acquirers [D]. Working Paper, University of Lowa, 2008.

[67] Black F, Scholes M. The pricing of options and corporate liabilities [J]. The journal of political economy, 1973: 637 -654.

[68] Blonigen B A, Piger J. Determinants of foreign direct investment [J]. Canadian Journal of Economics/Revue canadienne d'économique, 2014, 47 (3): 775 -812.

[69] Bowman E H, Hurry D. Strategy through the options lens: an integrated view of resource investment sand the incremental-choice process [J]. Academy of Management Review, 1993 (18): 760 -782.

[70] Brown R, Sarma N. CEO overconfidence, CEO dominance and corporate acquisitions [J]. Journal of Economics And Business, 2007, 59 (5): 358 -379.

[71] Bulow J, Huang M, Klemperer P. Toeholds and takeovers [J]. Journal of Political Economy, 1999, 107 (3): 427 -454.

[72] Bulow, Klmeperer P. Auctions versus negotiations [J]. American Economic Review, 1996, 23 (2): 351 -375.

[73] Cantillon E. The effect of bidders' asymmetries on expected revenue in auctions [J]. Games and Economic Behavior, 2008, 62 (1): 1 -25.

[74] Cox J C, Ross S A, Rubinstein M. Option pricing: A simplified approach [J]. Journal of financial Economics, 1979, 7 (3): 229 -263.

[75] Croci, E. Why do managers make serial acquisition? An investigation of performance predictability in serial acquisitions [D]. SSDN Working Paper, 2005.

[76] Cuypers IRP, Martin X. What makes and what does not make a real option?

A study of equity shares in international joint-ventures [J]. Journal of International Business Studies. 2010 (41): 47 -69.

[77] Daniel K D, Hirshleifer D A. A theory of costly sequential bidding [J]. University of Michigan Business School Working Paper, 1998 (28).

[78] Dapena J P, Fidalgo S. A real options approach to tender offers and acquisitions processes [R]. Serie Documentos de Trabajo, Universidad del CEMA: Área: finanzas, economía, 2003.

[79] Day G S, Reibstein D. Keeping ahead in the competitive game [J]. Financial Times, Mastering Management, 1996 (18).

[80] Dickie R, Michel A, Shaked I. The Winners Curse In The Merger Game [J]. Journal of General Management, 1987, 12 (3): 32 -51.

[81] Dixit Avinash, Robert Pindyck. Investment under uncertainty [M]. Princeton: Princeton University Press, 1994.

[82] Dixit A. Entry and Exit Decisions under Uncertainty [J]. Journal of Political Economy, 1989 (6): 620 -638.

[83] Doukas J A, Pehnezas D. Acquisitions, Overconfident Managers and Self-attribution Bias [J]. European Financial Management, 2007, 13 (3): 531 -577.

[84] Doukas J A, Zhang W. Envy - Motivated Merger Waves [J]. European Financial Management, 2016, 22 (1).

[85] Du Dan - li. Research on the Ability of Enterprise Organization Control under Hyper Competition Environment [C]. Harbin: 14th International Conference on Management Science and Engineering, 2007: 758 -763.

[86] Elmar Lukas, Andreas Welling. Negotiating M&As Under Uncertainty: The Influence of Managerial Flexibility On The First - Mover Advantage [J]. Finance Research Letters, 2012 (9): 29 -35.

[87] Elmar Lukas, Andreas Welling. On The Investment - Uncertainty Relationship: A Game Theoretic Real Option Approach [J]. Finance Research Letters, 2014 (11): 25 -35.

[88] Erwan Morellec, Alexei Zhdanov. The Dynamics of Mergers And Acquisitions [J]. Journal of Financial Economics, 2005 (77): 649 -672.

[89] Fishman M J. A theory of preemptive takeover bidding [J]. The Rand Journal of Economics, 1988: 88 -101.

[90] Flanagan D J, O'Shaughnessy K C. Core-related acquisitions, multiple bidders and tender offer premiums [J]. Journal of Business Research, 2003, 56 (8): 573 - 585.

[91] Fudenberg D, Tirole J. Pre - emption and Rent Equalization in the Adoption of New Technology [J]. Review of Economic Studies, 1985 (2): 383 - 401.

[92] Fudengerg D, Tirole J. Preemption and Rent Equalization in the Adoption of New Technology [J]. Review of Economic Studies, 1985, (52): 383 - 401.

[93] Fuller K, Netter J, Stegemoller M. What do returns to acquiring firms tell us? Evidence from firms that make many acquisitions [J]. Journal of Finance, 2002, 57 (4): 1763 - 1793.

[94] Gerloff E A, Muir N K, Bodensteiner W D. Three components of perceived environmental uncertainty: An exploratory analysis of the effects of aggregation [J]. Journal of Management, 1991, 17 (4): 749 - 768.

[95] Ghemawat P, del Sol P. Commitment versus flexibility? [J]. California Management Review, 1998 (40): 26 - 42.

[96] Giannopoulos G, Khansalar E, Neel P. The Impact of Single and Multiple Mergers and Acquisitions on Shareholders' Wealth of UK Bidder Firms [J]. International Journal of Economics & Finance, 2017, 9 (3): 141.

[97] Gorbenko A S, Malenko A. A Theory of Initiation of Takeover Contests [M]. Social Science Electronic Publishing, 2017.

[98] Grenadier S R. Option Exercise Games: An Application to the Equilibrium Investment Strategies of Firms [J]. Review of Financial Studies, 2002 (15): 691 - 721.

[99] Grenadier S R. Steven R. An Equilibrium Analysis of Real Estate [J]. Working Paper No. 9475, 2003 (1): 99 - 121.

[100] Grossman S J, Hart O D. Takeover bids, the free-rider problem and the Theory of the corporation [J]. Journal of Economies, 1980, 13 (11): 90 - 103.

[101] Hamel G, Prahalad C K, 王振西. 竞争大未来 [M]. 北京: 昆仑出版社, 1998.

[102] Han T J S, Lenos Trigeorgis. Real Options And Games: Competition, Alliances And Other Applications of Valuation And Strategy [J]. Review of Financial Economics, 2006 (15): 95 - 112.

[103] Han T J S, Thras Moraitis. Serial Acquisition Options [J]. Long Range Planning. 2010, 76 (43): 85 - 103.

[104] Han T J S. Acquisition strategies as option games [J]. Journal of Applied Corporate Finance. 2001, 9 (14): 79 - 89.

[105] Hirshleifer D, Png I P L. Facilitation of competing bids and the price of a takeover target [J]. Review of Financial Studies, 1989, 2 (4): 587 - 606.

[106] Hirshleifer D, Titman S. Share tendering strategies and the success of Hostile takeover bids [J]. Journal of Political Economy, 1990, 54 (23): 254 - 267.

[107] Huisman K J M, and Kort P M. Effects of Strategic Interactions on the Option Value of Waiting [J] . Working Paper, 1999 (9): 24 - 39.

[108] Husiman K J M. Technology Investment: A Game Theoretic Real Options Approach [M]. Boston: Kluwer Academic Publisher, 2001, 8 (9): 25 - 35.

[109] Ismail, A. Will Multiple Acquirers ever Learn? The US Evidence from Single Versus Multiple Acquirers [D]. Working Paper, American University of Beirut, 2005.

[110] Jacco Thijssen J J. Optimal and strategic terms of mergers under two-source uncertainty. Working paper, 2006, 5 (4): 1 - 19.

[111] Jacco Thijssen J J. Optimal and strategic timing of mergers and acquisitions motivated by synergies and risk diversification [J]. Journal of Economic Dynamics & Control, 2008, 13 (32): 1701 - 1720.

[112] Jing Yu, Bin Xu, Yuanhua Wang. The Option - Game Analyses On Pricing Decision of The Target Enterprise of M&A under Fuzzy Information Surroundings [J]. Industrial Engineering and Engineering Management, 2009 (9): 754 - 758.

[113] Jing Yu, Bin Xu. The Game Analyses To Price The Target Enterprise of Merger And Acquisition Based On The Perspective of Real Options Under Stochastic Surroundings [J]. Economic Modelling, 2011 (28): 1587 - 1594.

[114] Lambrecht B M. The timing and terms of mergers motivated by economies of scale [J]. Journal of Financial Economics, 2004, 72 (1): 41 - 62.

[115] Lambrecht B, Myers S. A theory of takeovers and disinvestment [J]. Journal of Finance 2007, 6 (2): 809 - 845.

[116] Lambrecht B, Perraudin W. Option Games. Working Paper, Cambridge University and CEPR (UK), 1994 (8): 452 - 476.

[117] Lambrecht B, Perraudin W. Real Options and Pre-emption Under Incomplete Information [J]. Journal of Economics & Control, 2003, 619 –643.

[118] Lambrecht B. The timing and terms of mergers motivated by economic of scale [J]. Journal of Financial Economics, 2004, 19 (72): 41 –62.

[119] Levine O. Acquiring growth [J]. Journal of Financial Economics, 2017 (126): 300 –319.

[120] Lin C B C T T, Chen P Y, Chen P Y. Strategic Alliance and International Merger Evaluation Models Applying Real and Game Options [J]. Journal of Information and Optimization Sciences, Forthcoming, 2007 (131): 132 –138.

[121] Malmendier U, Tate G. CEO overconfidence and corporate investment [J]. Journal of Finance, 2005, 60 (6): 2661 –2700.

[122] Malmendier U, Tate G. Who makes acquisitions? CEO overconfidence and the market's reaction [J]. Journal of Financial Economics, 2008, 89 (1): 20 –43.

[123] Martzoukos S H, Zacharias E. Real Option Games with Incomplete Information and Spillovers [C]. The Proceeding of 6th Annual international Conference on Real Options Theory Meet Practice, 2002, 9 (6): 89 –97.

[124] Maskin E, Riley J. Asymmetric auctions [J]. Review of Economic studies, 2000: 413 –438.

[125] Mathew L. A. Hayward. When do firms learn from their acquisition experience? Evidence from 1990 to 1995 [J]. Strategic Management Journal, 2002, 23 (1): 21 –39.

[126] McDonald R D. Siegel. The Value of Waiting to Invest [J]. Quarterly Journal of Economics, 1986 (10): 707 –727.

[127] Morellec E, Zhdanov A. The dynamics of mergers and acquisitions [J]. Journal of Financial Economics, 2005, 9 (77): 647 –672.

[128] Myers S C. Determinants of corporate borrowing [J] . Journal of Financial Economics, 1977 (5): 147 –175.

[129] Myerson R B. Optimal auction design [J]. Mathematics of operations research, 1981, 6 (1): 58 –73.

[130] Nash J. The bargaining problem [J]. Econometrica, 1950, 18 (2): 155 –162.

[131] Nihat Aktas, Eric de Bodt, Richard Roll. Corporate Serial Acquisitions:

An Empirical Test of the Learning Hypothesis [J]. WHU – Otto Beisheim School of Management, 2007.

[132] Nihat Aktas, Eric de Bodt, Richard Roll. Learning, hubris and corporate serial acquisitions [J]. Journal of Corporate Finance, 2009 (15): 543 – 561.

[133] Oksendal. Stochastic Differential Equations – An Introduction with Application [M]. Fifth Edition, New York: Corrected Printing Springer – Verlag Heidelberg, 2000.

[134] Paddock J L, Siegel D R, Smith J L. Option valuation of claims on real assets: The case of offshore petroleum leases [J]. The Quarterly Journal of Economics, 1988: 479 – 508.

[135] Paul Asquith, Robert F. Bruner, David W. Mullins Jr. The gains to bidding firms from merger [J]. Journal of Financial Economics, 1983, 11 (1): 121 – 139.

[136] Paul H. Malatesta, Rex Thompson. Partially anticipated events: A model of stock price reactions with an application to corporate acquisitions [J]. Journal of Financial Economics, 1985, 14 (2): 237 – 250.

[137] Pawlina G, Kort P M. Real Options in an Asymmetric Duopoly: Who Benefits From Your Competitive Disadvantage? [J]. Working Paper, 2001 (3): 79 – 87.

[138] Pindyck S, Majd. Time to Build, option value and Investment Decisions [J]. Journal of Financial Economies, 1987, 67 (4): 7 – 27.

[139] Povel P, Singh R. Takeover contests with asymmetric bidders [J]. Review of Financial Studies, 2006, 19 (4): 1399 – 1431.

[140] Raff H, Ryan M, Stähler F. The choice of market entry mode: Greenfield investment, M&A and joint venture [J]. International Review of Economics & Finance, 2009, 18 (1): 3 – 10.

[141] Richard D'Aveni. Hypercompetition [M]. New York: Free Press, 1994.

[142] Robert L. Conn, Andy Cosh, Paul M. Guest, et al. The Impact on UK Acquirers of Domestic, Cross – border, Public and Private Acquisitions [J]. Journal of Business Financial & Accounting, 2005, 32 (5): 815 – 870.

[143] Robin Mason, Helen Weeds. Investment, uncertainty and preemption [J]. Internat-ional Journal of Industrial Organization [J]. 2010, 9 (28): 278 – 287.

[144] Roll, R. The hubris hypothesis of corporate takeovers [J]. Journal of Bus-

iness, 1986, 59 (2): 197 -216.

[145] Rydin H, McDonald A J S. Photosynthesis in Sphagnum at different water contents [J]. Journal of Bryology, 1985, 13 (4): 579 -584.

[146] Sadanand A, Sadanand V. Firm scale and the endogenous timing of entry: a choice between commitment and flexibility [J]. Journal of Economic Theory, 1996 (70): 516 -530.

[147] Sam Rovit, David Handing, and Catherine Lemire. Turning deal smarts into M&A payoffs: frequent buyers usually score the best deals, provided that they add skills in each transactions [J]. Merger and Acquisitions: The Deahnakers Journal, 2003.

[148] Sarkar S. On the investment - uncertainty relationship in a real options model [J]. Journal of Economic Dynamics and Control, 2000, 24 (2): 219 -225.

[149] Sayyed Sajjad Moravveji, Ali Abdollahi, Neda Eghbali. The Conceptual Model of Virtual Enterprise Business Strategy in Hyper - Competition Environment [C]. Singapore: IEEE International Conference on Industrial Engineering and Engineering Management, 2007: 532 -537.

[150] Schipper W, Thompson R. Evidence on the capitalized value of merger activity for acquiring firms [J]. Journal of Financial Economics, 1983, 11 (1 -4): 85 -119.

[151] Schipper W, Thompson R. The Impact Mergers - Related Regulations on the Shareholders of Acquiring Firms [J]. Journal of Accounting Research, 1983, 21 (1): 184 -221.

[152] Schipper, Thompson. The impact of merger-related regulations using exact distributions of test statistics [J]. Journal of Accounting Research, 1985, 23 (1): 408 -415.

[153] Shleicer A, Vishny R W. Large shareholders and corporate control [J]. Journal of Political Economy, 1986, 21 (3): 16 -24.

[154] Shleifer A, Vishny R. Stock market driven acquisitions [J]. Journal of Financial Economics, 2003, 70 (2): 295 -311.

[155] Smets F R. Essays on Foreign Direct Investment [D]. Yale University, 1993.

[156] Smets F. Exporting versus FDI: The effect of uncertainty, irreversibilities

and strategic interactions [M] . Working paper, 1991, 16 (7): 67 -98.

[157] Smit HTJ, Trigeorgis L. Strategic Investment: Real Options and Games. Princeton, NJ: Princeton University Press, 2004.

[158] Smith J E, Nau R F. Valuing risky projects: option pricing theory and decision analysis [J]. Management science, 1995, 41 (5): 795 -816.

[159] Spatt C S, Sterbenz F P. Learning, preemption, and the degree of rivalry [J]. Rand Journal of Economics, 1985 (16): 44 -56.

[160] Trigeorgis L, Reder J J. Real Options Theory In Strategic Management [J]. Strategic Management Journal, 2017, 38 (1): 42 -63.

[161] Trigeorgis L. Real options-managerial flexibility and strategy in resource allocation [M]. Cambridge, MA: MIT Press, 1996.

[162] Trigeorgis L. Real Options: Managerial Flexibility and Strategy in Resource Allocation [M] . Boston, MA: MIT Press, 1996.

[163] Trigeorgis L. Real options: Managerial flexibility and strategy in resource allocation [M]. MIT press, 1996.

[164] Volberda H W. Building the flexible firm [M]. Oxford: Oxford University Press, 1998.

[165] Weeds H F. Strategic delay in a real options model of R&D competition [J]. Review of Economic Studies, 2000, 8 (3): 729 -747.

[166] Williams J T. Equilibrium and Options on Real Assets [J]. The Review of Financial Studies, 1993, 6 (4): 825 -850.